핵심 2D 명령어에 초점을 맞춘 **실무활용서**

실무 중심으로 배우는
AutoCAD 2019

오토캐드 2019
초보자도 쉽게 배울 수 있는
AutoCAD 길잡이

장진석 · 백정숙 저

사용 빈도가 높은
2D 도면 작성
실무활용서

실무에서
바로 적용 가능한
지침서

질의응답 카페 https://cafe.naver.com/catiav5

도서출판 건기원

Preface

  AutoCAD는 미국의 Autodesk사에서 1982년도에 출시된 이후 매년 끊임없는 변화와 발전을 하여 현재 AutoCAD 2019 버전을 발표하였고, 전 세계 수많은 사용자들이 사용하고 있으며, 다양한 분야(기계, 건축, 전기등)에서 응용되고 있는 범용 소프트웨어입니다.

  이에 본서는 AutoCAD에 대한 전반적인 내용과 도면 작성에 관련된 내용을 학습자가 스스로 이해하고 도면을 작성할 수 있도록 관련 내용에 대한 많은 그림과 도면을 첨부하여 현장 실무에서도 쉽게 적응하여 능력을 향상시킬 수 있도록 하였습니다.

  도면을 설계하는 목적은 제작하고자 하는 대상물을 규격에 맞게 표현하여 설계자가 의도하는 바를 정확하게 전달하는 데에 있습니다.

  따라서 KS규격 및 도면 작성법을 잘 습득하여 도면을 설계할 수 있어야 하며, 작성된 도면을 보고 설계자의 의도도 정확하게 파악할 수 있어야 합니다.

  『실무 중심으로 배우는 AutoCAD 2019』는 도면 작도를 공부하는 학생 및 현장 실무자가 보다 쉽게 도면을 이해하고 작성할 수 있도록 구성하였습니다. 즉 AutoCAD가 가지고 있는 방대한 기능을 모두 다루기보다는 가장 많이 사용하고, 사용 빈도가 높은 핵심 2D 명령어에 초점을 맞춰 작성되었습니다.

  따라서 실무자가 도면을 표현하기 위한 제도의 규칙을 익히고 배운 지식을 바탕으로 AutoCAD를 이용하여 도면으로 표현할 수 있도록 구성하였습니다.

  오랜 세월 동안 AutoCAD를 사용하고 교육하면서 하나둘씩 쌓였던 경험을 바탕으로 이 책을 집필하였습니다. 이 책이 AutoCAD를 처음 배우는 학생이나 산업 현장에서 실무를 담당하는 분들에게 실질적인 도움이 되었으면 하는 바람입니다.

  끝으로 본 교재를 출간할 수 있도록 많은 도움을 주신 도서출판 건기원에 감사의 뜻을 전합니다.

2019. 7월, 장진석 · 백정숙

Contents

제1장 AutoCAD 특징 및 설치 방법

- 1.1 AutoCAD란? ································· 8
- 1.2 CAD의 활용 분야 ···························· 8
- 1.3 시스템 요구사양 ····························· 9
- 1.4 AutoCAD 2019 설치 방법 ················ 10

제2장 AutoCAD 2019 시작하기

- 2.1 사용자 인터페이스 ························· 22
- 2.2 응용 프로그램 메뉴 ······················· 23
- 2.3 신속 접근 도구 막대 ······················ 25
- 2.4 메뉴 막대 표시 ······························ 26
- 2.5 리본 메뉴 ······································ 27
- 2.6 툴 팁 ··· 28
- 2.7 검색 및 정보센터 ·························· 29
- 2.8 뷰 큐브 ·· 30
- 2.9 탐색 막대 ······································ 30
- 2.10 작업 영역 ····································· 30
- 2.11 명령행 ·· 31
- 2.12 AutoCAD 명령어 입력하는 방법 ····· 32
- 2.13 Enter 키의 기능 ··························· 34
- 2.14 AutoCAD 2019 인터페이스 살펴보기 ··· 35
- 2.15 상태 막대 ····································· 39
- 2.16 작업 공간 ····································· 55
- 2.17 새로 만들기 ·································· 56
- 2.18 단축키 만들기 및 변경하는 방법 ····· 63
- 2.19 기능키 ·· 65
- 2.20 팔레트 ·· 68
- 2.21 열기 ··· 72

제3장 2차원 도면 그리기

- 3.1 2차원 도면 그리기 ························· 74
- 3.2 선(Line) ·· 81
- 3.3 폴리선(PLine) ······························· 85
- 3.4 원(CIRCLE) ··································· 87
- 3.5 호(ARC) ·· 92
- 3.6 직사각형 ······································· 95
- 3.7 폴리곤(POLYGON) ························ 97
- 3.8 타원(ELLIPSE) 그리기 ················· 100
- 3.9 구름형 수정 기호(REVCLOUD) ····· 103
- 3.10 해치(HATCH) ····························· 104

제4장 도면의 편집

- 4.1 이동(MOVE) ································ 108
- 4.2 복사(COPY) ································· 109
- 4.3 회전(ROTATE) ····························· 110
- 4.4 대칭(MIRROR) ····························· 111
- 4.5 자르기(TRIM) ······························ 112
- 4.6 연장하기(EXTEND) ······················ 113
- 4.7 모깎기(FILLET) ···························· 114
- 4.8 모따기(CHAMFER) ······················· 118
- 4.9 신축(STRETCH) ··························· 121
- 4.10 축척(SCALE) ······························ 123
- 4.11 배열(ARRAY) ····························· 124
- 4.12 분해(EXPLODE) ························· 131
- 4.13 끊기(BREAK) ····························· 132
- 4.14 결합(JOIN) ································ 133
- 4.15 간격띄우기(OFFSET) ·················· 134

제5장 문자 작성 및 편집

- 5.1 문자 스타일 ········· 138
- 5.2 문자 작성하기 ········· 140
- 5.3 치수 스타일 ········· 145
- 5.4 도면 층(LAYER) ········· 151

제6장 치수 기입 및 편집

- 6.1 선형 치수 기입 ········· 163
- 6.2 정렬 치수 기입 ········· 164
- 6.3 호 길이 치수 기입 ········· 164
- 6.4 세로 좌표 치수 기입 ········· 165
- 6.5 반지름 치수 기입 ········· 166
- 6.6 꺾기 치수 기입 ········· 166
- 6.7 지름 치수 기입 ········· 167
- 6.8 각도 치수 기입 ········· 168
- 6.9 기준 치수 기입 ········· 168
- 6.10 연속 치수 ········· 170
- 6.11 치수 끊기 ········· 171
- 6.12 공차 기입 ········· 173
- 6.13 중심 표식 ········· 174
- 6.14 지시선 그리기 ········· 174
- 6.15 기하 공차 기입하기 ········· 176
- 6.16 일반 공차 기입하기 ········· 179

제7장 도면의 설정

- 7.1 도면 영역 설정하기 ········· 186
- 7.2 선 간격 띄우기(LTSCALE) ········· 190

제8장 도면요소의 조회 및 옵션

- 8.1 거리 값 구하기 ········· 192
- 8.2 반지름 값 구하기 ········· 193
- 8.3 각도 값 구하기 ········· 194
- 8.4 면적 값 구하기 ········· 195
- 8.5 체적 값 구하기 ········· 196
- 8.6 리스트(LIST) ········· 197
- 8.7 중복 제거(OVERKILL) ········· 198

제9장 도면 출력

- 9.1 출력하기(PLOT) ········· 204

제10장 동력 전달 장치 도면 해석

- 10.1 몸체 부품 해석하기 ········· 210
- 10.2 커버 해석하기 ········· 213
- 10.3 스퍼 기어 해석하기 ········· 217
- 10.4 축 해석하기 ········· 221

제11장 기타

- 11.1 표면 거칠기 ········· 226
- 11.2 AutoCAD 기능키 ········· 226
- 11.3 AutoCAD 단축 명령어 ········· 228
- 11.4 DIM 변수(치수 변수의 종류와 역할) ········· 231

제12장 실습 예제 · 233

Chapter 1

AutoCAD 특징 및 설치 방법

1.1 AutoCAD란?
1.2 AutoCAD의 활용 분야
1.3 시스템 요구사양
1.4 AutoCAD 2019 설치 방법

1.1 AutoCAD란?

CAD란 'Computer Aided Design' 또는 'Computer Aided Drafting'의 약어로서 컴퓨터를 이용하여 설계하는 데 있어서 필요로 하는 모든 행위를 말합니다.

Autodesk사의 AutoCAD는 1982년 12월 버전 1.0을 발표한 이래로 33번째의 개정판인 AutoCAD 2019를 발표하였습니다.

AutoCAD는 사용자가 원하는 도면을 빠르고 정확하게 그려줄 뿐 아니라, 이미 작성된 도면을 편집·수정 그리고 필요한 부분만을 변경할 수 있도록 풍부한 개발 툴을 제공하여 작성할 수 있도록 지원하고 있습니다.

AutoCAD는 산업현장 및 국가기술자격시험장에서 가장 많이 사용하고 있는 설계 전문 프로그램입니다.

1.2 CAD의 활용 분야

Autocad는 적용 범위가 한정되어 있지 않은 범용 소프트웨어로 기계·건축·토목·인테리어 디자인부터 군사·과학용 등에서 광범위하게 활용되고 있습니다.

- 기계·전기·전자 분야(Machine, Electric/Electronic Design)
- 건축·토목설계 분야(Architecture/Civil Engineering Design)
- 자동차·항공기·선박 분야(Mechanical Design)
- 조경 분야(Landscape Design)
- 지도 제작 분야(Cartography)
- 제품디자인 분야(Product Design)
- 군사·과학 분야 시뮬레이션(Simulation)
- 영화·광고·애니메이션 분야(Animation) 등 다양한 분야에 범용 소프트웨어로 활용

시스템 요구사양

Autocad 2019을 설치하고 사용하기 위해서는 다음과 같은 시스템 요구사양이 필요합니다. 운영체제는 보통 32비트와 64비트 두 가지가 있는데 사용자의 PC 환경에 따라서 선택하여 설치하면 됩니다.

1. AutoCAD 2019 사용하기 위한 시스템 요구사양

운영체제	Microsoft® Windows® 7 SP1(32-bit & 64-bit) Microsoft Windows® 8.1 with Update KB2919355(32-bit & 64-bit) Microsoft Windows 10(64-bit only)
브라우저	Windows Internet Explorer® 11 or later
CPU 종류	32-bit: 2 gigahertz(GHz) or faster 32-bit(x86) processor 64-bit: 2 gigahertz(GHz) or faster 64-bit(x64) processor
메모리	32-bit: 3GB(4GB recommended) 64-bit: 4GB(8GB recommended)
디스플레이 해상도	Conventional Displays: 1360×768(1920×1080 recommended) with True Color High Resolution & 4K Displays: Resolutions up to 3840×2160 supported on Windows 10, 64 bit systems(with capable display card)
하드디스크	Installation 4.0GB
포인팅 장치	MS-Mouse compliant
미디어(DVD)	Download or installation from DVD
.NET Framework	NET Framework Version 4.6

2. AutoCAD 2019 LT와 AutoCAD 2019의 차이점

AutoCAD 2019 LT는 2D 평면 설계용 프로그램이고, AutoCAD 2019는 2D 및 3D CAD 소프트웨어를 사용하여 모든 세부사항을 설계할 수 있는 프로그램입니다.
가장 눈에 띄는 차이점은 LT 버전은 **LISP**(리습)을 사용할 수 없다는 것 외에도 몇 가지 기능들이 제외됩니다.
가격도 일반 캐드보다 LT가 저렴하지만 기본적인 기능은 AutoCAD와 동일합니다.

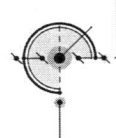

실무 중심으로 배우는 AutoCAD 2019

여기서 AutoCAD LISP이란?
AutoCAD LISP은 AutoCAD 사용자들에게 효과적이고 유용한 기능들을 제공하기 위하여 만들어진 AutoCAD에만 실행 가능한 프로그래밍 언어를 말합니다.

1.4 AutoCAD 2019 설치 방법

❶ 오토데스크 홈페이지(https://www.autodesk.co.kr/)로 접속하여 무료 체험판을 클릭합니다.

❷ 다음 화면에서 무료 체험판 다운로드를 클릭합니다.

❸ 원하는 제품을 클릭하면 됩니다. 여기서 AutoCAD를 선택하고 다음을 클릭합니다.

❹ 시스템 요구사항을 확인하고 다음을 클릭합니다.

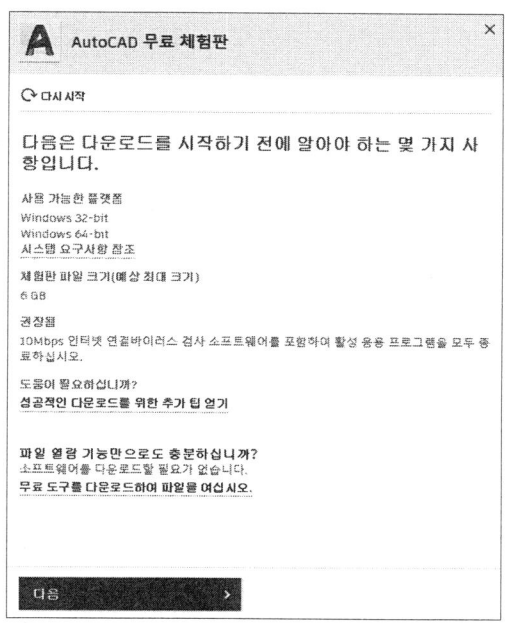

❺ 시작하기 창이 나고 회사원이면 비즈니스 사용자로 선택하고, 학생이나 교사 분들은 학생 또는 교사로 선택하면 됩니다. 사용할 PC 운영체제와 언어를 선택한 후 다음을 클릭합니다.

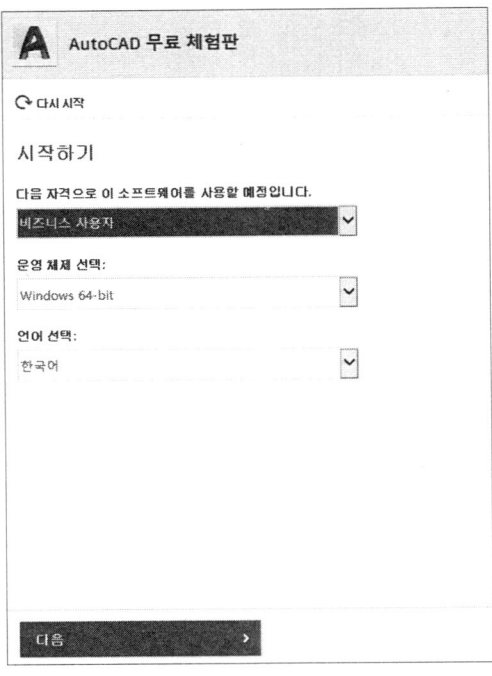

❻ 오토데스크 처음 사용자라면 계정 작성을 하고 기존 가입자라면 로그인을 하면 됩니다. 가입한 전자 메일을 입력하고 다음을 클릭합니다.

❼ 암호를 입력하고 로그인을 합니다.

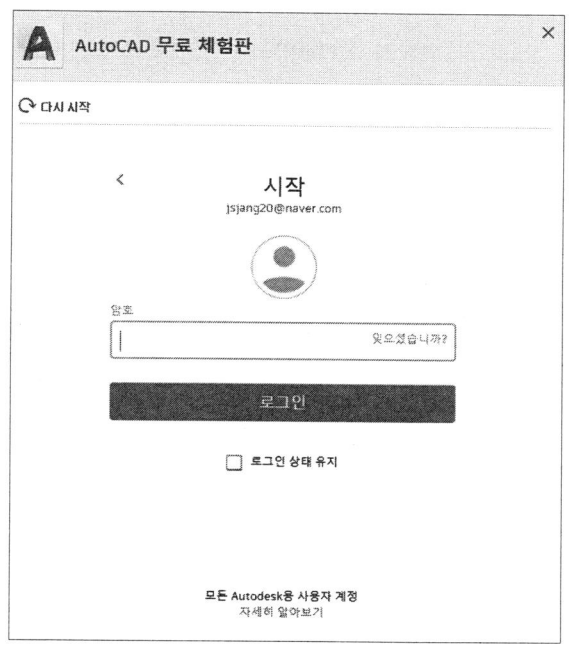

❽ 귀사의 회사 이름, 구·군·우편 번호·전화·거주 국가 등의 정보를 입력합니다.

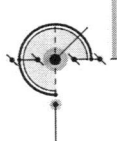

❾ 다운로드가 시작이 됩니다.

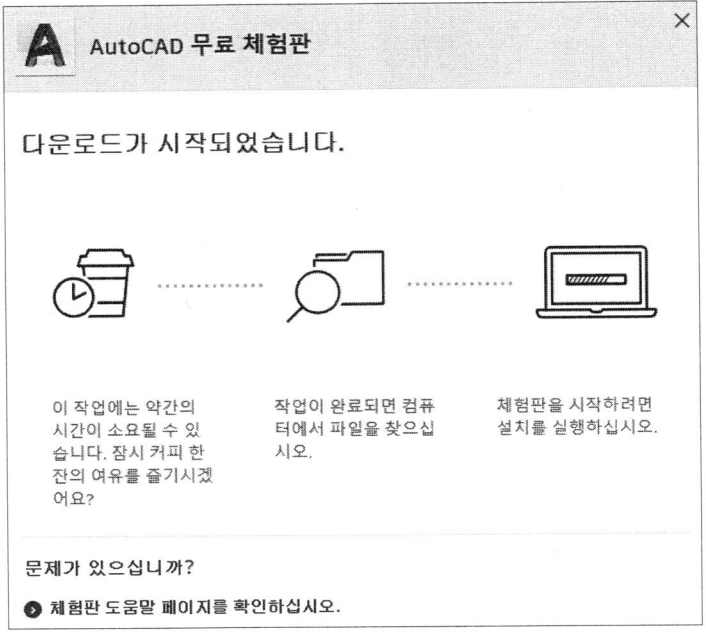

❿ 다운 받은 파일을 바로 실행을 하거나 바탕화면에 저장을 해도 됩니다.

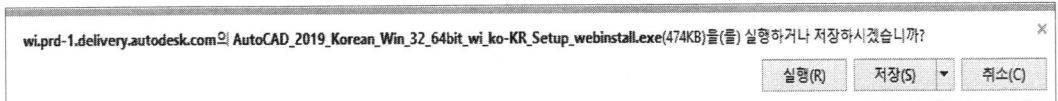

바탕화면에 AutoCAD_2019_Korean_Win_32_64bit_wi_ko-KR_Setup_webinstall.exe 파일을 더블클릭합니다.

⓫ 다운 받은 파일을 실행하면 아래와 같은 창이 나타납니다. **설치** 버튼을 클릭합니다.

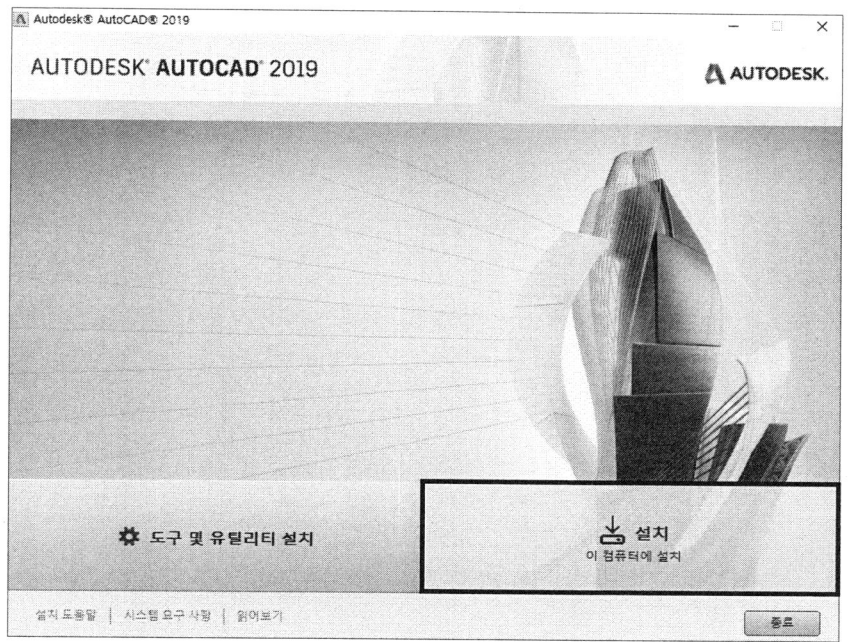

⓬ 라이센서 동의서에 **동의함**을 선택하고 **다음** 버튼을 클릭합니다.

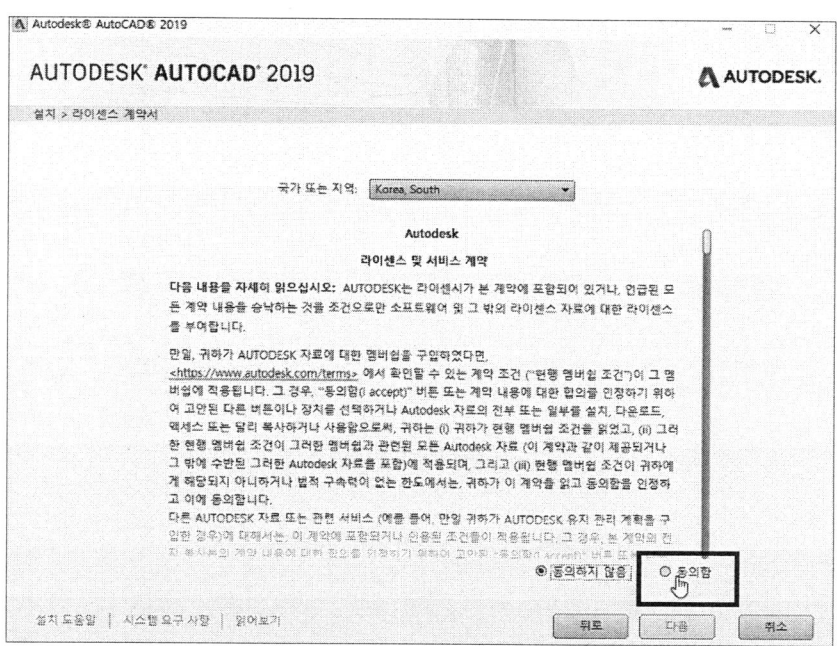

❸ 각 제품의 구성 내용을 확인한 후 **설치**를 클릭합니다.

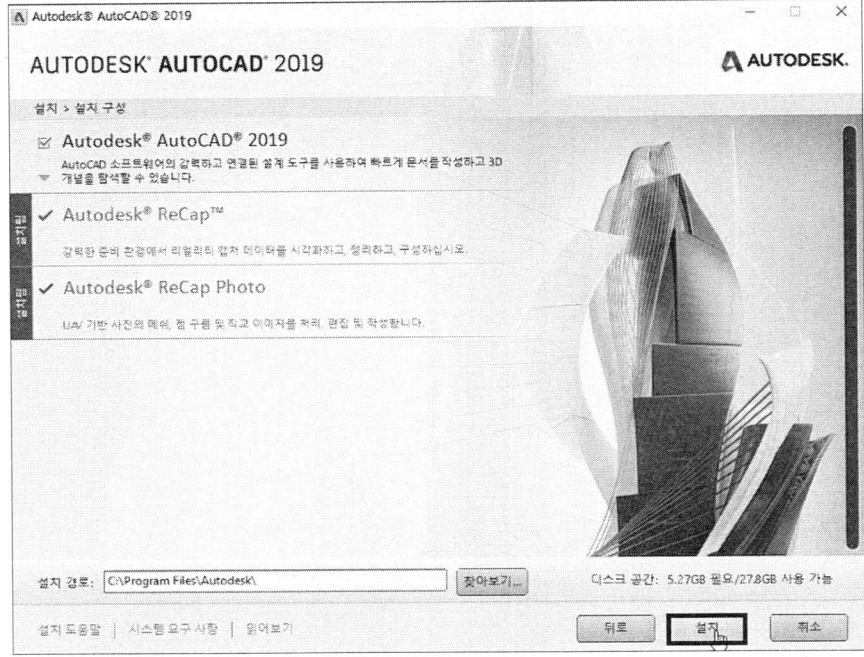

❹ 설치가 진행됩니다.

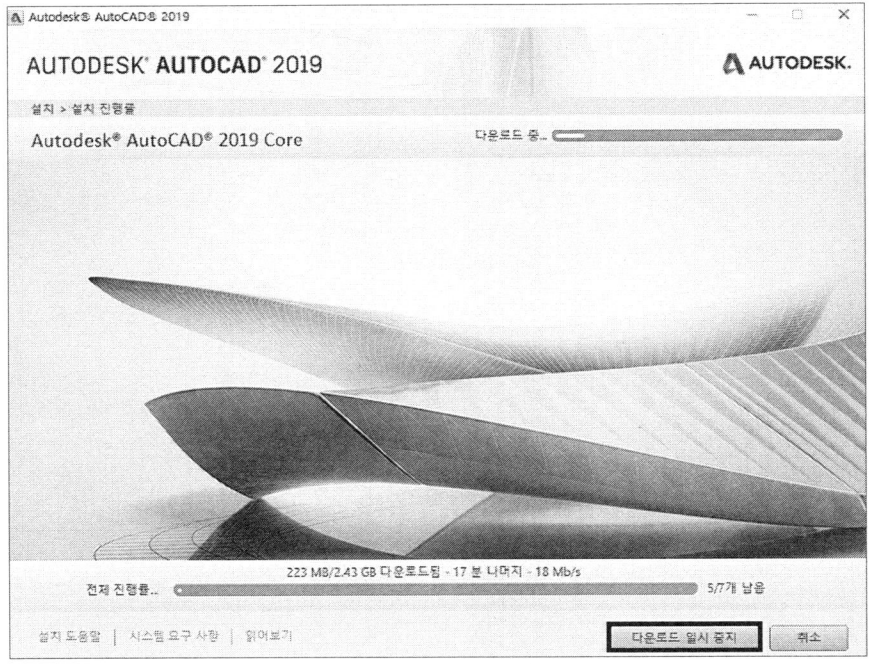

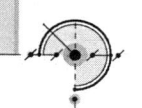

⓯ 선택한 제품을 성공적으로 설치가 되었습니다. 지금 실행 버튼을 클릭합니다.

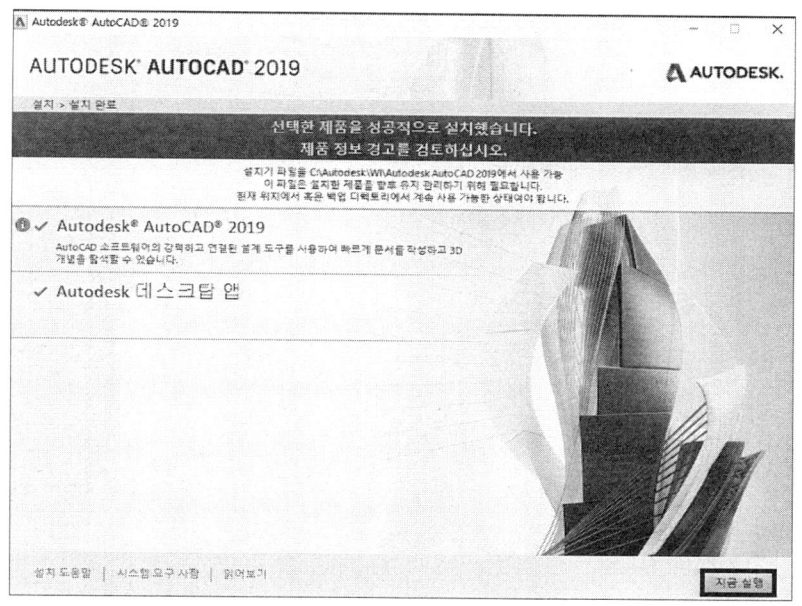

⓰ 만약에 이전 버전의 캐드가 설치되어 있다면 사용자 설정 마이그레이션 창이 나타납니다. 이 대화상자를 이용하여 이전버전의 설정들을 현재 AutoCAD 2019에 그대로 적용할 수 있습니다. X 버튼을 클릭하면 이전 버전과 상관없이 현재 버전으로 설정을 따로 할 수 있습니다. 여기서는 그냥 X 버튼을 클릭합니다.

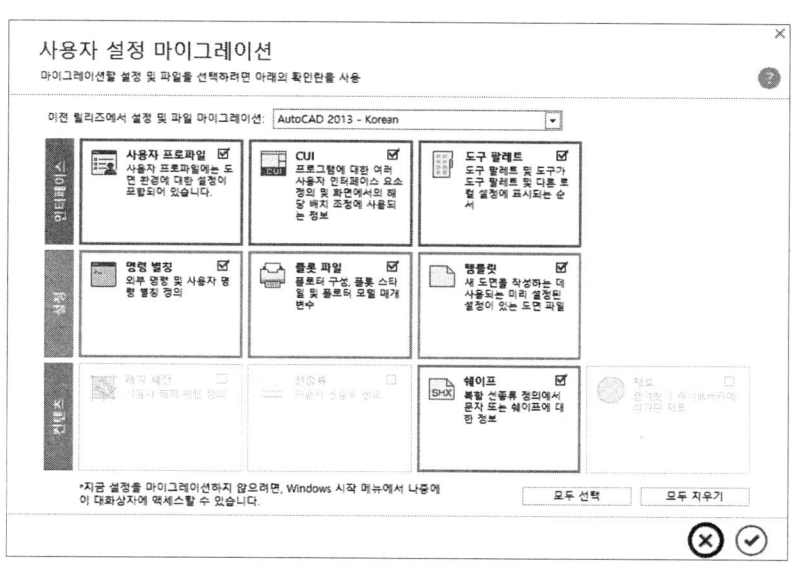

⓱ 이제 AUTODESK AUTOCAD 2019가 실행이 됩니다.

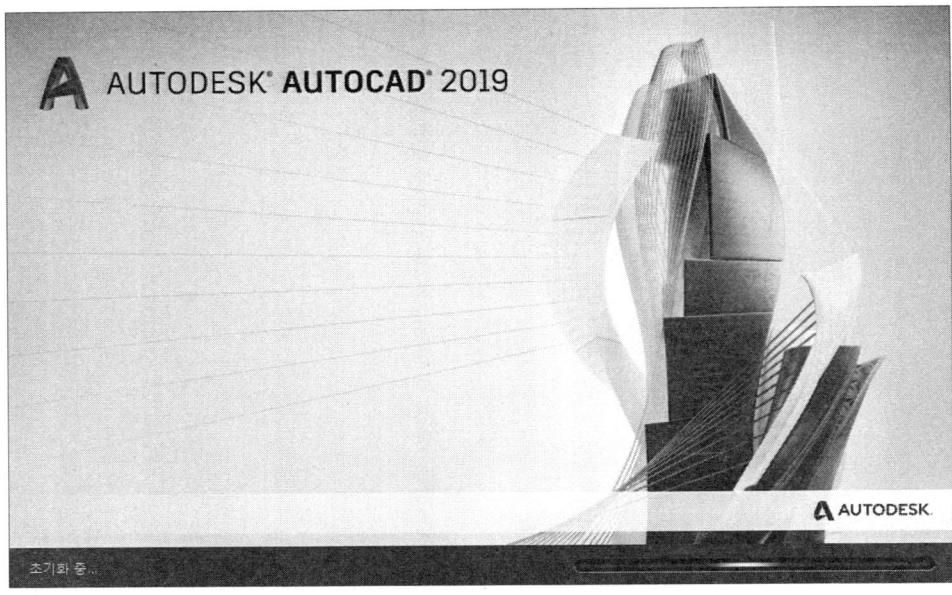

⓲ 실행하면 초기 화면이 나타납니다.

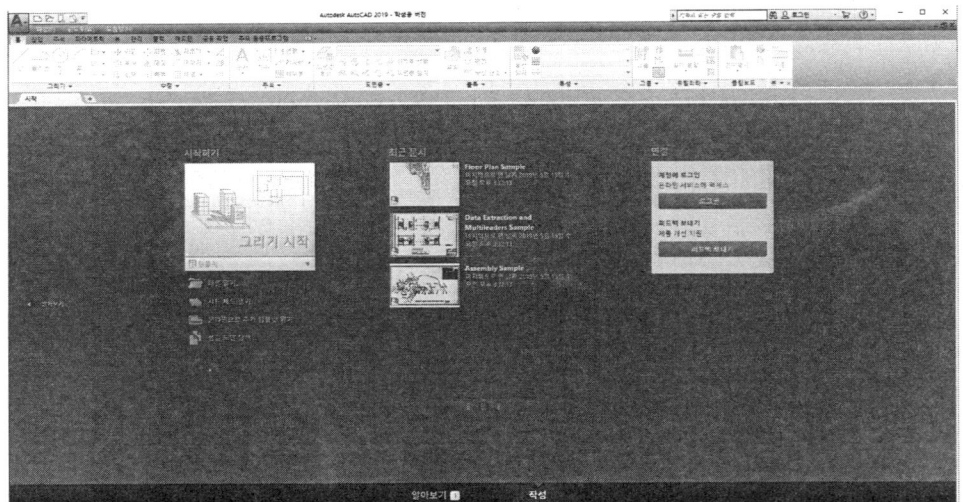

Autodesk 홈페이지(http://www.autodesk.co.kr)로 접속하면 무료 체험판을 다운로드할 수 있습니다.

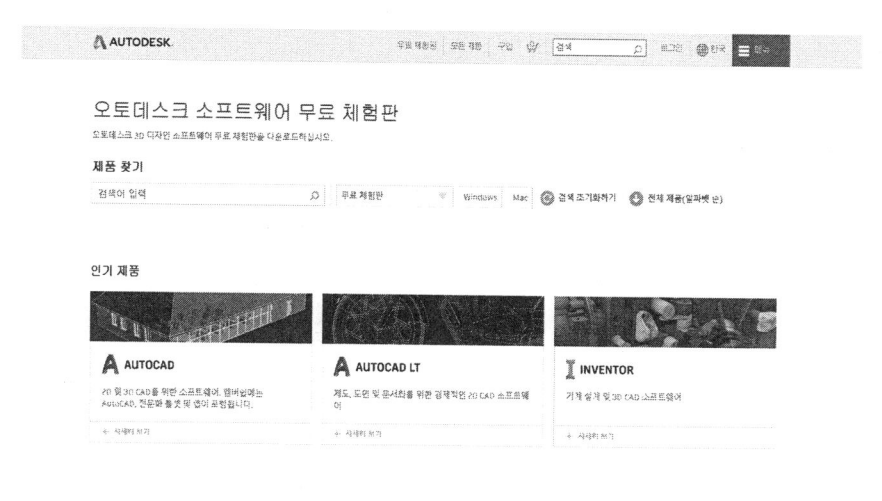

Chapter 2

AutoCAD 2019 시작하기

- **2.1** 사용자 인터페이스
- **2.2** 응용 프로그램 메뉴
- **2.3** 신속 접근 도구 막대
- **2.4** 메뉴 막대 표시
- **2.5** 리본 메뉴
- **2.6** 툴 팁
- **2.7** 검색 및 정보센터
- **2.8** 뷰 큐브
- **2.9** 탐색 막대
- **2.10** 작업 영역
- **2.11** 명령행
- **2.12** AutoCAD 명령어 입력하는 방법
- **2.13** Enter 키의 기능
- **2.14** AutoCAD 2019 인터페이스 살펴보기
- **2.15** 상태 막대
- **2.16** 작업 공간
- **2.17** 새로 만들기
- **2.18** 단축키 만들기 및 변경하는 방법
- **2.19** 기능키
- **2.20** 팔레트
- **2.21** 열기

AutoCAD 2019의 가장 큰 변화는 가져온 PDF 형상을 문자 및 여러 줄 문자 객체로 신속하게 변환이 가능하고 외부 참조 파일의 끊어진 경로를 간편하게 복구해줘서 시간을 절약할 수 있는 기능이 향상되었습니다.

2.1 사용자 인터페이스

AutoCAD 2019 화면 구성은 메뉴, 도구 막대, 작업 영역, 명령 줄(창), 상태 표시줄 등으로 인터페이스가 구성되어 있습니다.

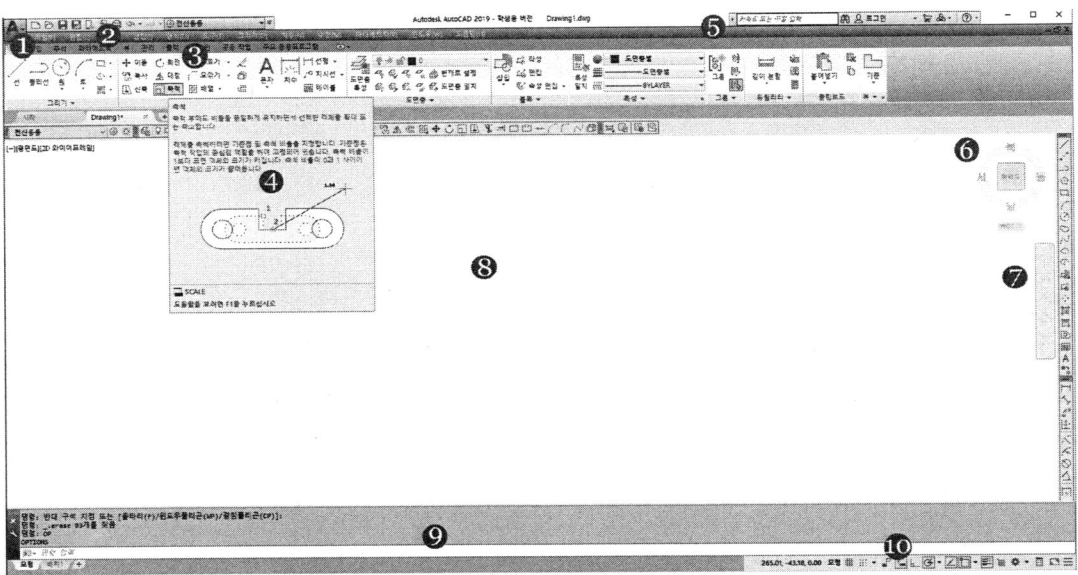

❶ 응용 프로그램 메뉴   ❷ 신속 접근 도구 막대
❸ 리본 메뉴   ❹ 툴 팁
❺ 검색 및 정보센터   ❻ 뷰 큐브
❼ 탐색 막대   ❽ 작업 영역
❾ 명령행   ❿ 상태 막대

2.2 응용 프로그램 메뉴

왼쪽 상단의  버튼을 클릭하면 창이 열립니다. 이 메뉴에서는 새로 만들기, 열기, 저장, 다른 이름 저장, 가져오기, 내보내기, 인쇄, 옵션 등의 작업을 실행할 수 있습니다. 또한 현재 열려 있는 파일이나 최근에 작업한 파일들을 확인할 수도 있습니다.

최근에 작업한 문서들을 다양한 형태로 표시할 수도 있습니다.

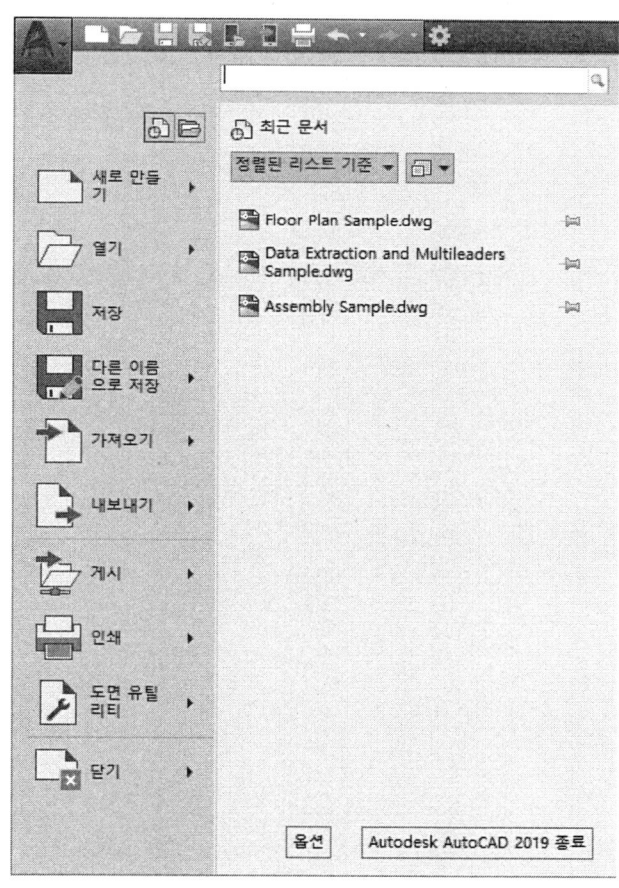

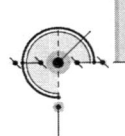

명령 검색 창에는 원하는 언어로 검색을 할 수 있습니다.

예 명령 검색 창에 "C"라고 입력하면 관련된 명령어 항목이 나타납니다.

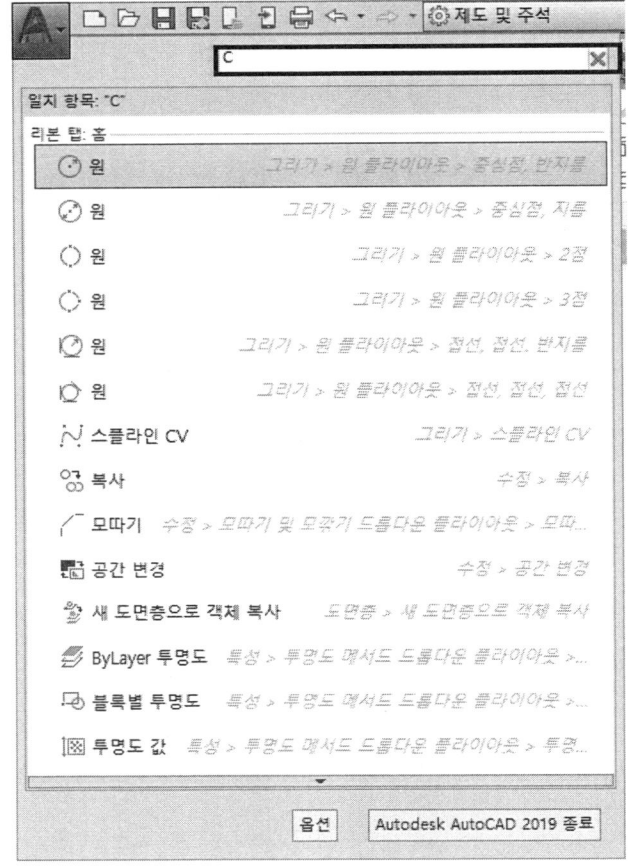

2.3 신속 접근 도구 막대

자주 사용하는 도구를 신속 접근 도구 막대에 등록하여 한 번의 클릭으로 명령어를 실행할 수 있습니다.

플라이아웃()을 클릭하면 신속 접근 도구 막대 사용자화 메뉴가 나타나는데 신속 접근 도구 막대로 추가 또는 삭제를 할 수가 있습니다.

추가하고 싶은 기능을 체크를 하면 신속 접근 도구 바에 추가가 됩니다.

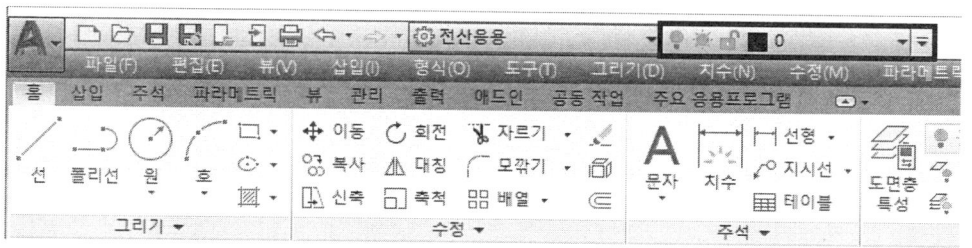

또 다른 방법은 신속 접근 도구 막대에 추가 하고 싶은 아이콘에서 마우스 우클릭하면 신속 접근 도구 막대에 추가를 클릭하면 됩니다.

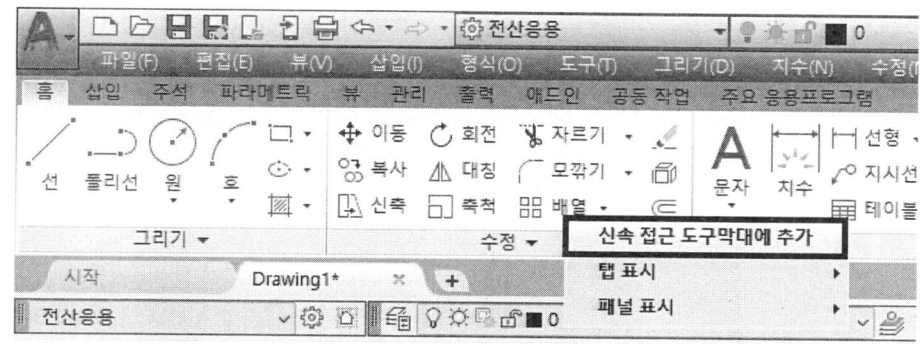

2.4 메뉴 막대 표시

플라이아웃( )을 클릭하면 메뉴 막대 표시가 나타납니다. 클릭하면 다음과 같이 신속 접근 도구 막대 아래에 메뉴 막대가 나타납니다. 메뉴 막대 숨기기를 클릭을 하면 메뉴 막대는 사라집니다. 여기서는 메뉴 막대 표시를 클릭을 합니다.

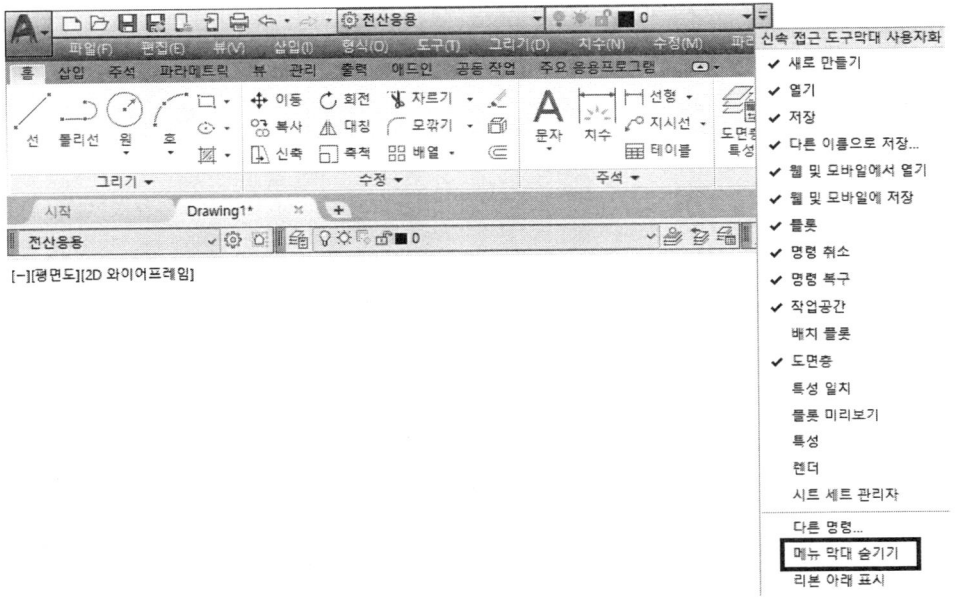

◎ 메뉴 막대 표시

◎ 메뉴 막대 숨기기

2.5 리본 메뉴

리본 메뉴는 탭과 패널로 구성되어 있습니다. 각 탭을 클릭을 하면 그 환경에 맞는 패널들로 전환이 됩니다.
탭 안에는 그리기, 수정, 도면 층, 주석, 블록, 특성, 그룹, 유틸리티, 클립보드, 뷰 등의 명령어를 실행하는 아이콘 도구들로 구성되어 있습니다.

각 패널에 있는 역삼각형 버튼을 클릭하면 숨겨진 아이콘들이 나옵니다.
고정 핀을 누르면 패널을 고정시키고 모든 아이콘을 보면서 작업할 수 있습니다.

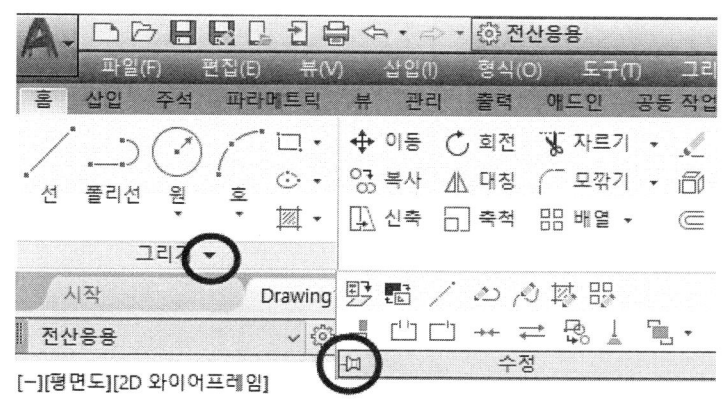

리본 메뉴 탭의 오른쪽 끝에 있는 삼각형 버튼을 클릭하면 화면에서 리본 메뉴를 숨길수도 있고 보이게 할 수도 있습니다. 3가지 옵션이 있으며 탭으로 최소화, 패널 제목으로 최소화, 패널 버튼으로 최소화로 구성되어 있습니다.

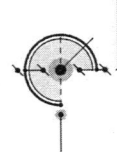

실무 중심으로 배우는 AutoCAD 2019

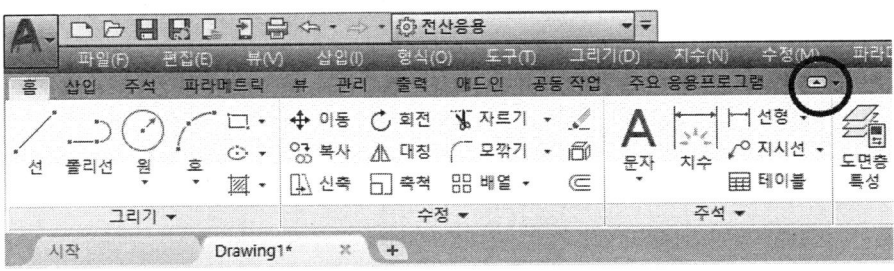

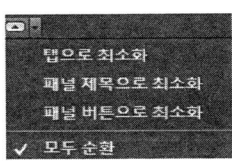

2.6 툴 팁

명령 아이콘에 커서를 접근하면 간단한 도움말이 나타나면서 3초 정도 지나면 상세하게 작업하는 방법을 알려줍니다.

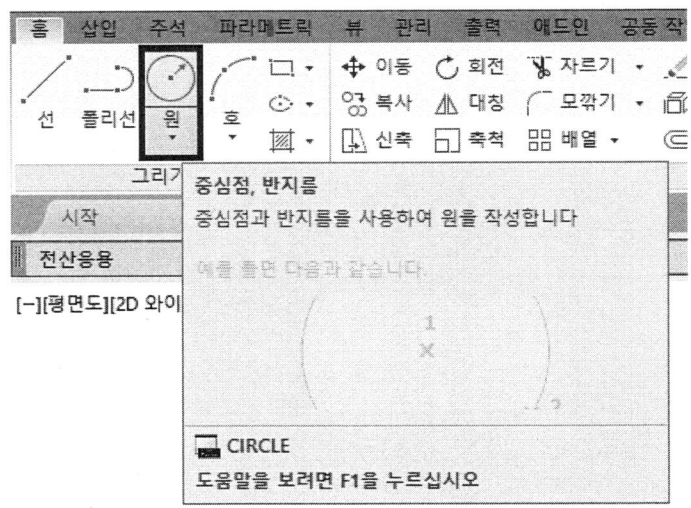

검색 및 정보센터

검색 창에 도움말이 필요한 명령을 입력하고 Enter를 치면 정보센터를 통해 도움말이 나타납니다.

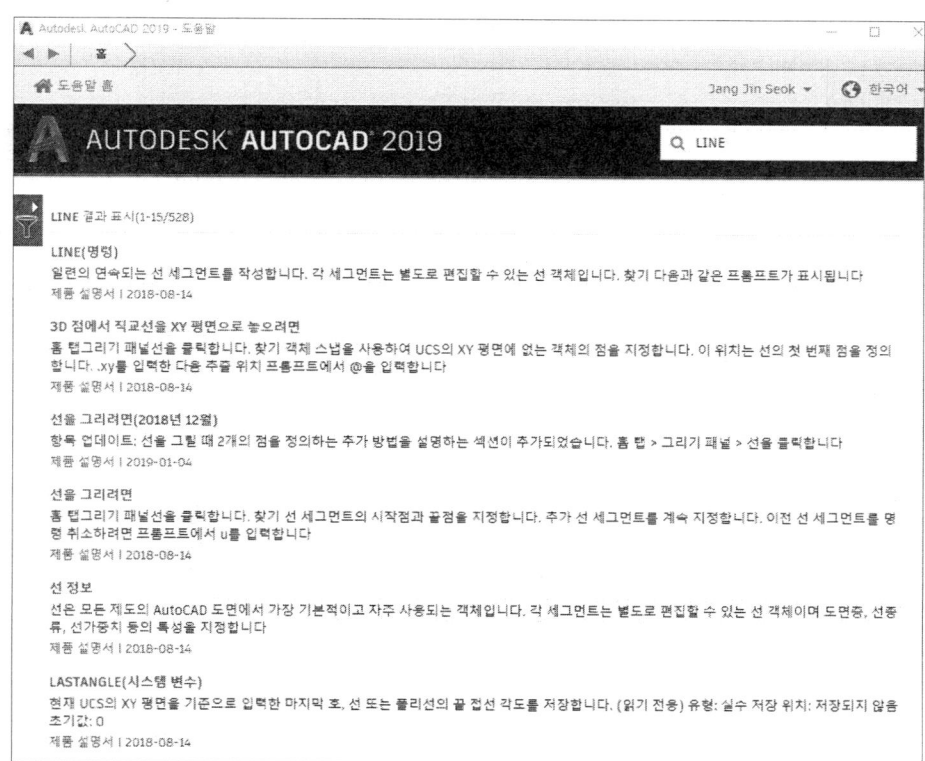

2.8 뷰 큐브

표준 뷰와 등각투영 뷰 간의 전환해 주는 기능입니다.

(🏠)집 모양 아이콘을 클릭하면 등각투영 뷰로 전환이 됩니다.

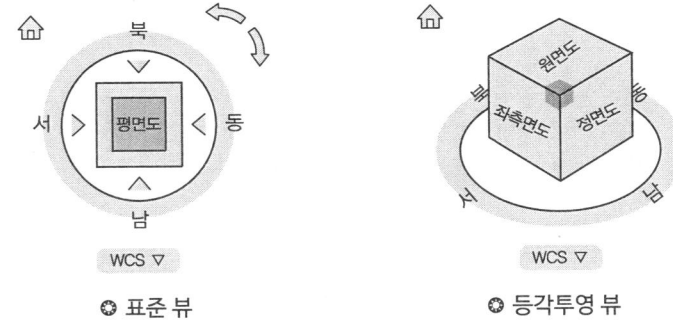

2.9 탐색 막대

전체 탐색 휠, 초점 이동, 줌 범위, 궤도, Show Motion 명령들을 액세스하는 기능입니다.

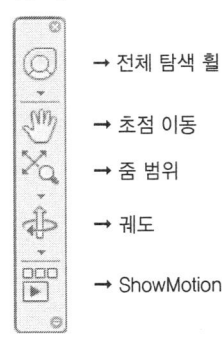

2.10 작업 영역

도면을 작성하는 공간을 작업 영역 또는 윈도우 창이라고 합니다.
대부분 여기서 도면 작성을 합니다. 배경색은 검은색입니다.

명령행(단축키: Ctrl + F9)

키보드를 이용해서 명령어를 입력하거나 좌표 값을 입력할 수 있는 창으로 조작 지시나 현재 상황을 말해 주는 부분입니다.

명령 창을 숨기기 위해서는 Ctrl + F9를 누르고 예(Y)를 클릭하면 명령 창이 화면에 나타나지 않습니다.

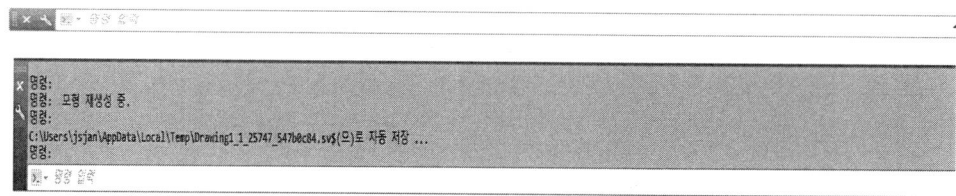

❂ 초기 명령 창

명령 창의 점이 있는 부분을 아래 모형으로 드래그하면 위 그림 명령 창으로 변경이 됩니다. 글자가 5~6줄 정도 나오게 설정합니다.

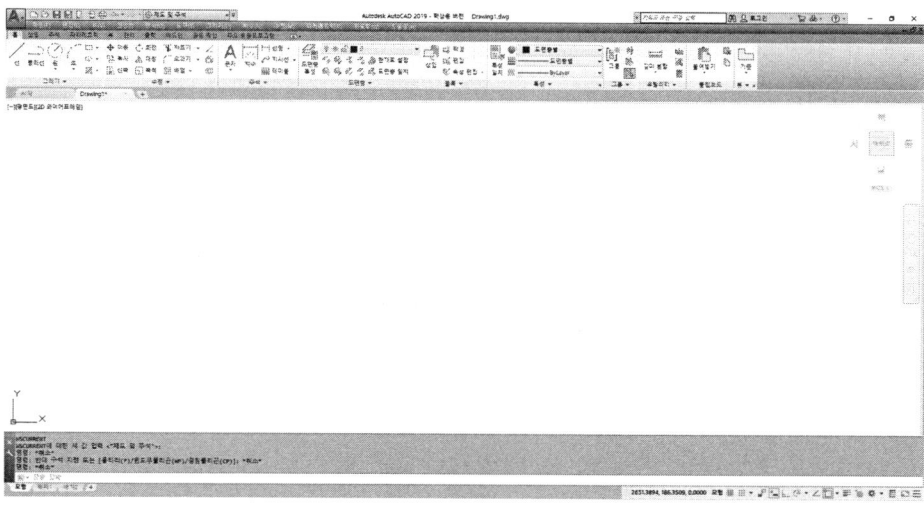

2.12 AutoCAD 명령어 입력하는 방법

❶ 명령 창에 키보드로 명령어를 입력하는 방법입니다. AutoCAD는 작업 시 명령 창에 명령어(단축키 등)를 입력하면 작업순서 및 정보를 알려줍니다.

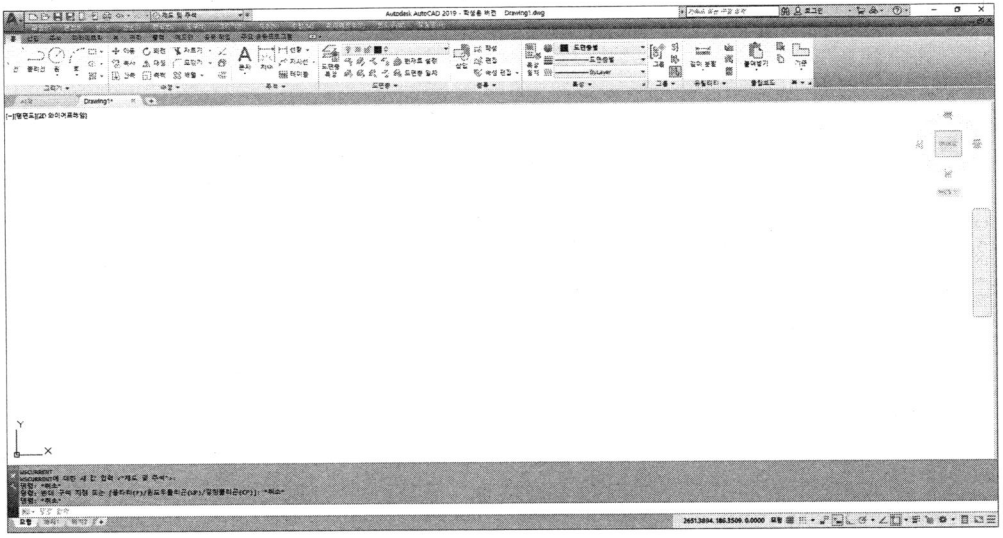

예) 선 그리기

> **명령: L(LINE의 단축 명령어: L)**
> 명령: _line
> 첫 번째 점 지정: P1
> 다음 점 지정 또는 [명령 취소(U)]: P2
> 다음 점 지정 또는 [명령 취소(U)]: P3
> 다음 점 지정 또는 [닫기(C)/명령 취소(U)]:
> 다음 점 지정 또는 [닫기(C)/명령 취소(U)]: C

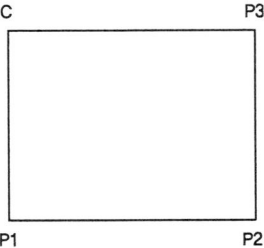

❷ 하단에 동적입력 버튼(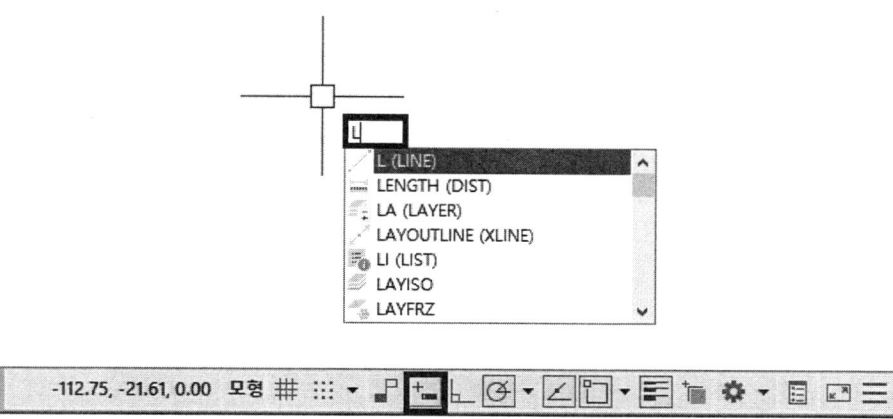)을 클릭하고 나서 작업창에서 그냥 단축 명령어를 입력하면 마우스 근처에 명령어가 입력이 됩니다.

❸ 마우스를 이용하여 바로 단축 아이콘을 직접 클릭하면 됩니다. 마우스를 단축 아이콘 위에 두면 간략한 설명이 나타나며, F1을 누르면 도움말 창이 나타납니다.

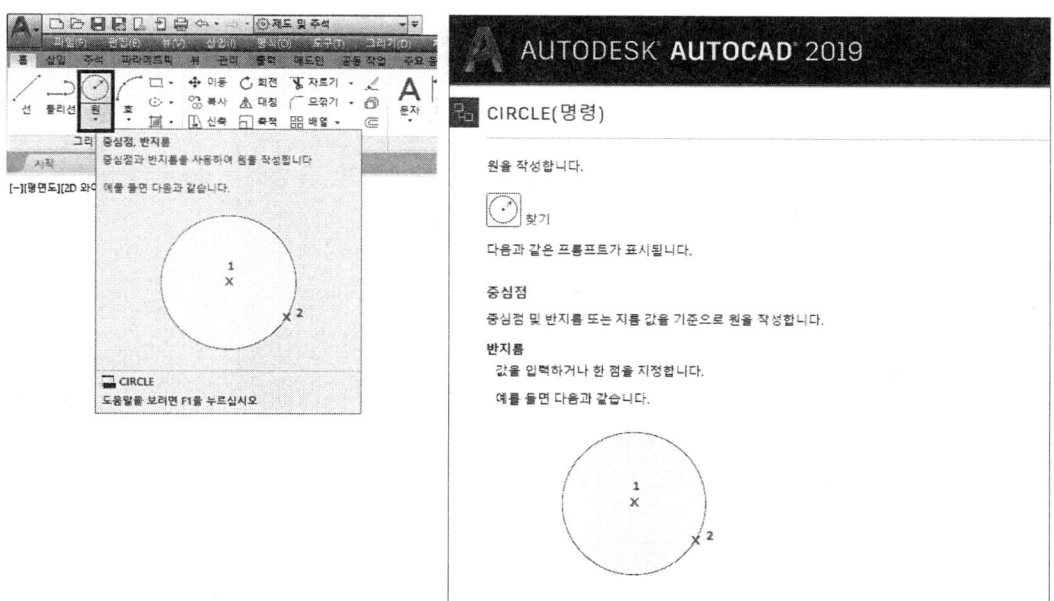

2.13 Enter 키의 기능

AutoCAD에서 Enter 키는 스페이스바와 마우스 오른쪽 버튼이 같은 기능을 합니다.

스페이스바
문자를 작성할 때에는 빈칸으로 사용이 되지만 나머지는 Enter↵ 키와 같은 기능을 합니다.

마우스 오른쪽 버튼
보통은 팝업 창이 나타나는데 사용자가 옵션에서 설정하면 Enter↵ 키와 동일한 기능을 합니다.

옵션(OP)으로 들어가서 다음과 같이 오른쪽 클릭 버튼을 설정하면 편리하게 사용할 수 있습니다.

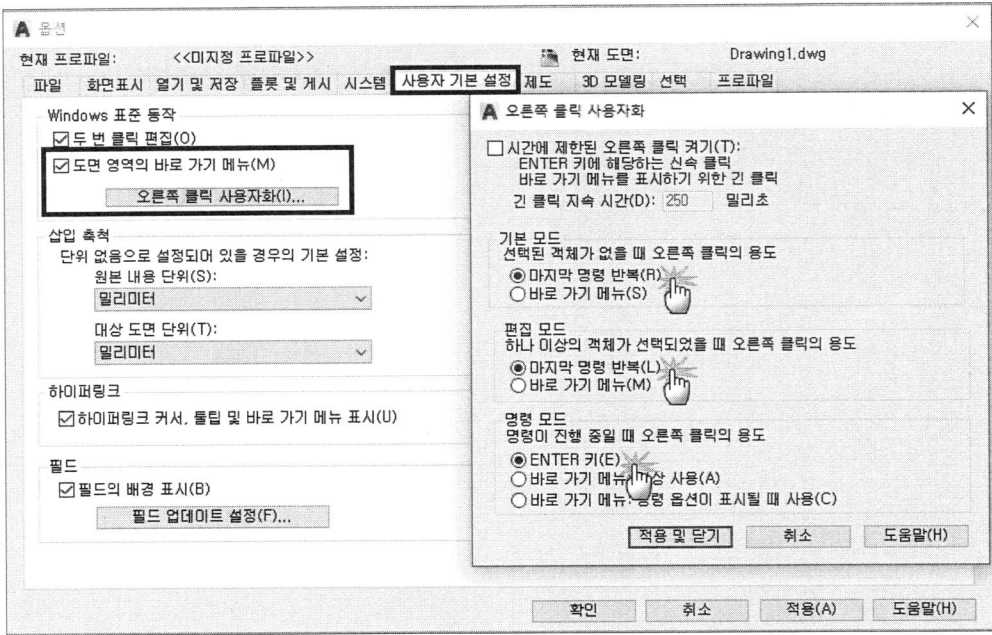

2.14 AutoCAD 2019 인터페이스 살펴보기

홈 탭에는 그리기, 수정, 도면 층, 주석, 블록, 특성, 그룹, 유틸리티, 클립보드, 뷰로 구성되어 있습니다.

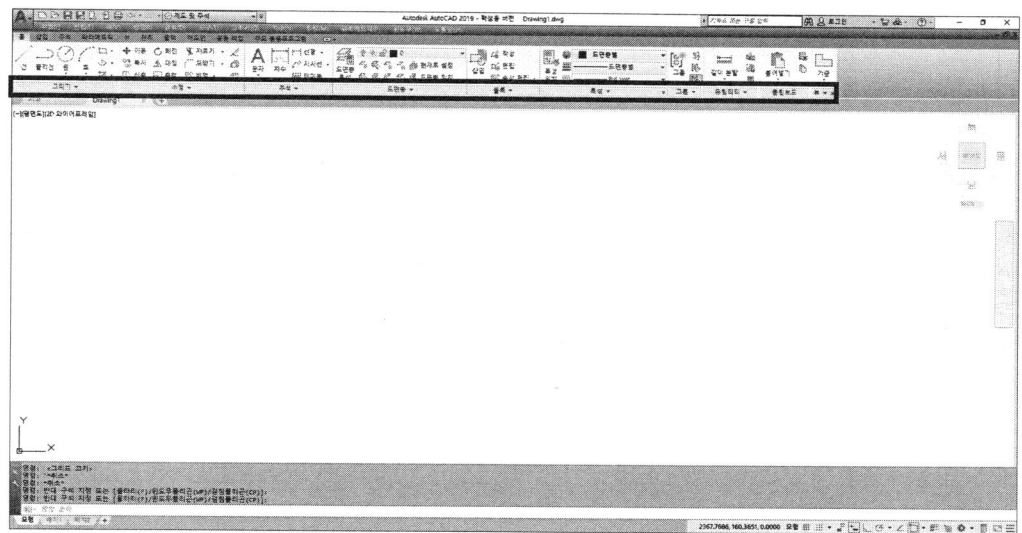

삽입 탭에는 블록, 블록 정의, 참조, 점 구름, 가져오기, 데이터, 링크 및 추출, 위치로 구성되어 있습니다.

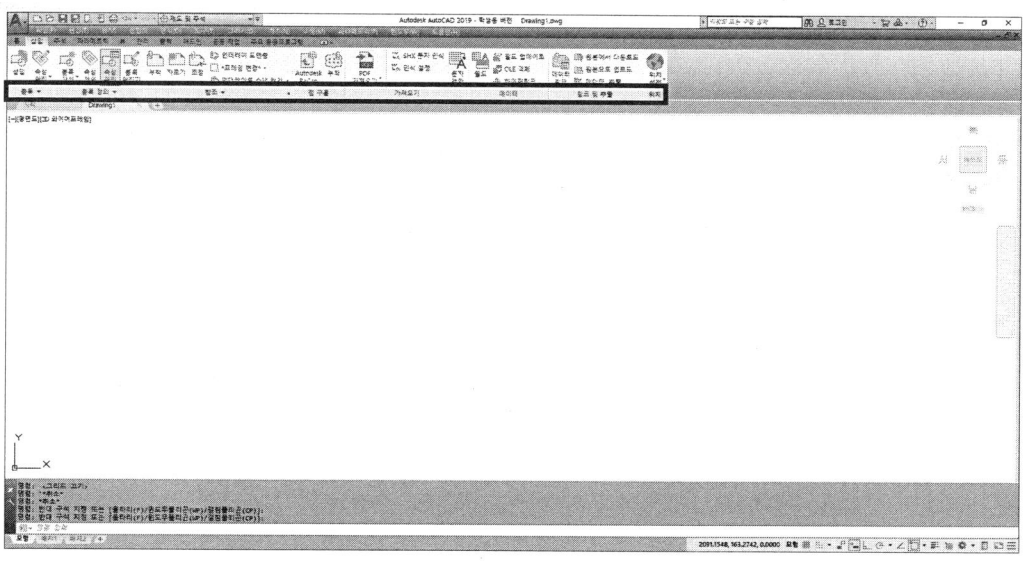

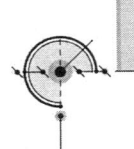

주석 탭에는 문자, 치수, 지시선, 테이블, 표식, 주석축척, 중심선으로 구성되어 있습니다. 특히 중심표식 기능과 중심선 기능이 추가가 되었습니다.

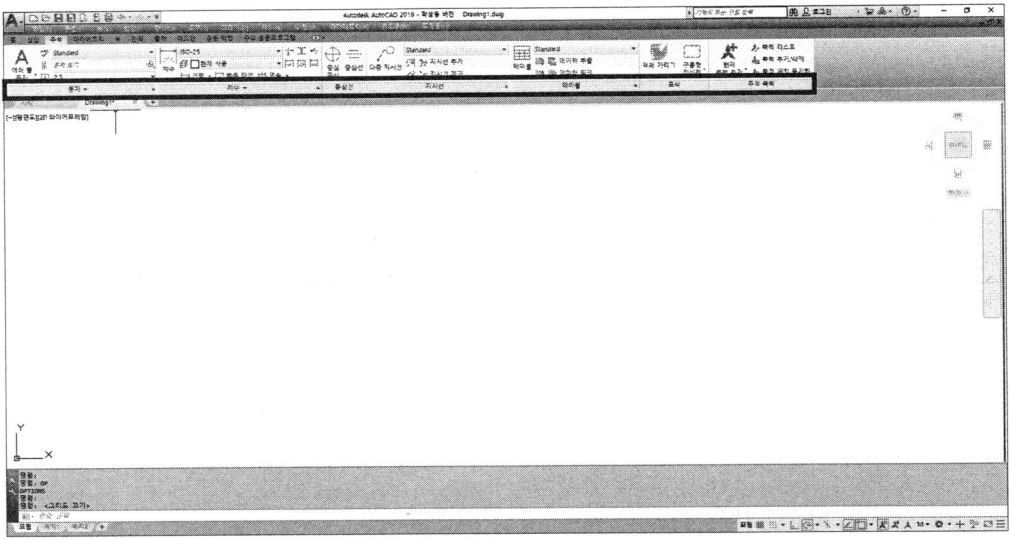

배치 탭에는 배치, 배치 뷰 포트, 뷰 작성, 뷰 수정, 업데이트, 스타일 및 표준으로 구성되어 있습니다.

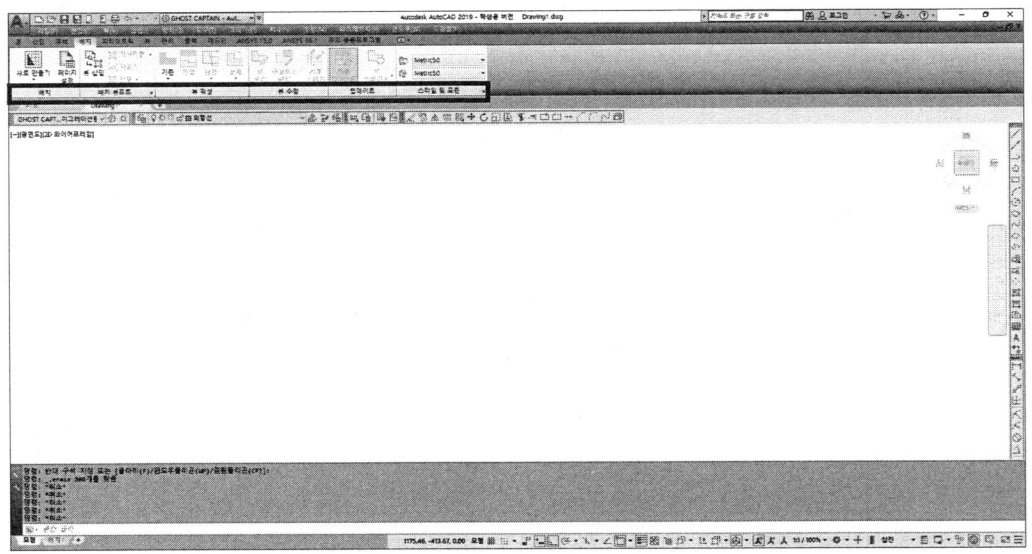

파라메트릭 탭에는 기하학적, 치수, 관리 기능이 있습니다.
3차원 작업 시 유용한 기능들로 구성되어 있습니다.

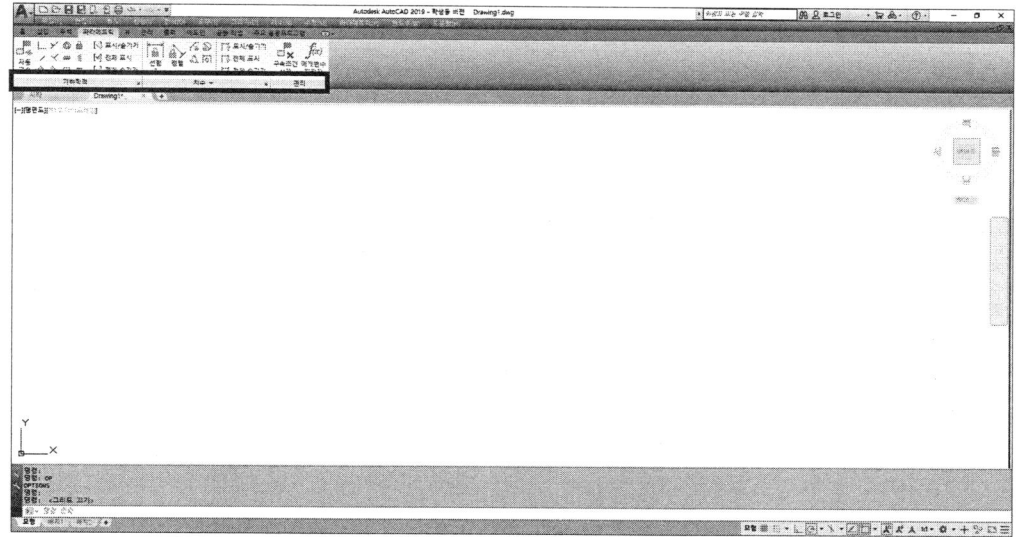

뷰 탭에는 뷰 포트 도구, 명명된 뷰, 모형 뷰 포트, 팔레트, 인터페이스로 구성되어 있습니다.

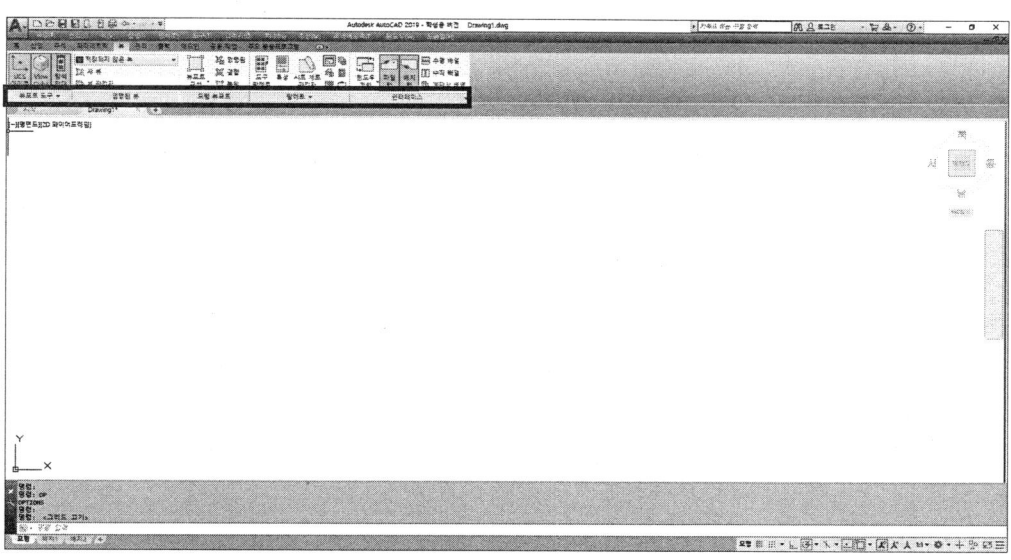

관리 탭에는 동작 레코드 사용자화, 응용 프로그램, CAD 표준으로 구성되어 있습니다.

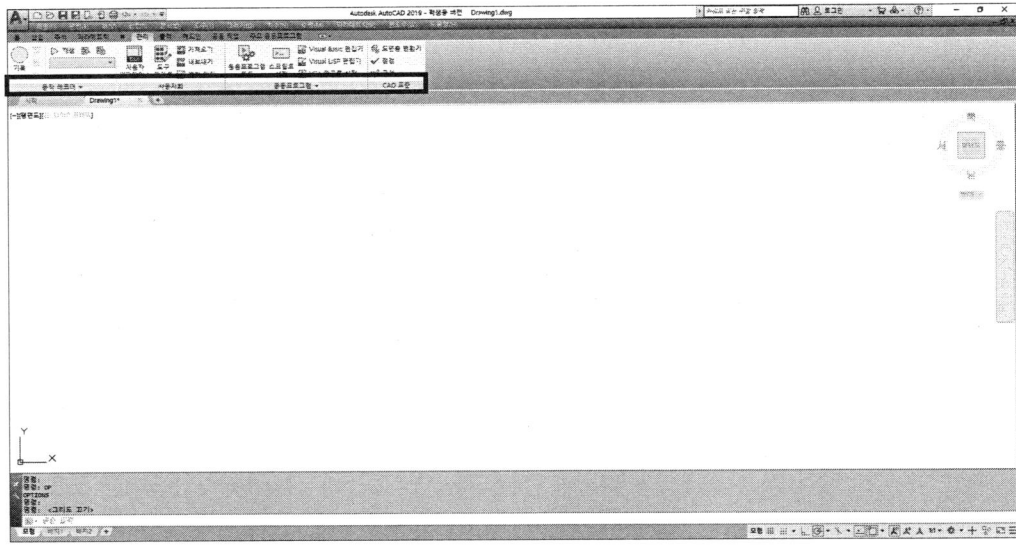

출력 탭에는 플롯, DWF/PDF로 내보내기로 구성되어 있습니다.

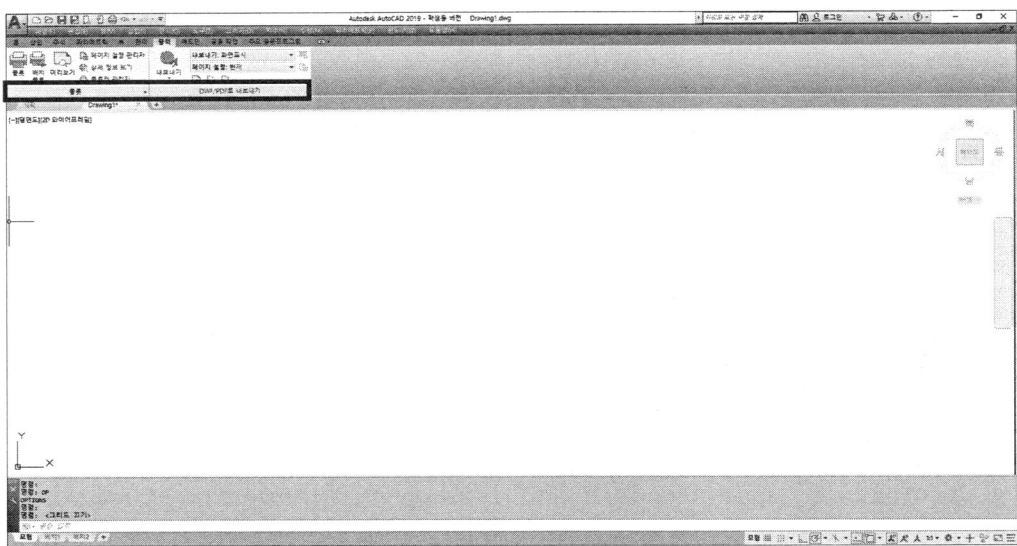

2.15 상태 막대

AutoCAD의 현재 작업 상태를 표시하는 영역으로 화면의 아래 부분에 나타나며 좌표 값과 도면을 작도할 때 보조 도구들로 구성되어 있습니다.

사용자 버튼(▤)을 클릭하여 원하는 기능을 추가할 수도 있습니다.

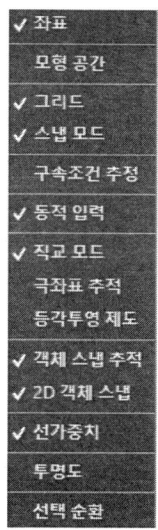
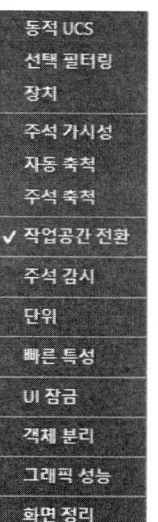

1. 구속조건 추정(단축키: Ctrl + Shift + I)

(▣) 버튼을 클릭하고 나서 선을 수평으로 그리면 수평 구속조건이 적용이 됩니다. 선 옆에는 구속조건 기호가 동시에 표시가 됩니다.

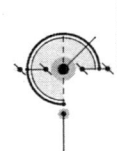

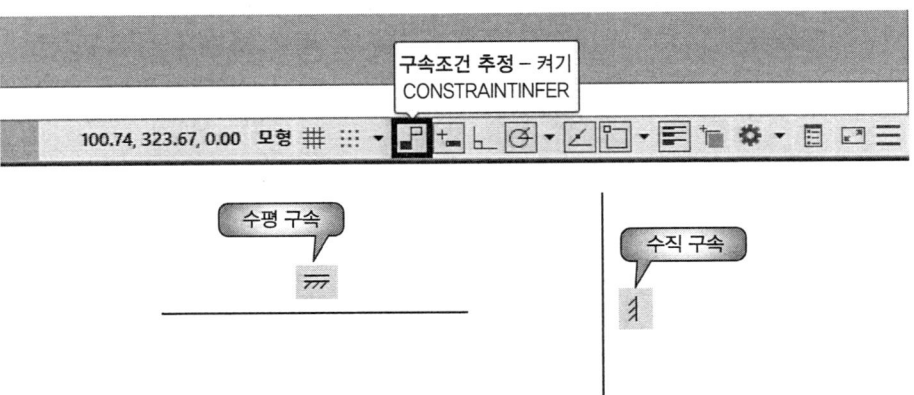

실습하기

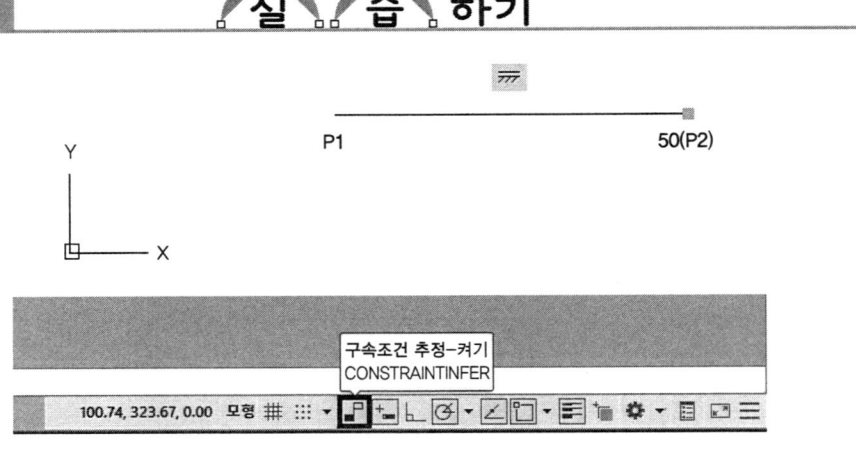

1 우선( ) 버튼을 활성화시킵니다.

그리고 명령 창에 아래와 같이 입력합니다.

```
명령: L Enter↵
LINE 첫 번째 점 지정: P1 클릭
다음 점 지정 또는 [명령 취소(U)]: 50(우측으로 50 이동)
다음 점 지정 또는 [명령 취소(U)]: ESC(취소)
```

아래와 같이 나타납니다. 여기서 ⫶ 마크는 수평 구속조건을 의미합니다.

⫶ (수평 구속조건)

구속조건에는 형상 구속조건과 치수 구속조건 두 종류가 있습니다.
- 형상 구속조건(기하학적 구속조건): 형상에 대한 구속조건을 말합니다.

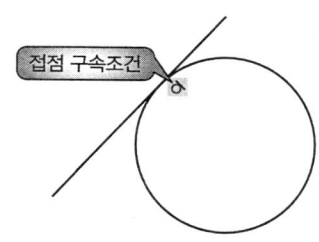

- 치수 구속조건: 치수를 넣어서 구속을 잡는 기능을 말합니다.

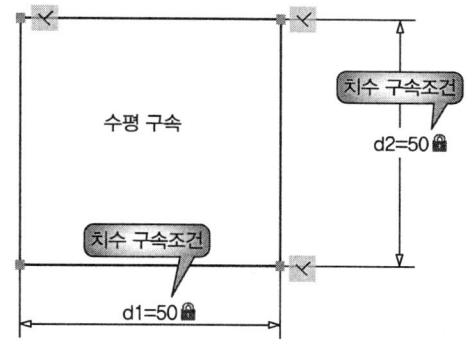

치수를 수정하면 치수를 입력한 값으로 형상이 바로 변경이 됩니다.

 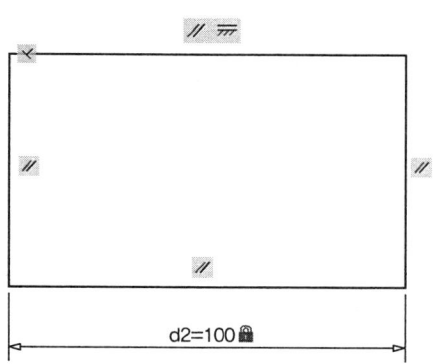

2. 그리드(단축키: F7 또는 Ctrl + G)

그리드 아이콘 (⊞)을 클릭하면 격자 모양이 나타납니다.
그리드 또는 눈금이라고도 하며 모눈종이를 두고 그림을 그릴 때 유용한 기능입니다.
기본 간격은 10으로 설정이 되어 있습니다.

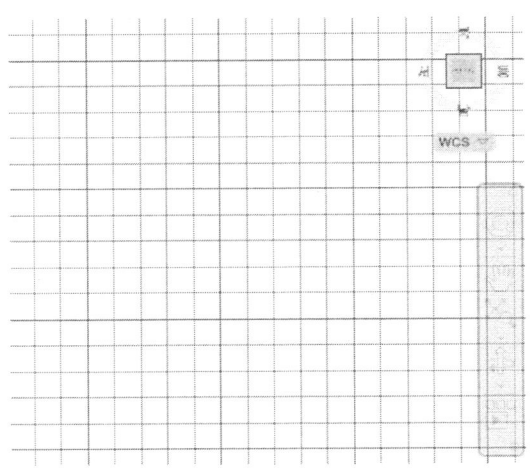

그리드를 클릭을 하고 **마우스 오른쪽 버튼**을 클릭하면 그리드 설정이 나타납니다.

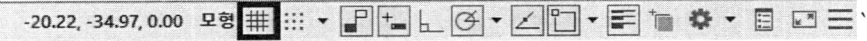

여기서 그리드 간격을 설정할 수가 있습니다. 기본 설정은 X: 10, Y: 10으로 되어 있습니다.

3. 스냅(단축키: F9 또는 Ctrl + B)

사용자가 설정한 간격으로 커서가 움직이게 하는 기능입니다.

스냅 아이콘(⋮⋮⋮)을 클릭하고 마우스 오른쪽 버튼을 클릭하면 스냅 설정이 나타납니다.

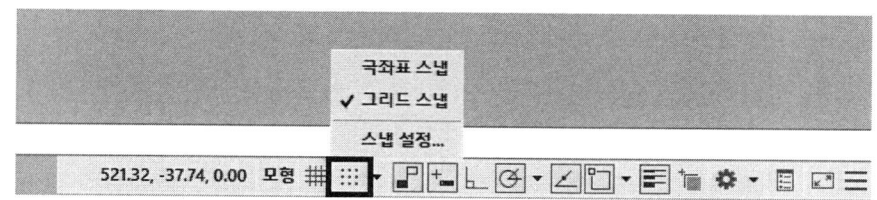

여기서 스냅 X,Y 간격두기를 설정할 수 있는데, 기본 설정은 X: 10, Y: 10으로 설정되어 있습니다.

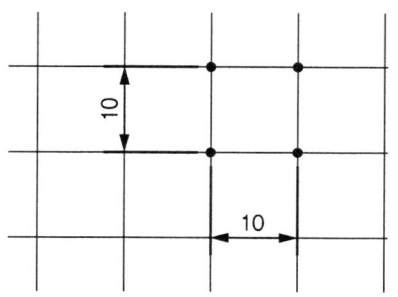

4. 직교(단축키: F8 또는 Ctrl + L)

직교 모드(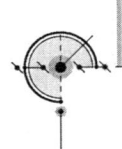)는 CAD 작업 시 가장 많이 사용하는 명령어로써 수평 또는 수직으로만 선을 그릴 수 있도록 도와주는 기능입니다. 사용을 안 할 때는 F8을 눌러 OFF해 두고 작업하면 편리합니다.

실습하기

다음과 같이 삼각형을 그려보면서 기능을 익혀보세요.

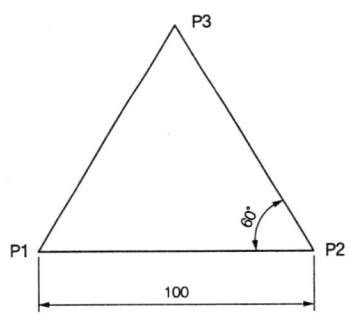

명령: L Enter↵
LINE 첫 번째 점 지정: P1 클릭
다음 점 지정 또는 [명령 취소(U)]: P2 〈**직교 켜기**〉 100

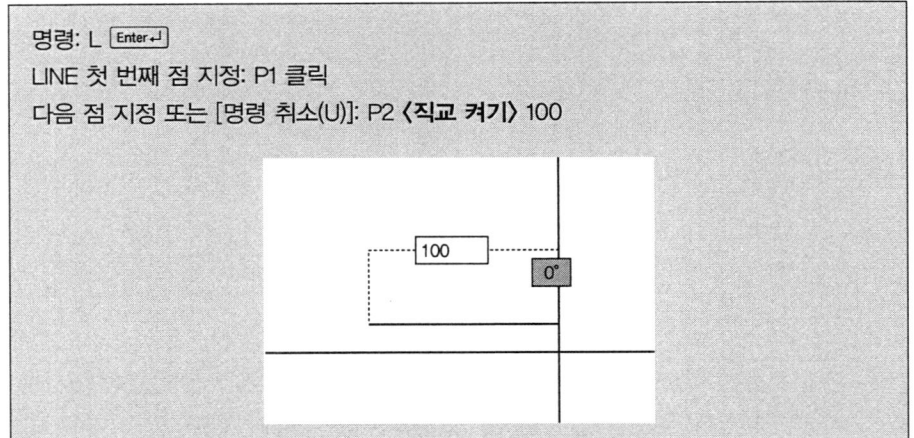

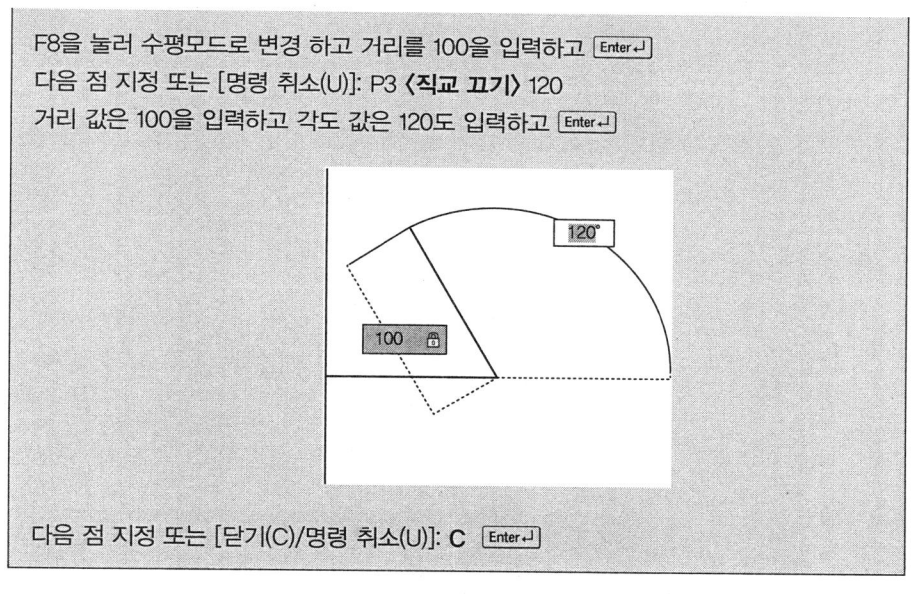

5. 객체 스냅(단축키: F3)

도면 작업 시 객체의 특성과 위치에 따라서 도면을 자동으로 찾아서 매끄럽게 연결해 주는 기능입니다.

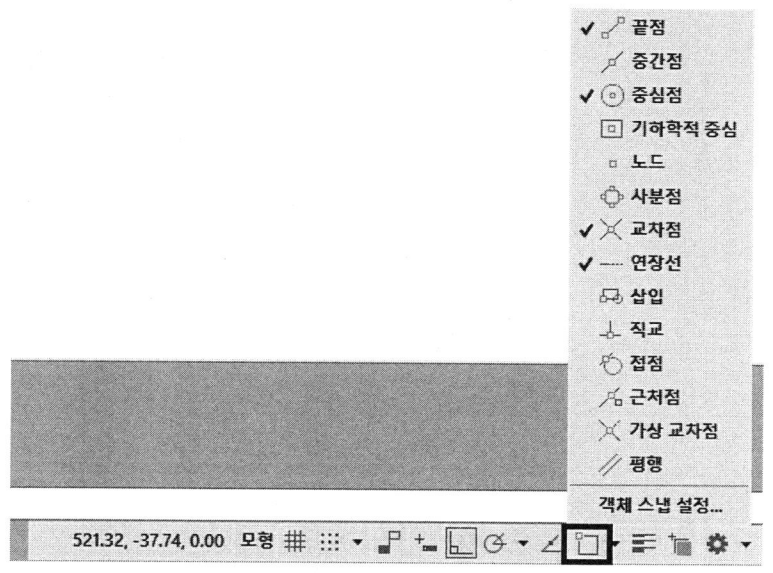

객체 스냅 설정을 클릭하면 아래와 같은 객체 스냅 모드 설정 창으로 들어가서 설정을 할 수 있습니다.

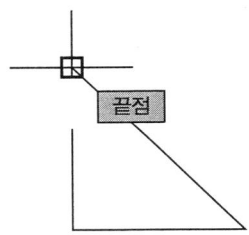

❶ 끝점: 선이나 호 등의 끝점을 자동으로 찾아주는 기능입니다.

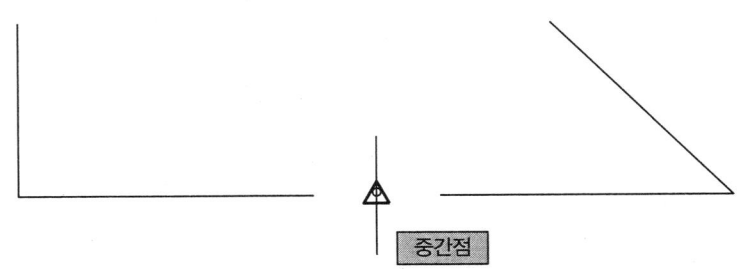

❷ 중간점: 선의 중간점을 자동으로 찾아주는 기능입니다.

❸ 중심점: 원의 중심을 자동으로 찾아주는 기능입니다.

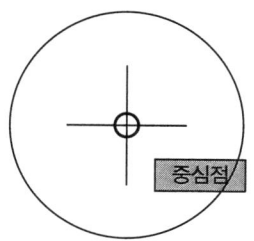

❹ 사분점: 원의 사분점을 자동으로 찾아주는 기능입니다.

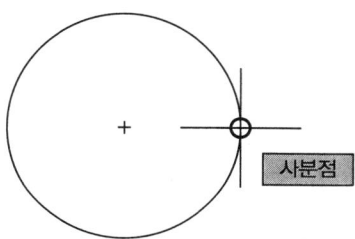

❺ 교차점: 선의 교차점을 자동으로 찾아주는 기능입니다.

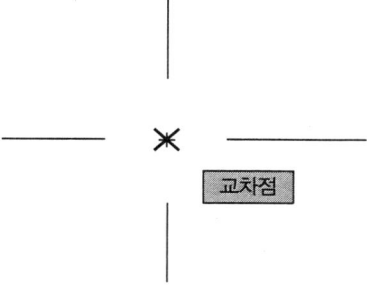

❻ 접점: 원의 접하는 부분, 즉 접점을 자동으로 찾아주는 기능입니다.

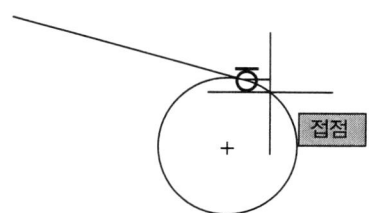

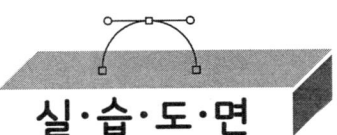

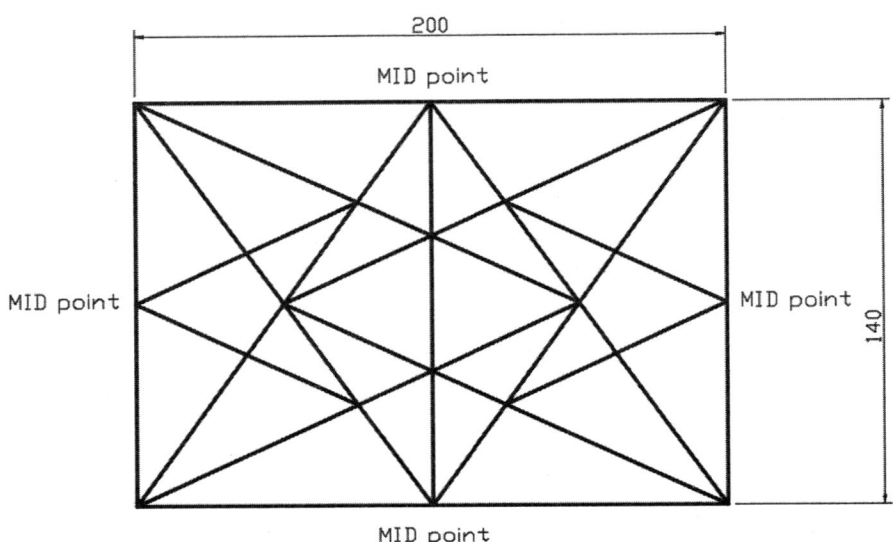

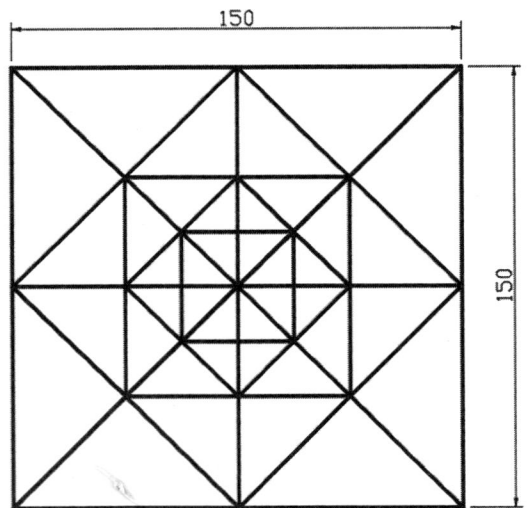

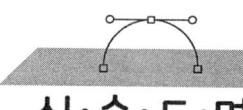
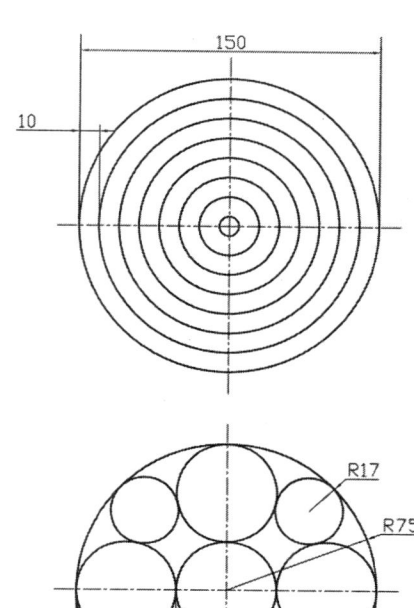
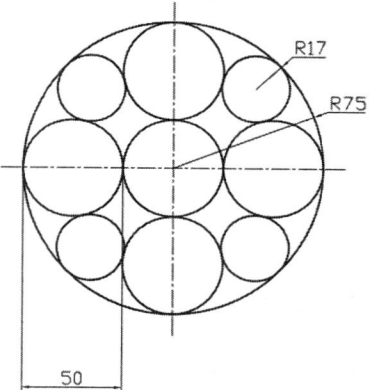
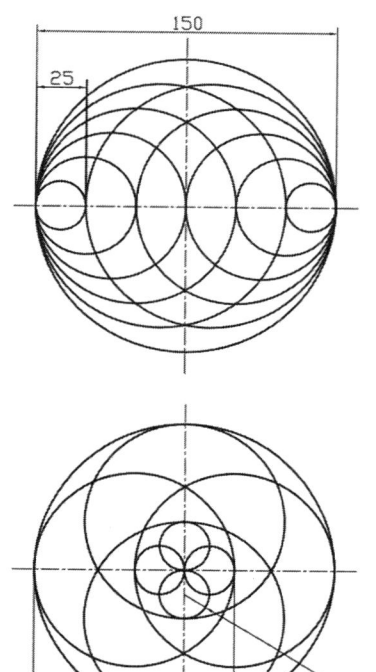

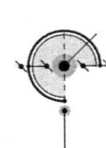

실무 중심으로 배우는 AutoCAD 2019

6. 객체 스냅 추적(단축키: F11)

( ) 객체를 자동으로 추적해 주는 기능으로 다른 객체와 연관 작업 시 유용한 기능입니다. 보조선을 따로 그리지 않아도 추적선을 이용해서 작업할 수 있는 편리한 기능입니다.

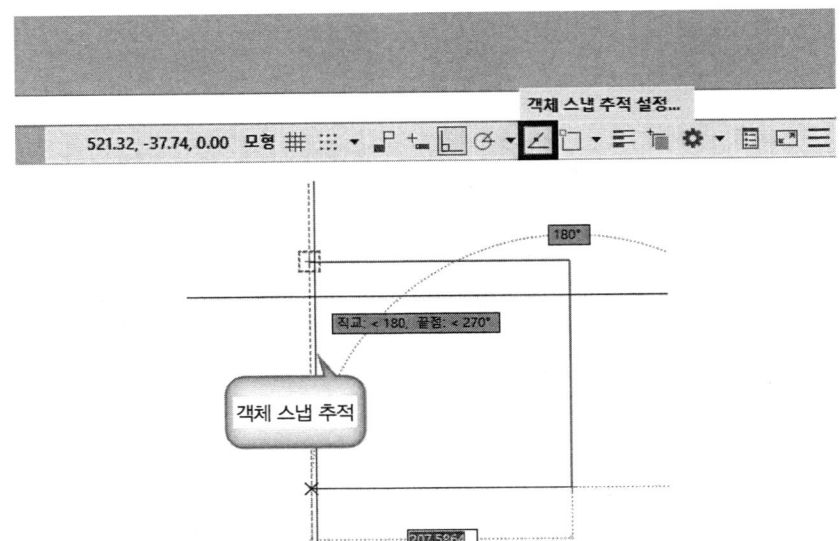

실습하기

우선 LINE 명령을 실행을 합니다. 그리고 LINE의 끝부분에 마우스를 잠시 있다가 밑으로 움직이면 보조선이 나타나서 끝점 위치를 자동으로 추적해 줍니다.

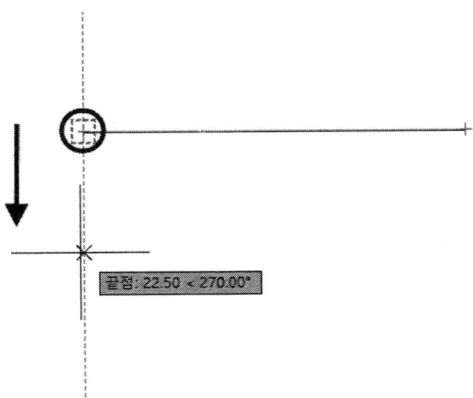

7. 동적 입력(단축키: F12)

동적( )으로 입력할 수 있는 기능으로 길이와 각도 값을 입력하여 선을 작성할 수 있도록 도와주는 기능입니다. 아주 유용한 기능으로 작업 시 동적 입력은 항상 ON으로 놓고 작업을 하면 편리합니다.

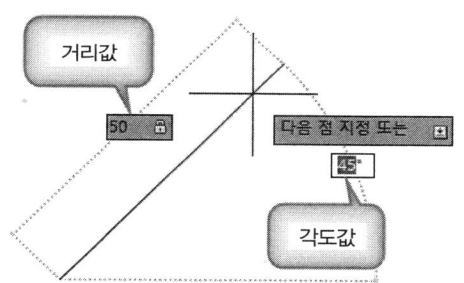

거리 값을 입력하고, 거리 값으로 넘어갈 때는 **TAB**를 사용하면 됩니다.

8. 선 가중치

선의 가중치(선의 굵기)를 조정하는 기능입니다.
OFF 상태에서는 선의 굵기가 표시되지 않으며, ON 상태일 때만 선의 굵기가 표시되는 기능입니다.

먼저 선의 굵기를 선정한 후 선 가중치 표시를 클릭하면 선 굵기가 표시가 됩니다.

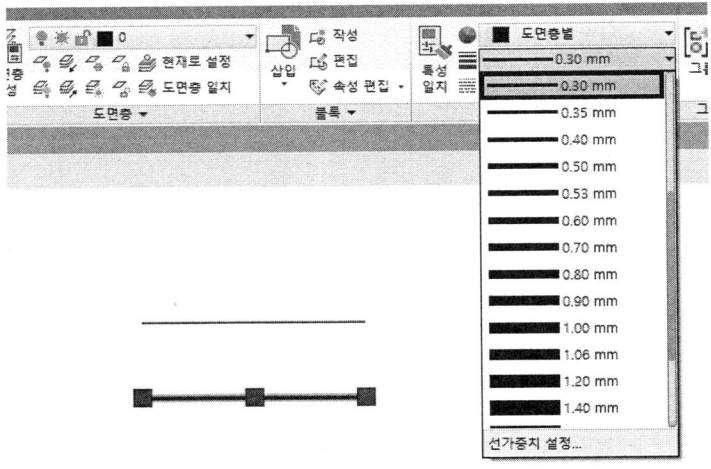

―――――――――――― 기본값

―――――――――――― 0.3mm

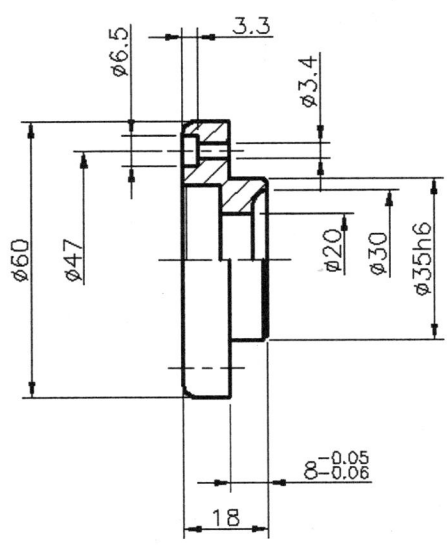

● 외형선을 선 가중치로 적용한 예

9. 빠른 특성

객체를 선택 하면 빠른 특성 창이 나타나 선 종류나 도면 층 등을 빠르게 설정해 주는 기능입니다. 단 작업 시 선을 선택할 때 마다 나타나므로 불필요 시에는 OFF를 해 두는 것이 좋습니다.

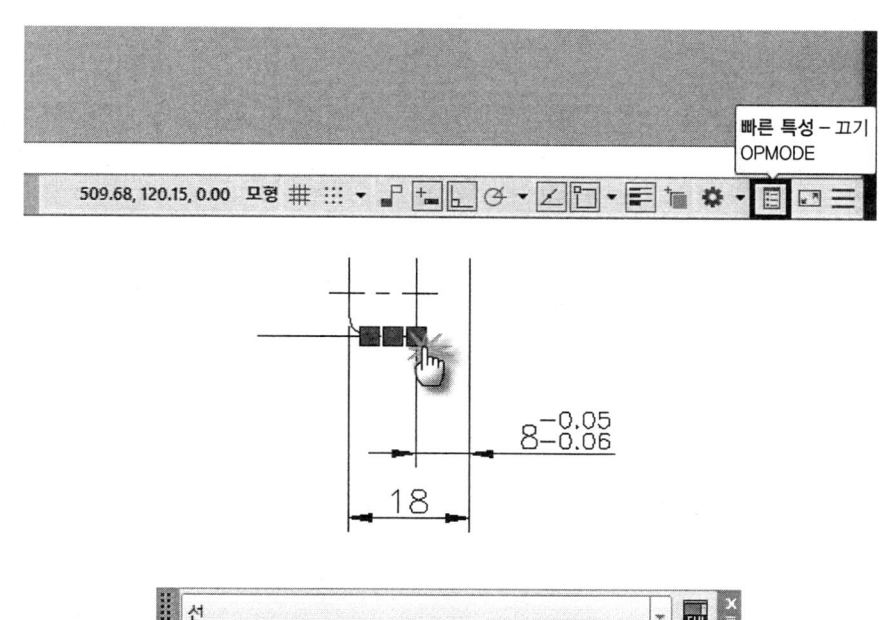

10. 선택 순환(단축키: Ctrl + W)

중복된 선이 있을 경우 선택순환 아이콘을 ON시키고 선을 클릭하면 다음과 같이 선택사항 창이 나타납니다.

중복된 선을 클릭하면 삭제할 수도 있습니다.

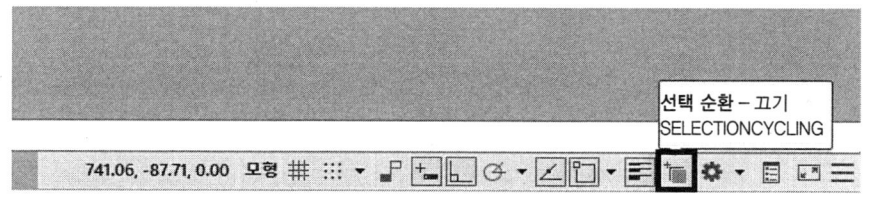

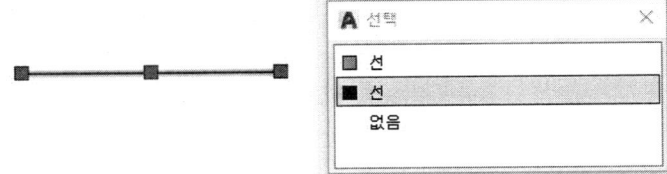

이상으로 상태 막대는 아래 그림처럼 설정해서 사용하시면 편리합니다.

◎ 상태 표시 아이콘

옵션	이름	단축키	설명
	구속조건 추정	Ctrl + Shift + I	형상 구속조건 및 치수 구속 설정을 제어
	스냅 모드	F9	스냅 모드를 ON/OFF
	그리드	F7	그리드(모눈) ON/OFF
	직교	F8	직교 모드를 ON/OFF
	극좌표 추적	F10	극좌표 추적을 ON/OFF
	2D 객체 스냅	F3	객체 스냅을 ON/OFF
	3D 객체 스냅	F4	3D 객체 스냅을 ON/OFF
	객체 스냅 추적	F11	객체 스냅 추적을 ON/OFF
	동적 UCS	F6	동적 UCS 사용 여부를 결정
	동적 입력	F12	동적 입력 모드를 ON/OFF
	선 가중치		선 굵기(선 가중치) 표시를 ON/OFF
	투명도 표시/숨기기		객체의 투명도 표시를 ON/OFF
	빠른 특성	Ctrl + Shift + P	빠른 특성 표시를 ON/OFF

2.16 작업 공간

작업 공간은 AutoCAD 2006부터 도입이 되었으며, 작업 위주로 사용자화된 도면 환경에서 작업할 수 있도록 메뉴로 구성되었습니다.
우측 하단 톱니바퀴 아이콘을 클릭하면 설정을 할 수 있습니다.

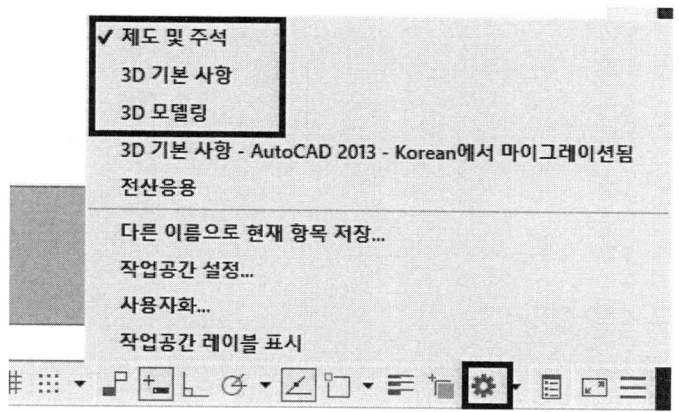

❶ **제도 및 주석**: 2차원 도면을 작도 시 사용하는 작업 공간입니다.

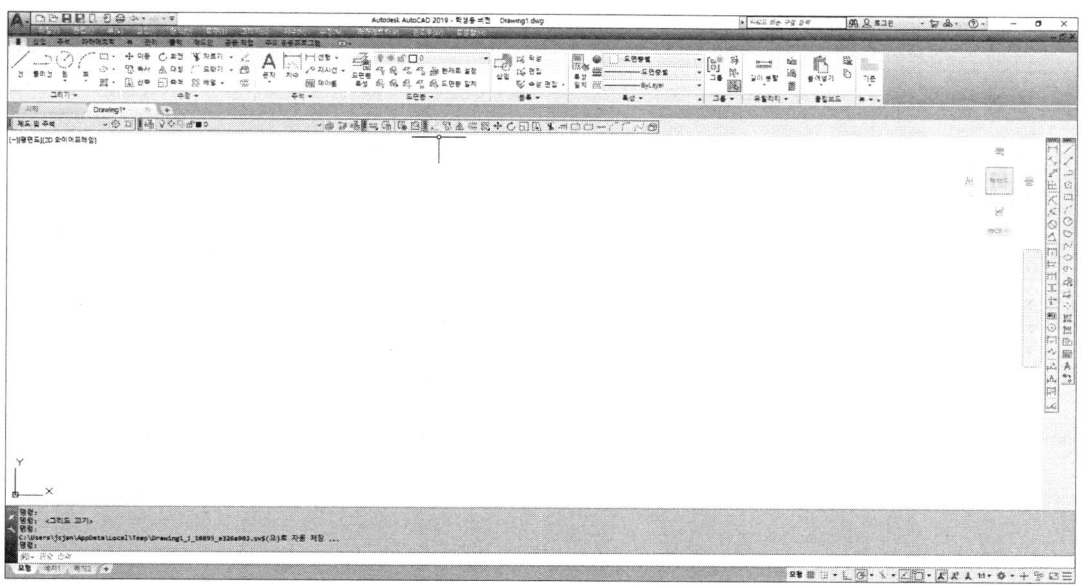

❷ 3D 모델링: 3차원 도면을 작도 시 사용하는 공간이며 3D 모델링 작업을 편리하도록 구성된 공간입니다.

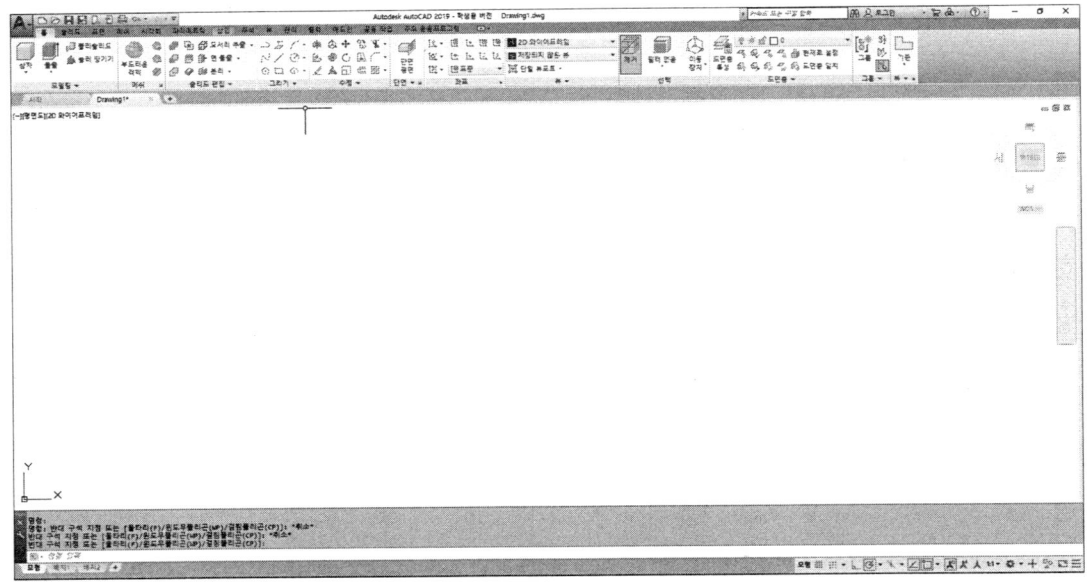

2.17 새로 만들기

새로 만들기를 클릭을 하면 Autodesk에서 기본적으로 제공하는 템플릿을 사용할 수가 있습니다.

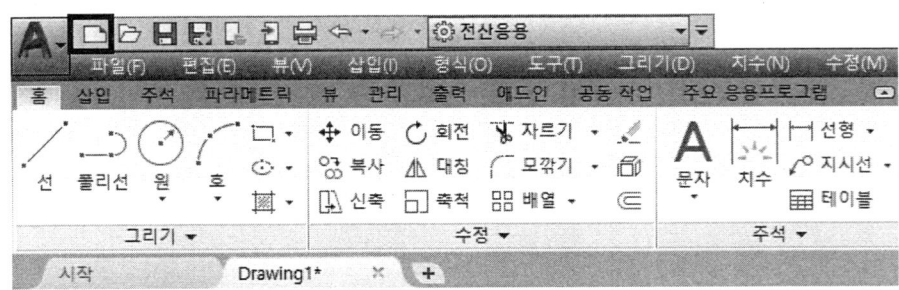

새로 만들기 아이콘을 클릭하면 Template 선택 창이 나타납니다.

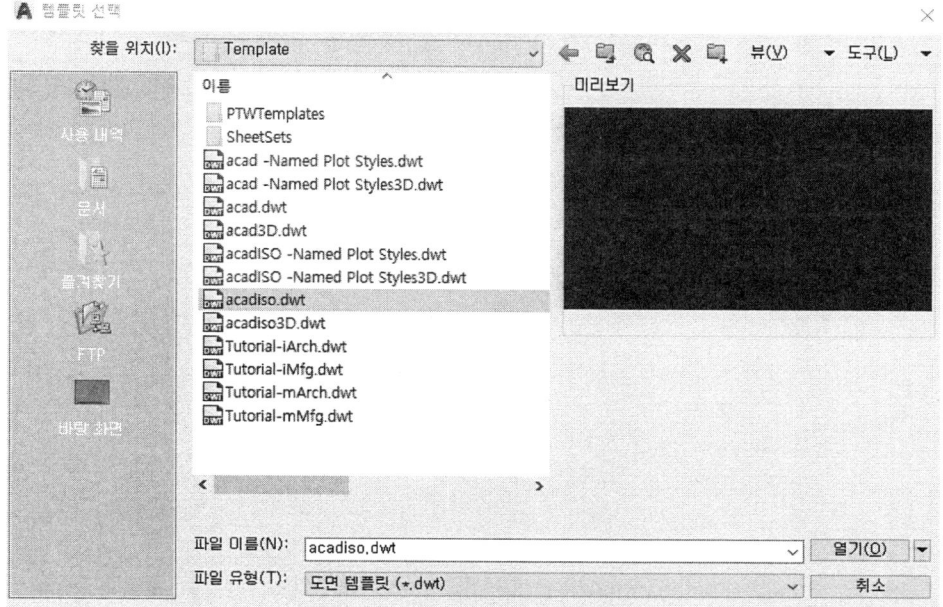

❶ acad.dwt: 영국식 단위이며, 단위는 Inch로 되어 있습니다.
도면 영역은 12×9inch로 설정되어 있습니다.

❷ acadiso.dwt: 미터법 단위이며, 단위는 mm로 되어 있습니다.
도면 영역은 420×297mm로 설정되어 있습니다.

템플릿 파일이란?
원형 도면이라 부르는 것으로 도면을 그리기 위해 필요한 모든 사항을 가지고 있는 도면을 말합니다. 즉, A4 용지에 그릴 경우 297×210에 맞는 문자, 선의 크기, 치수 입력 변수, 표제란 등을 저장해 놓을 수 있습니다.

AutoCAD에서 사용하는 확장자 명을 알아봅니다.
*.bak: 도면 백업 파일
*.dwg: AutoCAD 도면 파일
*.dws: 표준 파일 형식(표준 파일: 도면 층, 치수 스타일, 선 종류 및 문자 스타일 등의 특성을 정의하는 파일)
*.dxf: 2진수 도면 파일(타 CAD와 연동 시 많이 사용)
*.$$$: AutoCAD Emergency Backup Drawing
*.dwt: AutoCAD Template File 제공하기 위하여 만들어진 AutoCAD에만 실행 가능한 프로그래밍 언어를 말합니다.

> **TIP**
> 가끔식 도면을 그리다가 소수점으로 나오는 선을 Offset를 하려는 경우가 있습니다. 이럴 때 CAD에서 ÷ 2를 하면 계산이 안 됩니다.
> 이럴 때 소수점으로 나오는 치수를 입력하기 전에 'CAL이라는 명령어를 입력하고÷2를 하면 계산이 되어서 나옵니다.

명령: O Enter↵
현재 설정: 원본 지우기=아니오 도면 층=원본 OFFSETGAPTYPE=0
간격띄우기 거리 지정 또는 [통과점(T)/지우기(E)/도면 층(L)] <통과점>: 'CAL 용어정리 ('= 어파스트로피라고 읽습니다.)
>>>> 표현식: 6.5/2
OFFSET 명령 재개 중.
간격띄우기 거리 지정 또는 [통과점(T)/지우기(E)/도면 층(L)] <통과점>: **3.25 (자동으로 계산이 되어서 나옵니다.)**
간격띄우기할 객체 선택 또는 [종료(E)/명령 취소(U)] <종료>: **P1**
간격띄우기할 면의 점 지정 또는 [종료(E)/다중(M)/명령 취소(U)] <종료>:
간격띄우기할 객체 선택 또는 [종료(E)/명령 취소(U)] <종료>: **P2**
간격띄우기할 면의 점 지정 또는 [종료(E)/다중(M)/명령 취소(U)] <종료>:
간격띄우기할 객체 선택 또는 [종료(E)/명령 취소(U)] <종료>: **P3** *취소*

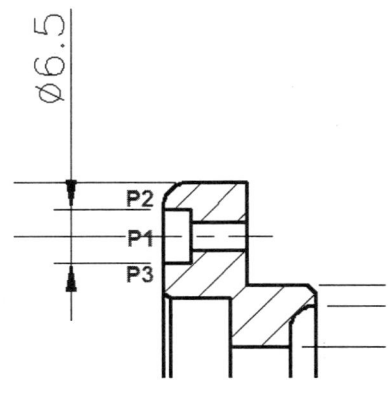

SCALE 작업 시 주의해야 될 부분

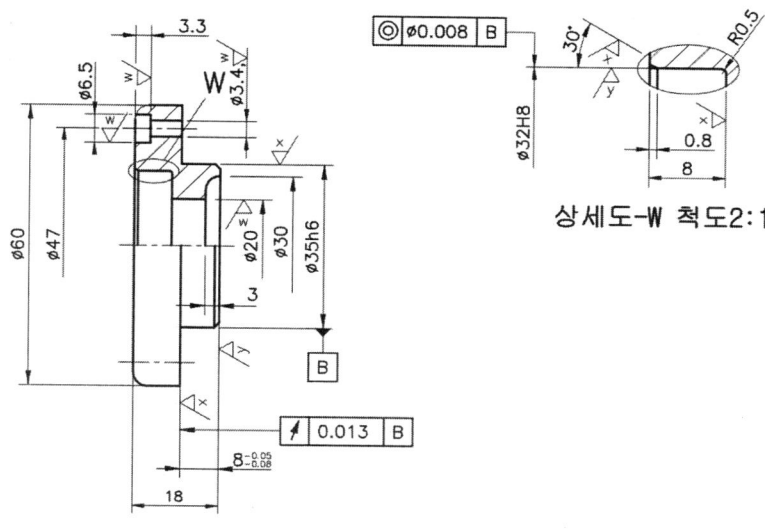

확대를 할 때에는 길이는 2배가 되고 치수는 1:1 치수가 되어야 합니다.

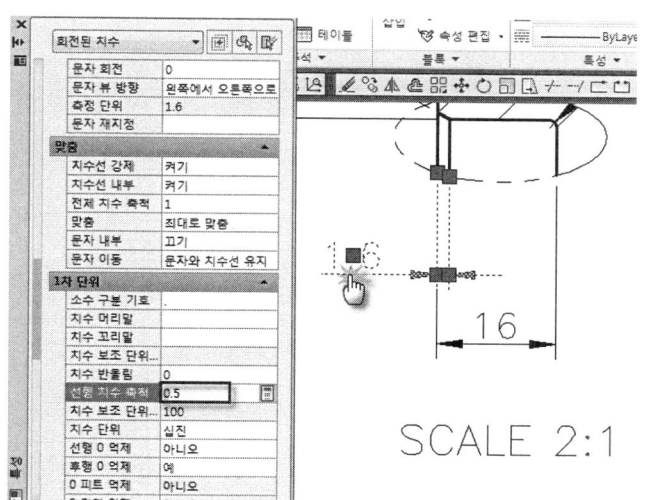

바꿀 치수를 선택을 하고 Ctrl + 1을 클릭을 하면 특성창이 나타납니다.
선형 치수 축척을 1에서 0.5로 수정하면 됩니다.
그러면 **1.6** 치수가 **0.8**로 수정이 됩니다.

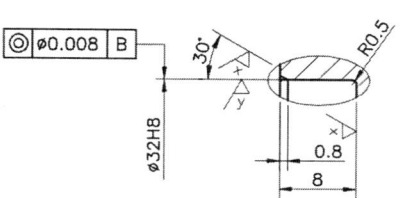

실무 중심으로 배우는 AutoCAD 2019

실습하기

처음 AutoCAD를 실행하면 도구 바가 자신에 맞게 설정이 안 되어 있습니다.
기능사, 산업기사 시험 등에 꼭 필요한 도구 바 설정을 해봅니다.

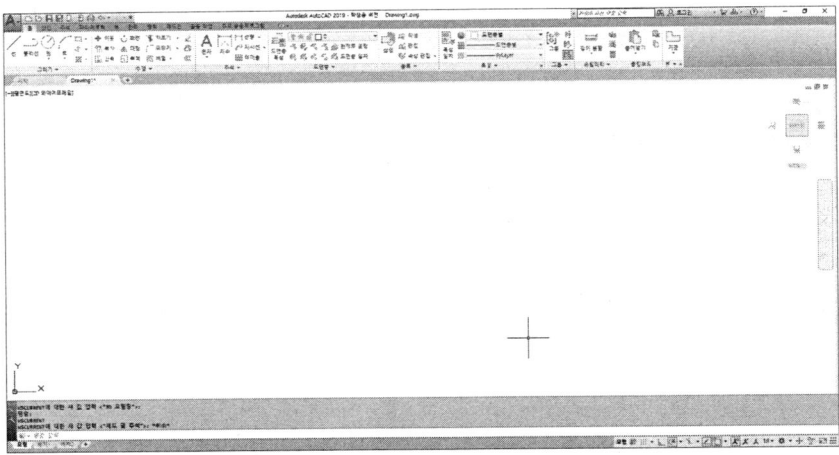

❖ 도구 바 설정이 안 된 상태

1 우선 신속 접근 도구 막대에 있는 역삼각형을 클릭합니다.

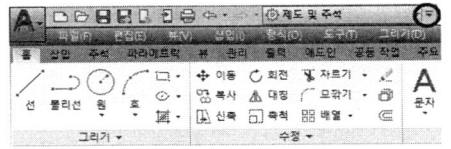

2 메뉴 막대 표시를 클릭을 합니다.

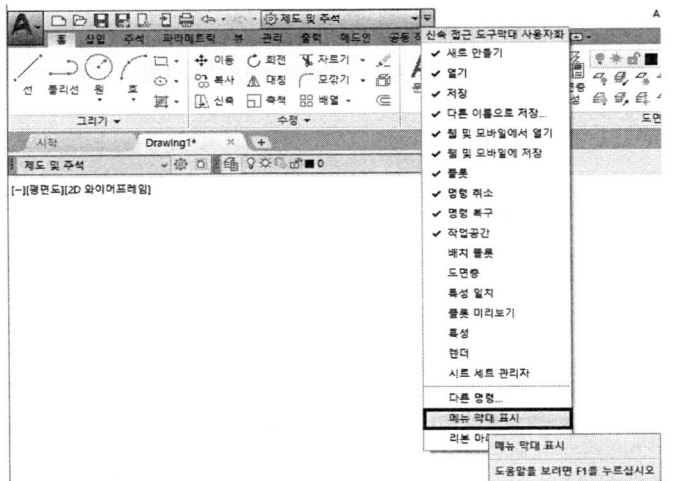

그러면 아래와 같이 메뉴 막대가 나타납니다.

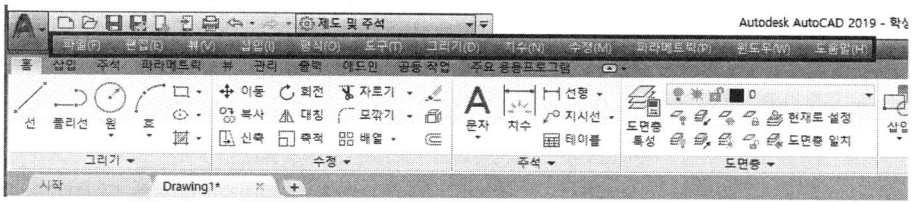

❸ 도구를 클릭을 합니다.

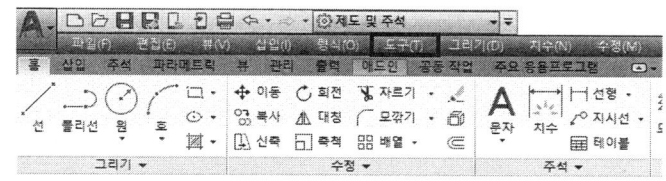

❹ 도구 막대 →
AutoCAD를
클릭을 합니다.

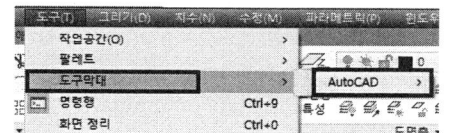

사용자가 원하는 도구를 선택하면 됩니다.
여기서는 그리기, 도면 층, 수정, 작업 공간, 조회,
치수를 체크해서 바탕화면에 도구 막대가 나오도록
합니다.

툴바 이름 좌측에 ✓(체크) 표시가 있으면 툴바가
보이는 것이고 ✓(체크) 표시가 없으면 도구 바는
보이지 않습니다.

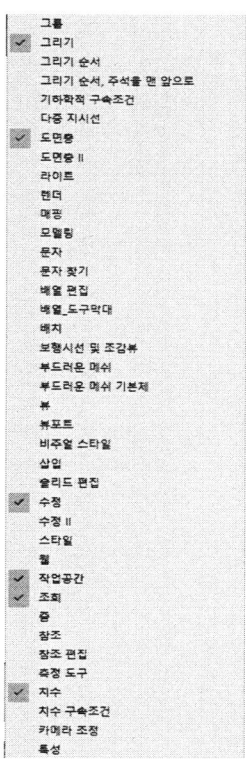

5 도구 막대가 작업공간에 나타나면 다음 그림처럼 정렬합니다.

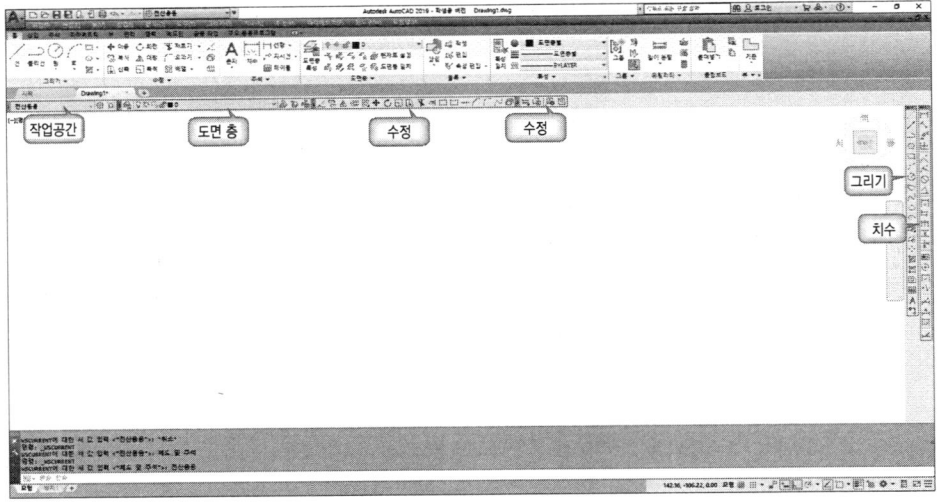

설정된 작업공간은 지워지면 안 되므로 반드시 저장을 하도록 합니다.

```
명령: WORKSPACE
작업공간 옵션 입력[현재로 설정(C)/다른 이름으로 저장(SA)/편집(E)/이름바꾸기(R)/삭제(D)/설정(SE)/?] <현재로 설정(C)>: SA
작업공간을 <제도 및 주석>(으)로 저장: 전산응용  Enter↵
```

그러면 작업공간에 추가됩니다.

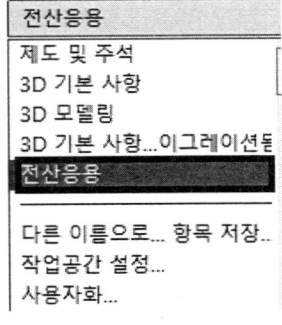

단축키 만들기 및 변경하는 방법

AutoCAD는 기본적으로 단축키가 정해져 있지만 사용자가 원하는 단축키로 만들 수도 있고 변경도 가능합니다.

도구 → 사용자화 → 프로그램 매개변수 편집(acad.pgp)을 클릭합니다.

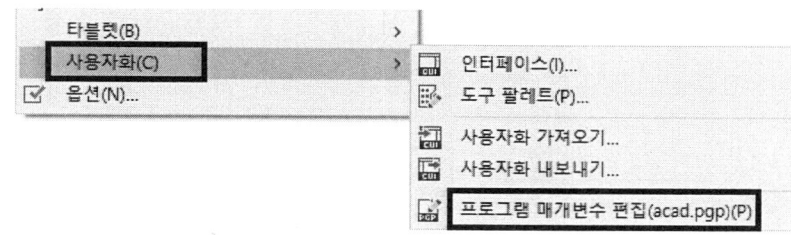

잠시 후 메모장이 열립니다.
여기서 변경할 부분을 찾아서 변경하면 됩니다.

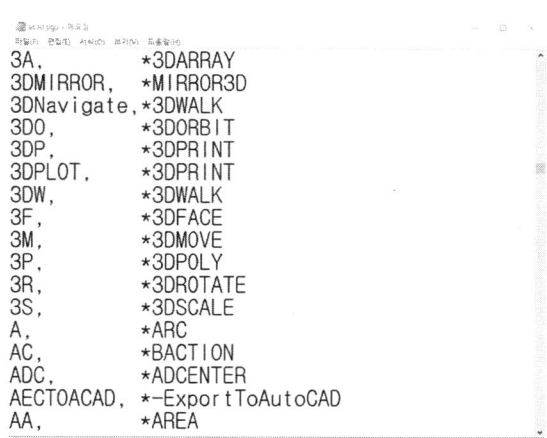

찾기 방법은 [Ctrl]+[F]를 누르면 찾기 창이 나타납니다. 찾을 내용에 찾을 명령어를 입력을 해주면 명령어를 찾아줍니다.

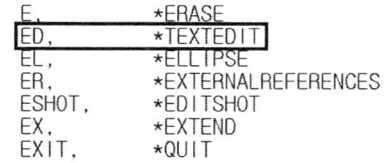

여기서 문자 편집 단축키를 변경해 보겠습니다.
기본 설정은 DDEDIT(단축키: ED)로 설정이 되어 있습니다.
ED를 DDE로 변경해 보도록 하겠습니다.

```
DDE,       *DDEDIT
PC,        *POINTCLOUD
PCINDEX,   *POINTCLOUDINDEX
PTW,       *PUBLISHTOWEB
```

변경이 다되었으면 파일 → 저장을 합니다.

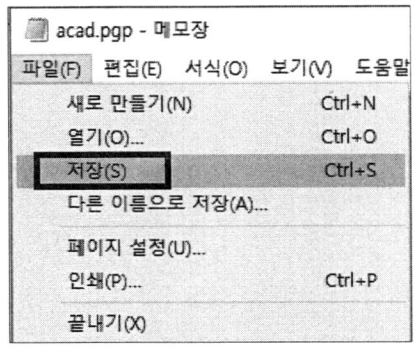

저장을 하더라도 바로 적용이 되지 않기 때문에 REINIT라는 명령어를 입력하고 재초기화를 해줍니다.

명령: REINIT [Enter↵]

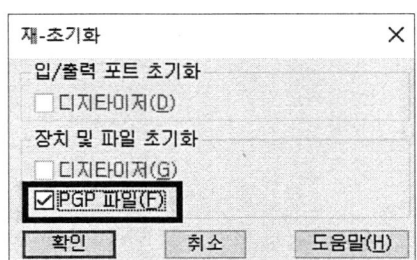

PGP 파일을 체크하면 단축 명령어를 재-초기화를 해줍니다.
이제부터는 단축 명령어가 바로 적용이 되어서 나타납니다.

기능키

❶ F1 : 도움말이 나타납니다.

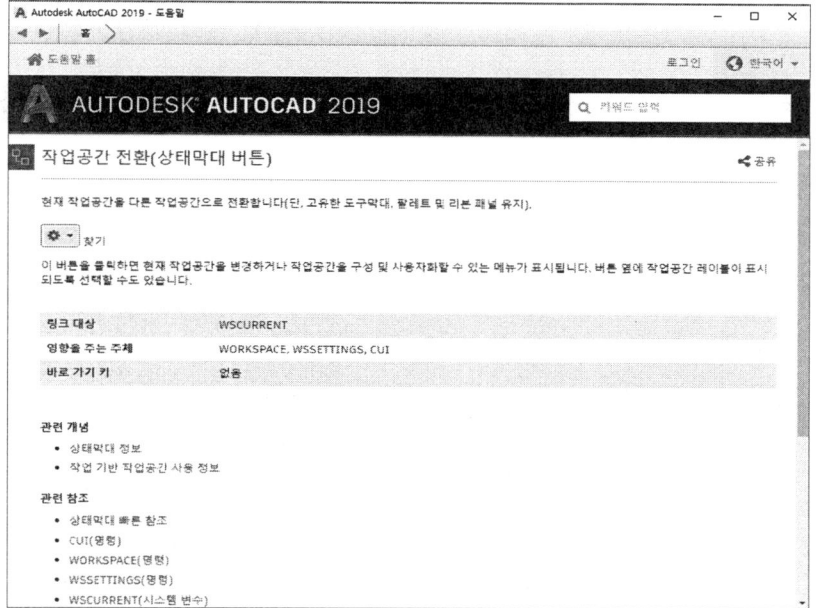

❷ F2 : AutoCAD 문자 윈도우 창이 나타납니다.

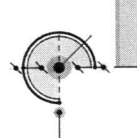

실무 중심으로 배우는 AutoCAD 2019

❸ F3 : 객체 스냅을 ON/OFF하는 기능

✪ 객체 스냅을 ON 상태

✪ 객체 스냅을 OFF 상태

❹ F7 : 그리드를 ON/OFF하는 기능입니다.

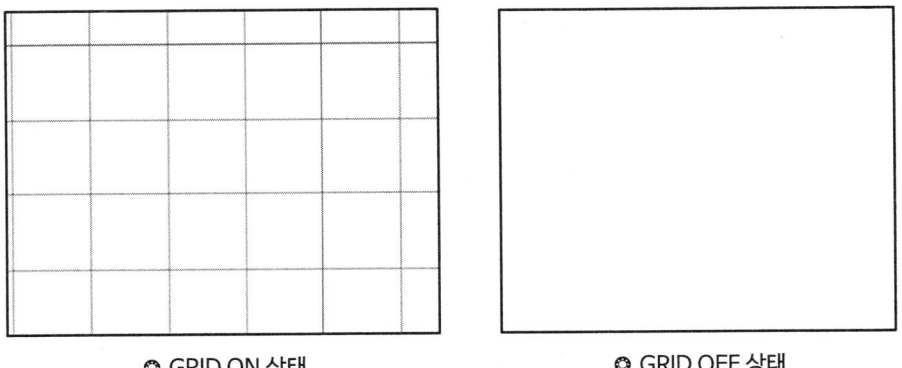

✪ GRID ON 상태   ✪ GRID OFF 상태

❺ F8 : 직교 모드를 ON/OFF하는 기능

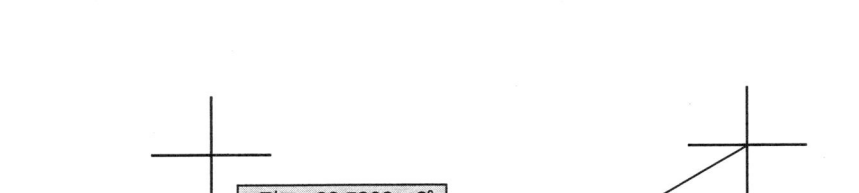

✪ 직교 모드 ON 상태   ✪ 직교 모드 OFF 상태

66

❻ F9 : 스냅을 ON/OFF하는 기능입니다.

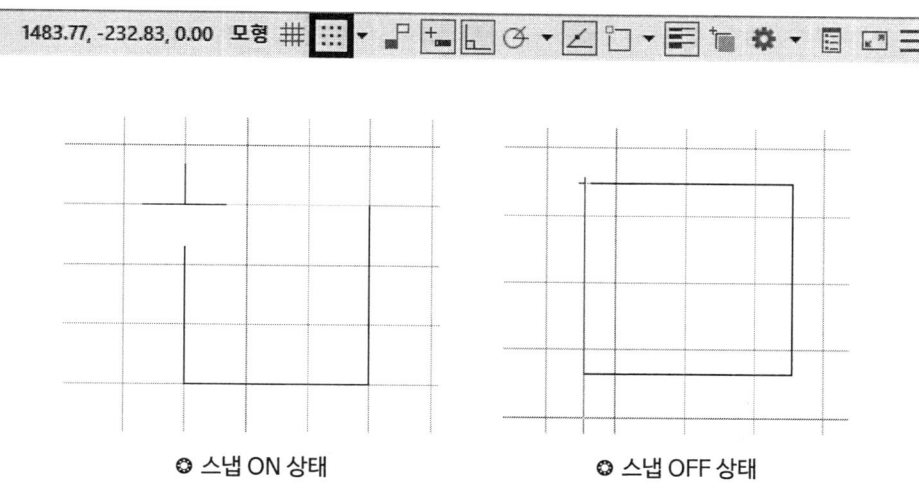

○ 스냅 ON 상태　　　　　　○ 스냅 OFF 상태

❼ F12 : 동적 입력을 ON/OFF하는 기능입니다.

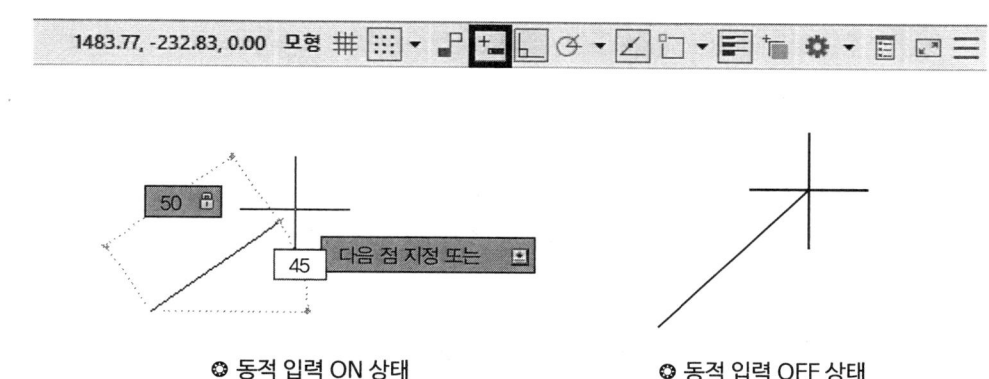

○ 동적 입력 ON 상태　　　　　　○ 동적 입력 OFF 상태

2.20 팔레트

기능별로 다양한 분류가 되어 있으며 단축키가 지정되어 있습니다.

1. 리본 팔레트

리본 패널을 고정 해제하여 기존의 대시 보드를 대치하여 팔레트 형식으로 사용 가능합니다.(패널 제목 드래그해서 이동)

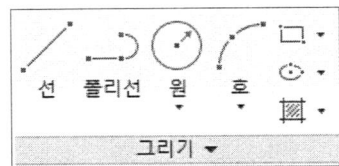

2. 특성 팔레트(Ctrl + 1)

선택한 도형의 특성을 표시하며, 각 특성 값을 편집 가능합니다.

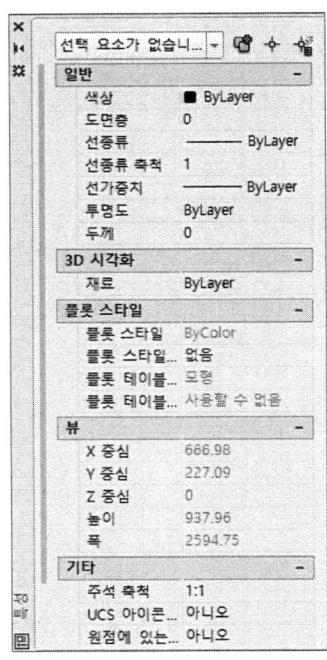

객체를 더블클릭을 하면 빠른 특성 창이 나타납니다.

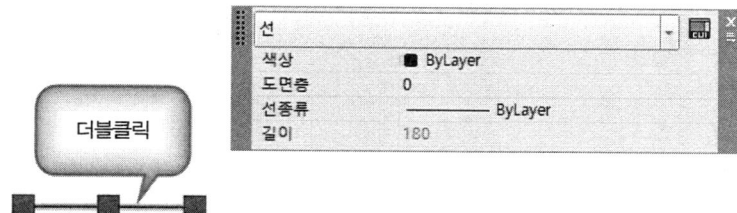

3. 디자인센터 팔레트(Ctrl + @2)

다른 도면의 자산을 효율적으로 이용하고자 할 때 유용합니다.

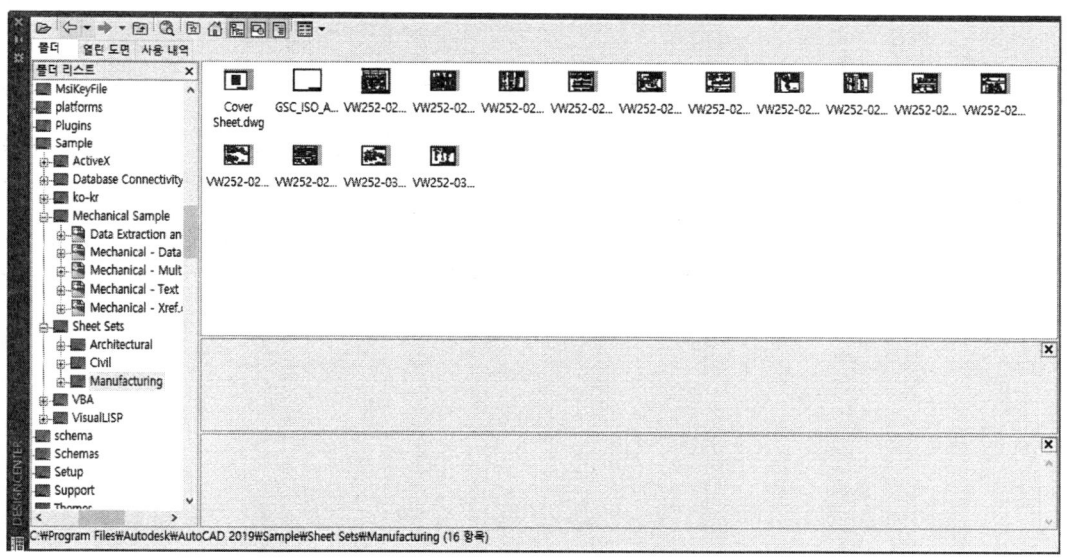

4. 도구 팔레트(Ctrl + #3)

자주 사용하는 명령, 콘텐츠를 등록하여 사용 가능하도록 만든 팔레트입니다.

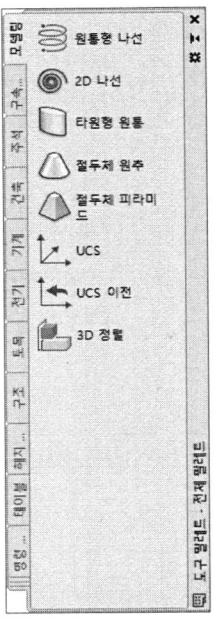

5. 시트 세트 관리자(Ctrl + $4)

하나의 프로젝트에 관련된 복수 도면을 효율적으로 관리하기 위해 만들어진 기능입니다. 응용 프로그램 창의 오른쪽 또는 왼쪽 모서리에 도구 팔레트 윈도우를 고정할 수 있습니다. 도구 팔레트 윈도우를 이동할 때 고정되는 것을 방지하려면 Ctrl 키를 누르면 됩니다.

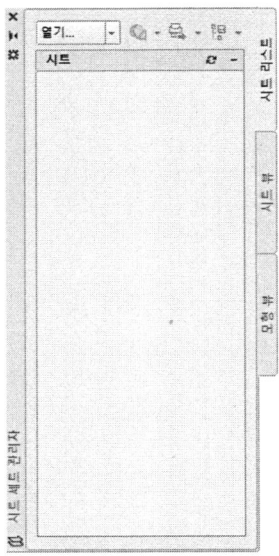

이동	팔레트를 사용자가 원하는 위치로 이동 시 사용하는 기능
크기	현재 팔레트의 크기를 조정할 때 사용하는 기능
닫기	팔레트를 닫고자 할 때 사용하는 명령
고정 허용	팔레트 윈도우를 고정 또는 앵커하는 기능을 전환
왼쪽에 앵커	도면 영역의 왼쪽 앵커 탭 기준에 팔레트를 부착
오른쪽에 앵커	도면 영역의 오른쪽 앵커 탭 기준에 팔레트를 부착
자동 숨기기	팔레트가 부동 상태일 때 팔레트의 화면 표시를 조정
투명도	아래에 있는 객체를 가리지 않도록 도구 팔레트 윈도우의 투명도를 설정

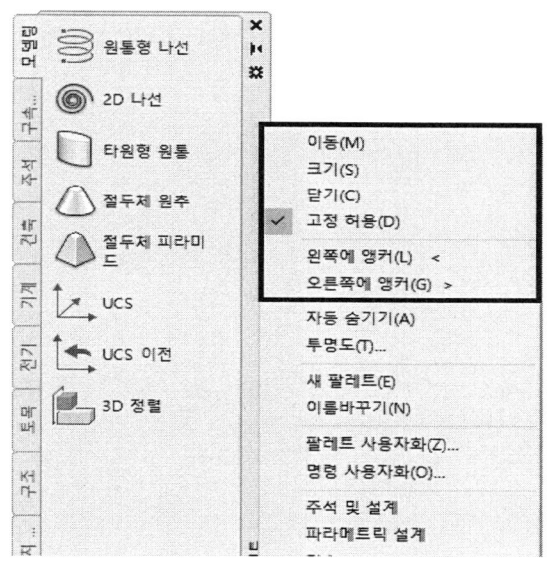

2.21 열기(단축키: Ctrl + O)

저장되어 있는 도면을 불러올 수가 있습니다.

열기 옆에 있는 ▼ 부분을 클릭을 하면 다음과 같은 기능들이 있습니다.

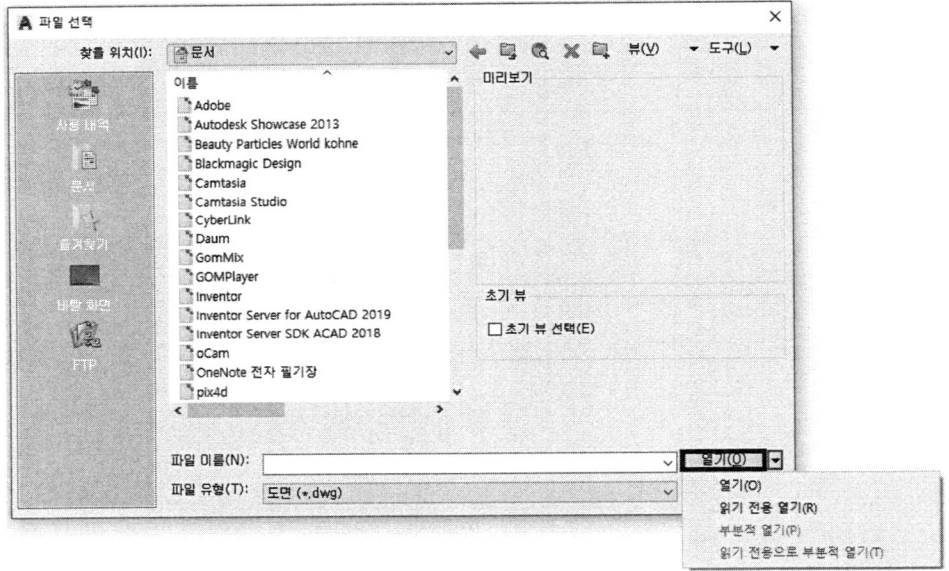

❶ 읽기 전용 열기: 도면 객체를 수정하거나 삭제할 수 없습니다.
❷ 부분적 열기: 파일을 부분적으로 열어서 읽기 전용이 됩니다.

Chapter

2차원 도면 그리기

3.1 2차원 도면 그리기
3.2 선(Line)
3.3 폴리선(PLine)
3.4 원(CIRCLE)
3.5 호(ARC)
3.6 직사각형
3.7 폴리곤(POLYGON)
3.8 타원(ELLIPSE) 그리기
3.9 구름형 수정 기호(REVCLOUD)
3.10 해치(HATCH)

3.1 2차원 도면 그리기

1. 좌표계

AutoCAD 명령에서 각도를 지정할 때는 3시 방향을 0°로 하여 반시계 방향은 (+), 시계 방향은 (−)로 계산합니다.

1) 절대 좌표

왼쪽 아래의 좌표를 0,0으로 하여 X,Y의 위치 값을 입력하는 방법입니다.
절대 좌표는 항상 0,0에서 시작한다고 보면 됩니다.

입력 방법: X,Y

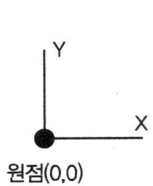
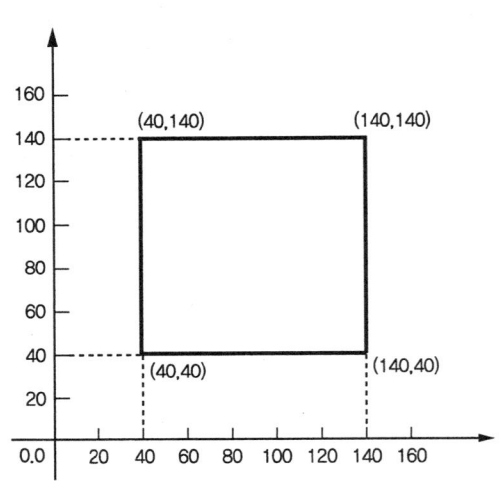

```
명령: L Enter↵
LINE 첫 번째 점 지정: 50,50
다음 점 지정 또는 [명령 취소(U)]: 250,50
다음 점 지정 또는 [명령 취소(U)]: 250,250
다음 점 지정 또는 [닫기(C)/명령 취소(U)]: 50,250
다음 점 지정 또는 [닫기(C)/명령 취소(U)]: C
```

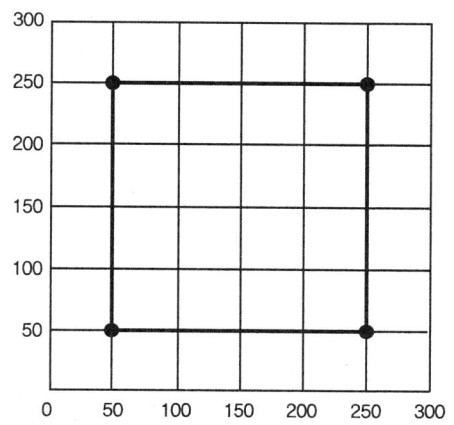

2) 상대 좌표

상대 좌표는 마지막에 입력한 값을 기준(0,0)으로 X,Y의 값을 입력하는 방법입니다. X값 앞에 **@**를 붙여 사용합니다.

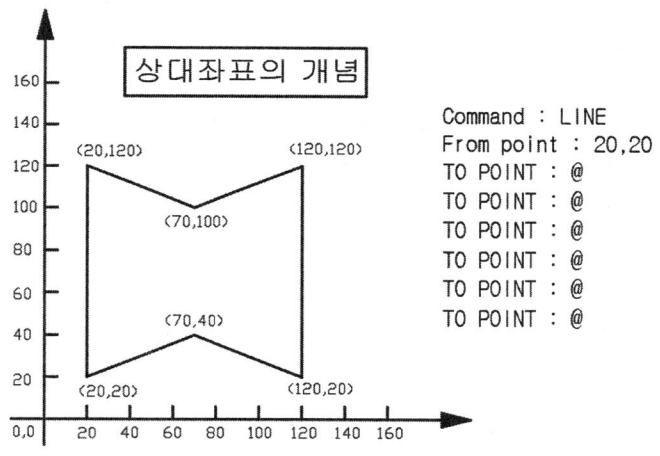

입력방법: @X,Y

작업 시 동적 입력을 ON으로 하고 진행합니다.

```
명령: L [Enter↵]
LINE 첫 번째 점 지정: P1(50,50)
다음 점 지정 또는 [명령 취소(U)]: @200,0
다음 점 지정 또는 [명령 취소(U)]: @0,200
다음 점 지정 또는 [닫기(C)/명령 취소(U)]: @-200,0
다음 점 지정 또는 [닫기(C)/명령 취소(U)]: C
```

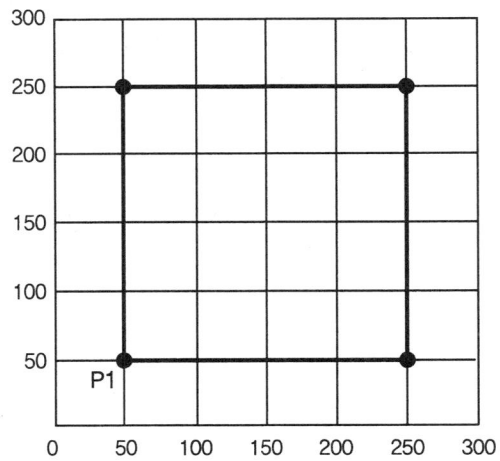

3) 상대 극좌표

거리 값과 각도를 입력하여 점을 지정하는 방법입니다.

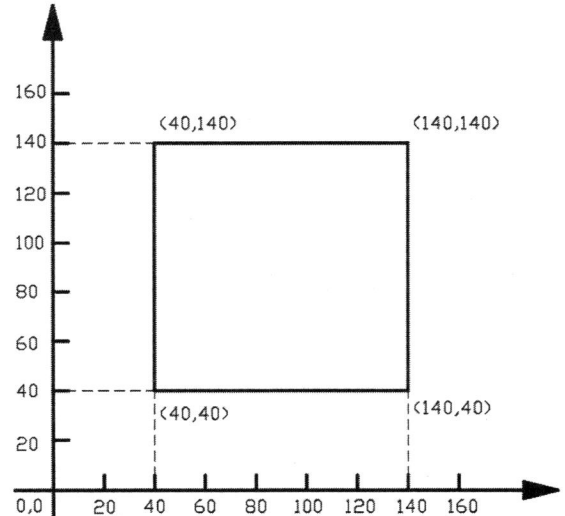

```
COMMAND : LINE
FROM POINT : 40,40
TO POINT : @100 < 0
TO POINT : @100 < 90
TO POINT : @100 < 180
TO POINT : @100 < 270
TO POINT :
```

```
입력 방법: @거리<각도
명령: L Enter↵
LINE 첫 번째 점 지정: P1(50,50)
다음 점 지정 또는 [명령 취소(U)]: @200<0
다음 점 지정 또는 [명령 취소(U)]: @200<90
다음 점 지정 또는 [닫기(C)/명령 취소(U)]: @200<180
다음 점 지정 또는 [닫기(C)/명령 취소(U)]: C
```

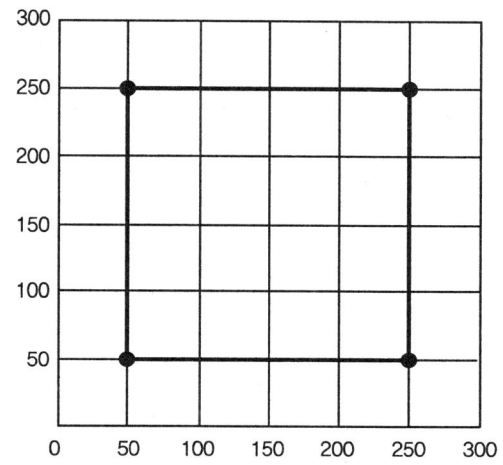

AutoCAD에서는 시계 반시계방향으로 증가하며 0°(3시 방향)가 기준 방향이 됩니다.

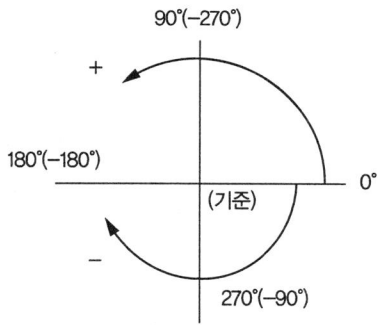

실습하기

절대 좌표, 상대 좌표, 상대 극좌표를 이용하여 다음 그림을 작도하세요.

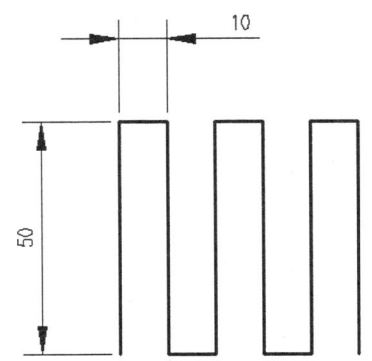

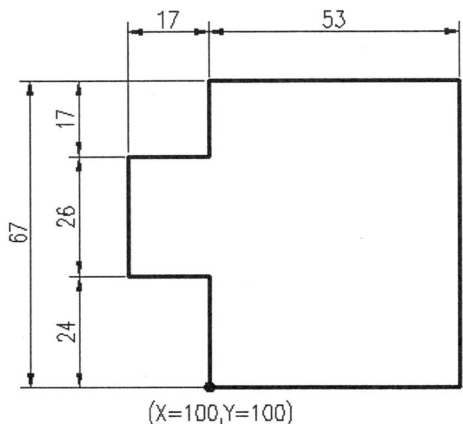

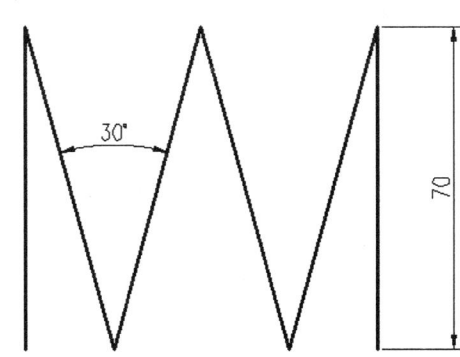

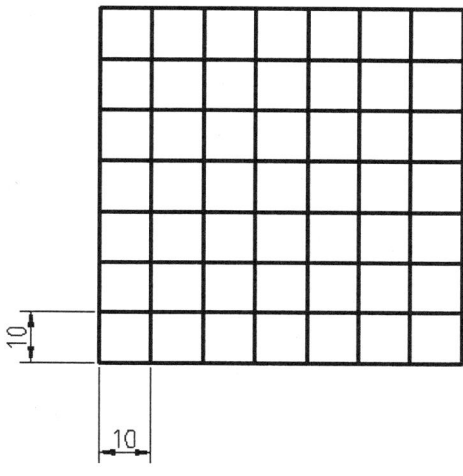

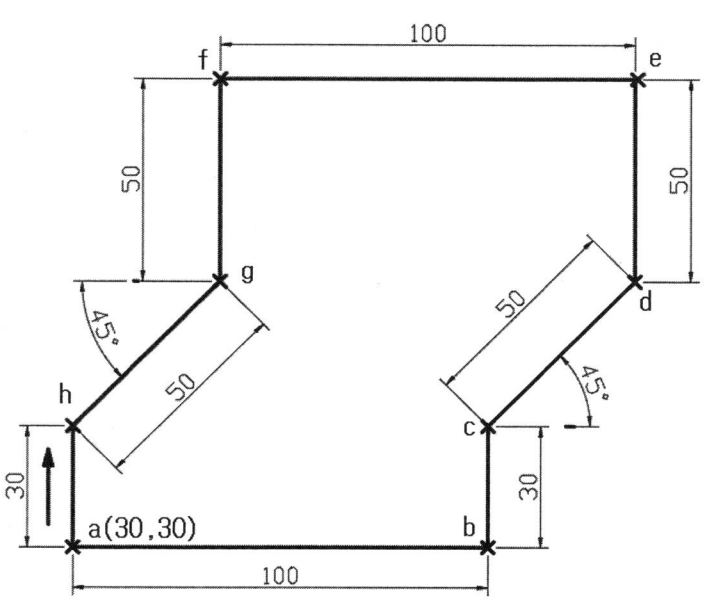

40
90°
40
40

90
45
30°
30°
90
30°
120°
30
135
30
60
60
30°
150°
75
60
45

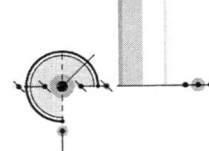

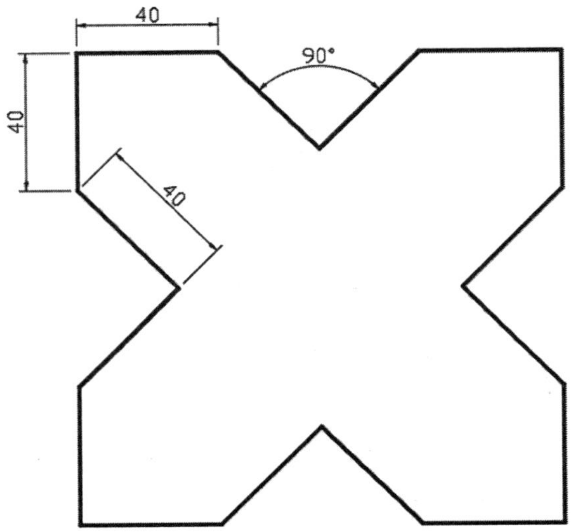

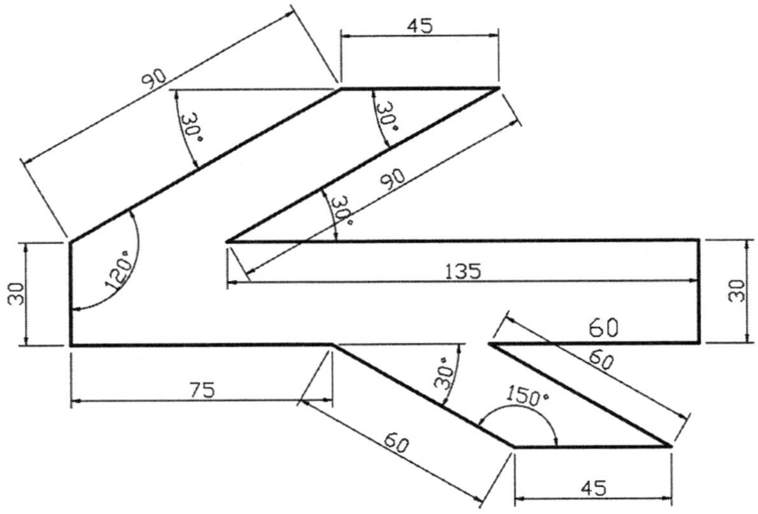

선(Line) - 단축키: L

선은 AutoCAD 명령어 중에서 가장 많이 사용하는 명령어입니다.

도구 막대에서 선을 클릭하거나 리본 메뉴에서 선을 클릭하여 시작점과 끝점을 입력하여 점과 점을 이어서 Line을 만듭니다. 해제를 하려면 ESC를 클릭하면 됩니다. 그리고 수평 또는 수직으로 선을 그릴 때에는 직교 모드(단축키: F8)를 켜두고 작업을 하면 됩니다.

◎ 직교 모드

✣ 도구 막대

✣ 리본 메뉴

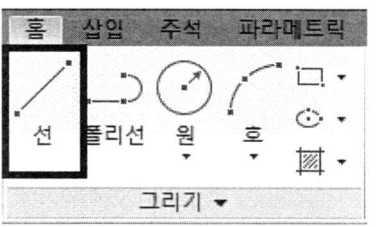

선을 이용하여 정사각형 그리기

```
명령: L Enter↵
LINE 첫 번째 점 지정: P1
다음 점 지정 또는 [명령 취소(U)]: P2 (F8 직교 모드 변경 후)
다음 점 지정 또는 [명령 취소(U)]: P3
다음 점 지정 또는 [닫기(C)/명령 취소(U)]: P4
다음 점 지정 또는 [닫기(C)/명령 취소(U)]: C(닫기)
```

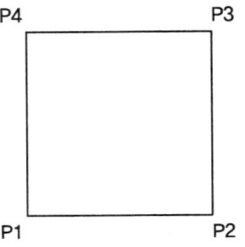

- 명령 취소(U): AutoCAD에서 선을 잘못 그렸을 때는 이전 단계로 넘어 가는 기능입니다.
- 닫기(C): 시작점과 연결되어 폐각형을 형성하고, 선 명령을 끝내는 명령입니다.

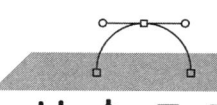

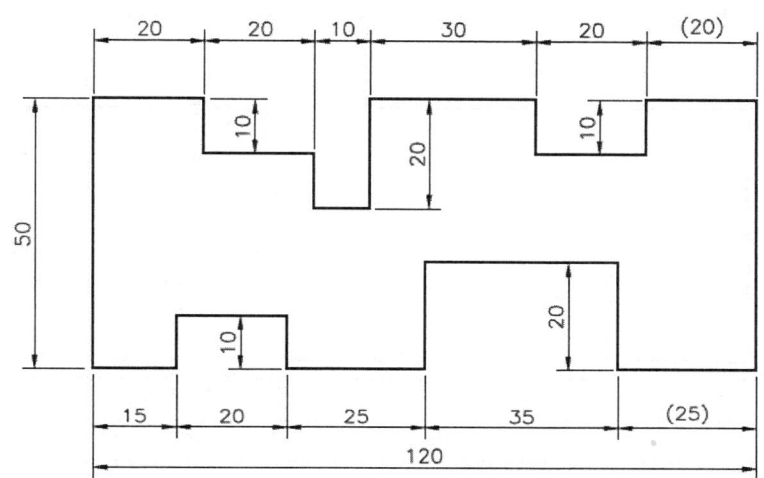

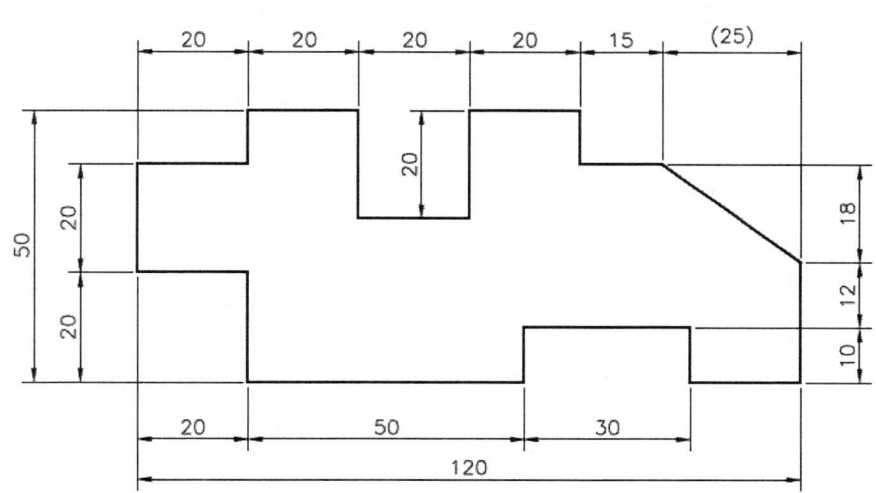

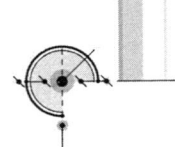
실무 중심으로 배우는 AutoCAD 2019

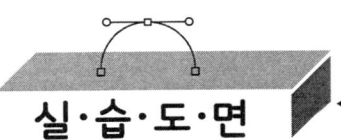

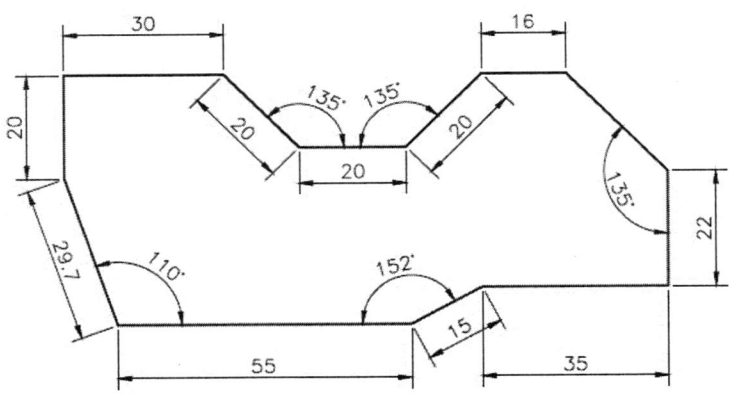

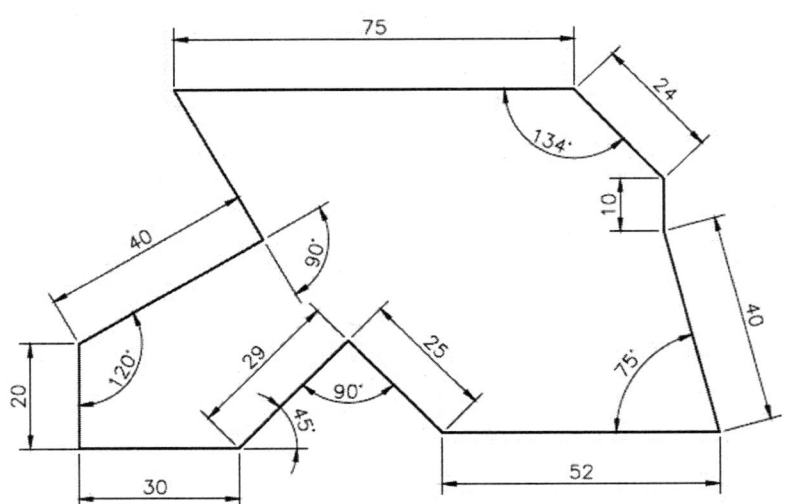

3.3 폴리선(PLine) - 단축키: P L

폴리선은 연속적으로 선을 그릴 수 있는 명령어로써 직선과 호를 연결하여 그릴 수도 있으며, 폭의 값을 입력하여 두께를 가진 폴리선을 그릴 수도 있습니다.

✽ 메뉴 막대

✽ 리본 메뉴

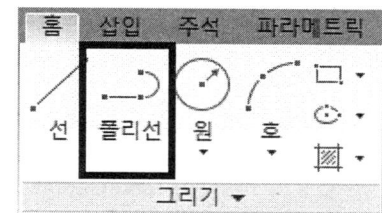

하기

■ 폴리선을 이용해서 장공그리기

```
명령: _pline Enter↵
시작점 지정: P1
현재의 선 폭은 0.0000임
다음점 지정 또는 [호(A)/반폭(H)/길이(L)/명령 취소(U)/폭(W)]: 15(P2)
다음점 지정 또는 [호(A)/닫기(C)/반폭(H)/길이(L)/명령 취소(U)/폭(W)]: A
호의 끝점 지정 또는 [각도(A)/중심(CE)/닫기(CL)/방향(D)/반폭(H)/선(L)/반지름(R)/두
번째 점(S)/명령 취소(U)/폭(W)]: 10(위쪽 방향) (P3)
호의 끝점 지정 또는 [각도(A)/중심(CE)/닫기(CL)/방향(D)/반폭(H)/선(L)/반지름(R)/두
번째 점(S)/명령 취소(U)/폭(W)]: L
다음점 지정 또는 [호(A)/닫기(C)/반폭(H)/길이(L)/명령 취소(U)/폭(W)]:15(P4)
다음점 지정 또는 [호(A)/닫기(C)/반폭(H)/길이(L)/명령 취소(U)/폭(W)]: A
```

```
호의 끝점 지정 또는 [각도(A)/중심(CE)/닫기(CL)/방향(D)/반폭(H)/선(L)/반지름(R)/두
번째 점(S)/명령 취소(U)/폭(W)]: C
호의 끝점 지정 또는 [각도(A)/중심(CE)/닫기(CL)/방향(D)/반폭(H)/선(L)/반지름(R)/두
번째 점(S)/명령 취소(U)/폭(W)]: *취소*
```

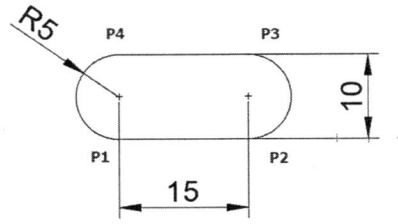

■ 폴리선을 이용해서 화살표 그리기

```
명령: PL Enter↵
PLINE
시작점 지정: 아무 곳이나 클릭하면 됨
현재의 선 폭은 0.0000임
다음점 지정 또는 [호(A)/반폭(H)/길이(L)/명령 취소(U)/폭(W)]: W
시작 폭 지정 <0.0000>: 0
끝 폭 지정 <0.0000>: 3
다음점 지정 또는 [호(A)/반폭(H)/길이(L)/명령 취소(U)/폭(W)]: 7
다음점 지정 또는 [호(A)/닫기(C)/반폭(H)/길이(L)/명령 취소(U)/폭(W)]: W
시작 폭 지정 <3.0000>: 0
끝 폭 지정 <0.0000>: 0
다음점 지정 또는 [호(A)/닫기(C)/반폭(H)/길이(L)/명령 취소(U)/폭(W)]: 15
다음점 지정 또는 [호(A)/닫기(C)/반폭(H)/길이(L)/명령 취소(U)/폭(W)]: *취소*
```

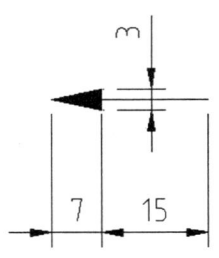

3.4 원(CIRCLE) - 단축키: C

원을 그릴 수 있는 명령어로 원의 중심점을 찍고 반지름이나 지름 값을 입력하면 원을 그릴 수 있습니다.

✤ 메뉴 막대

✤ 리본 메뉴

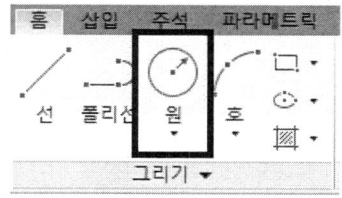

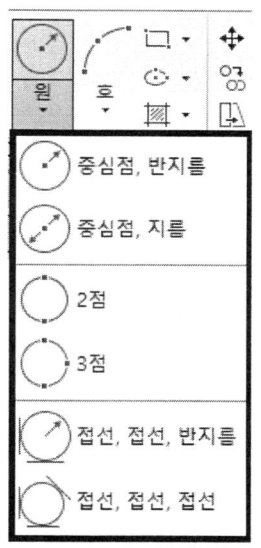

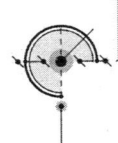

■ 반지름을 넣어서 원 그리기

> 명령: C Enter↵
> CIRCLE 원에 대한 중심점 지정 또는 [3점(3P)/2점(2P)/Ttr - 접선 접선 반지름(T)]:
> 원의 반지름 지정 또는 [지름(D)] <20.0000>: **20** (바로 입력하면 반지름 값이 들어갑니다.)

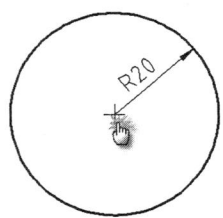

■ 지름을 넣어서 원 그리기

> 명령: C Enter↵
> CIRCLE 원에 대한 중심점 지정 또는 [3점(3P)/2점(2P)/Ttr - 접선 접선 반지름(T)]:
> 원의 반지름 지정 또는 [지름(D)] <20.0000>: **D** (D: 지름)
> 원의 지름을 지정함 <40.0000>: **40**

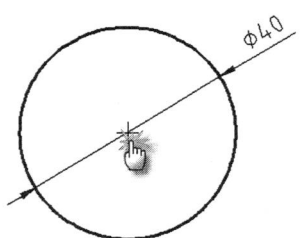

■ 접점을 이용한 원 그리기

> 명령: C Enter↵
> CIRCLE 원에 대한 중심점 지정 또는 [3점(3P)/2점(2P)/Ttr - 접선 접선 반지름(T)]: **3P**
> 원 위의 첫 번째 점 지정: P1 _tan
> 원 위의 두 번째 점 지정: P2 _tan →
> 원 위의 세 번째 점 지정: P3 _tan →

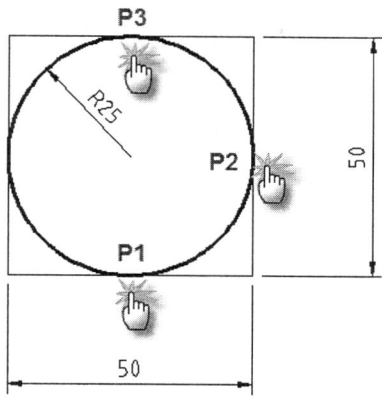

다음과 같이 접점부분에 원을 그릴 때는 [Shift] 키를 누르고 마우스 오른쪽을 클릭하면 일회성으로 사용 가능한 스냅 목록이 나타납니다. 여기서 접점을 선택하여 작업해도 됩니다.

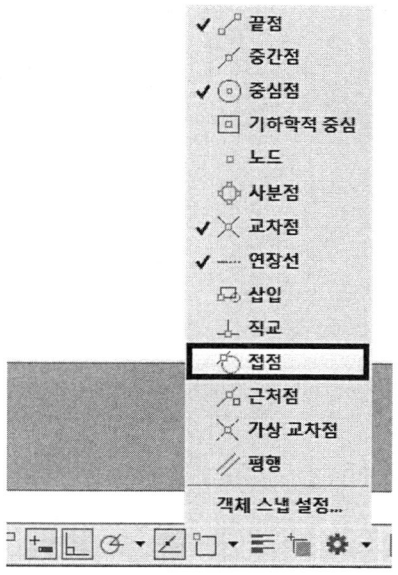

원이 다각형으로 보일 때

줌 조정을 하는 과정에서 해상도의 차이로 인해 원이 다각형으로 보일 때가 있습니다. 이럴 때는 해상도를 맞추는 기능으로 REGEN을 적용하면 다각형으로 보이던 원이 선명한 원으로 보입니다.
뷰 탭에서 재생성을 클릭하거나 단축키 RE를 입력하면 됩니다.

단축키: RE

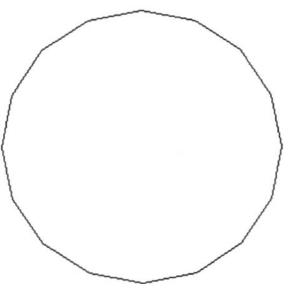
○ 재생성(REGEN) 전

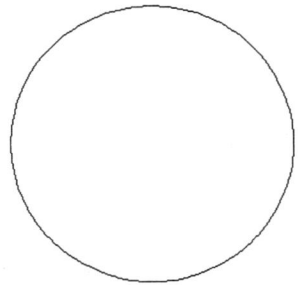
○ 재생성(REGEN) 후

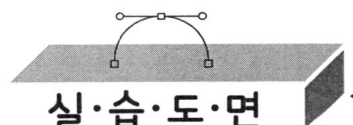

실·습·도·면

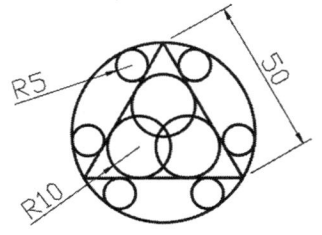
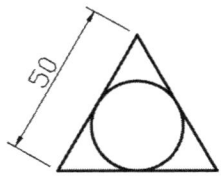
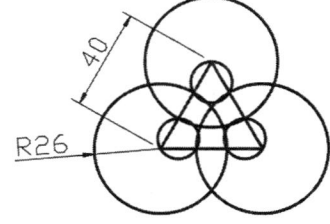

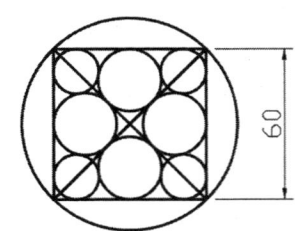

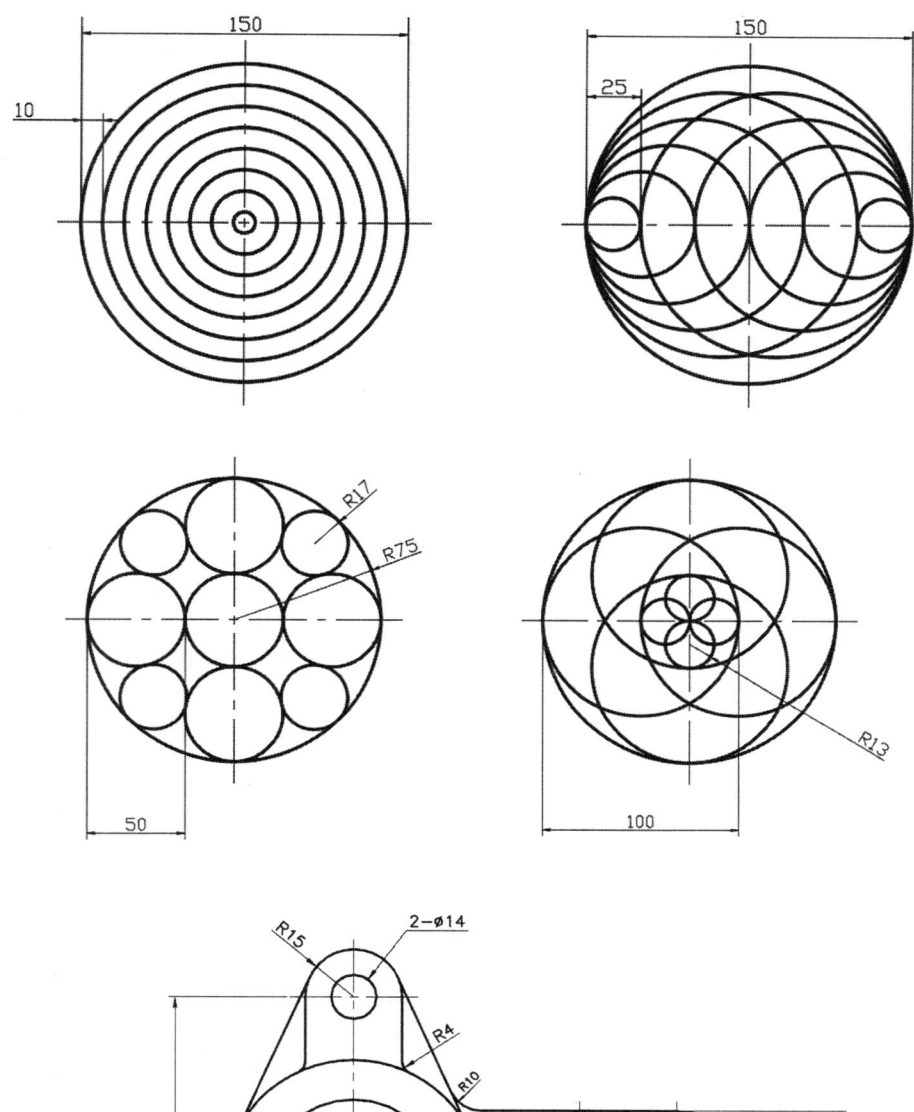

3.5 호(ARC) - 단축키: Ⓐ

호는 중심점을 찍고 시작점, 끝점을 잇는 현으로 그리는 명령어입니다. 호 명령어에는 다양하게 선택을 하여 호를 그릴 수 있습니다.

✤ 메뉴 막대

✤ 리본 메뉴

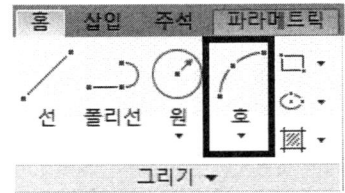

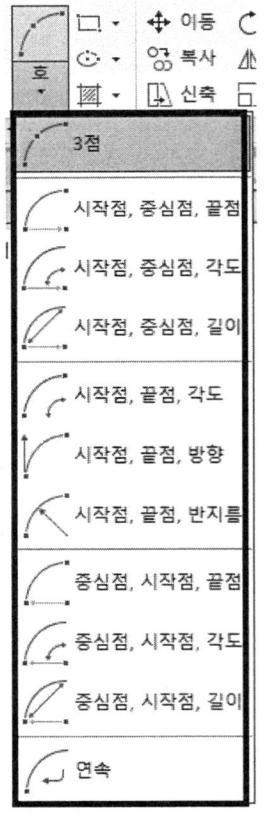

실습하기

■ 호를 이용하여 아래 그림을 그려봅니다.

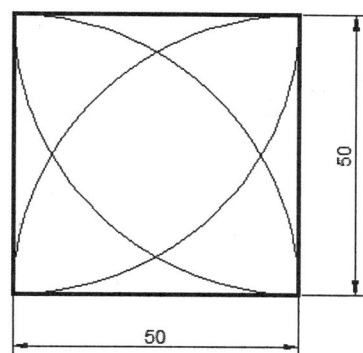

1 호 아이콘을 클릭하고 시작점, 중심점, 끝점 아이콘을 클릭을 합니다.

```
명령: A Enter↵
명령: _arc호의 시작점 또는 [중심(C)] 지정: P1
호의 두 번째 점 또는 [중심(C)/끝(E)] 지정: _c호의 중심점 지정: P2
호의 끝점 지정 또는 [각도(A)/현의 길이(L)]: P3
```

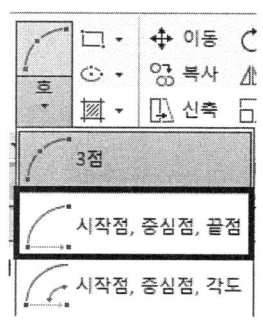
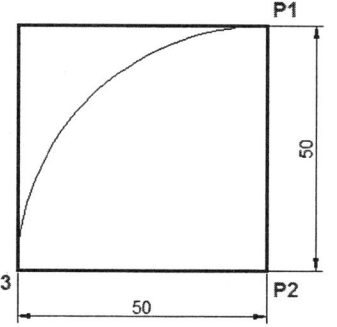

2 다시 호 아이콘을 클릭하고 시작점, 중심점, 끝점 아이콘을 클릭을 합니다.

```
명령: A Enter↵
명령: _arc호의 시작점 또는 [중심(C)] 지정: P1
호의 두 번째 점 또는 [중심(C)/끝(E)] 지정: _c호의 중심점 지정: P2
호의 끝점 지정 또는 [각도(A)/현의 길이(L)]: P3
```

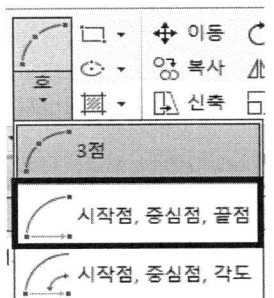 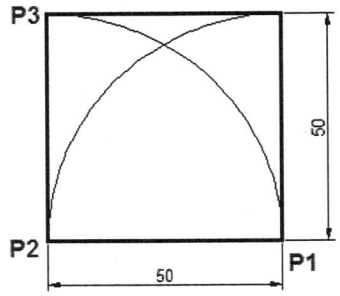

3 다시 호 아이콘을 클릭하고 시작점, 중심점, 끝점 아이콘을 클릭을 합니다.

```
명령: A Enter↵
명령: _arc호의 시작점 또는 [중심(C)] 지정: P1
호의 두 번째 점 또는 [중심(C)/끝(E)] 지정: _c호의 중심점 지정: P2
호의 끝점 지정 또는 [각도(A)/현의 길이(L)]: P3
```

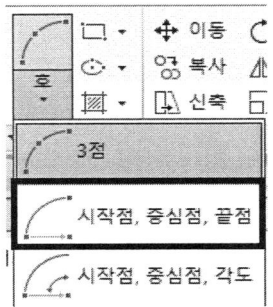 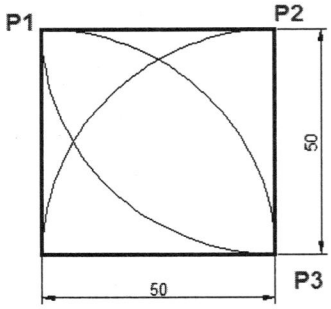

4 다시 호 아이콘을 클릭하고 시작점, 중심점, 끝점 아이콘을 클릭을 합니다.

```
명령: A Enter↵
명령: _arc호의 시작점 또는 [중심(C)] 지정: P1
호의 두 번째 점 또는 [중심(C)/끝(E)] 지정: _c호의 중심점 지정: P2
호의 끝점 지정 또는 [각도(A)/현의 길이(L)]: P3
```

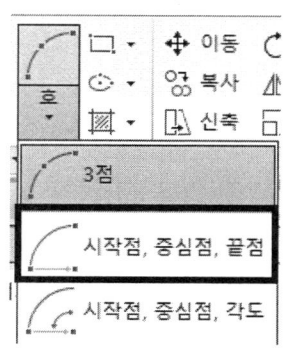
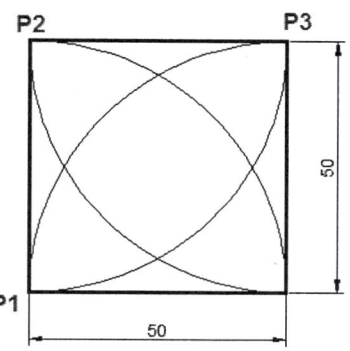

호를 그릴 때에는 시계 반대 방향으로 그려주면 됩니다.

3.6 직사각형 - 단축키: REC

두 점을 선택하여 직사각형을 그리는 명령어입니다. 그리고 나면 선이 폴리 선(그룹)으로 됩니다. 분해하려면 EXPLODE(단축키: X)를 눌러 분해를 하면 됩니다.

```
명령: REC Enter↵
RECTANG
첫 번째 구석점 지정 또는 [모따기(C)/고도(E)/모깎기(F)/두께(T)/폭(W)]:
```

- 모따기(C): 모따기된 사각형을 그립니다.
- 고도(E): 고도를 갖는 사각형을 그립니다.
- 모깎기(F): 모깎기된 사각형을 그립니다.
- 두께(T): 높이를 갖는 사각기둥을 그립니다.
- 폭(W): 사각형의 선에 굵기를 설정합니다.

✽ 메뉴 막대

✽ 리본 메뉴

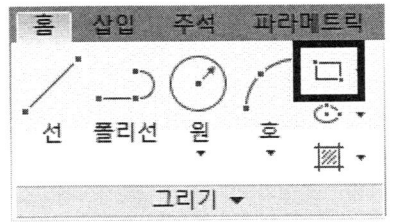

실습하기

```
명령: REC Enter↵
RECTANG
첫 번째 구석점 지정 또는 [모따기(C)/고도(E)/모깎기(F)/두께(T)/폭(W)]: P1클릭
다른 구석점 지정 또는 [영역(A)/치수(D)/회전(R)]: @50,50
```

(50,50)

P1

3.7 폴리곤(POLYGON) - 단축키: POL

3~1024개까지 길이가 같은 폴리선으로 다각형을 그리는 명령어입니다.

✿ 메뉴 막대

✿ 리본 메뉴

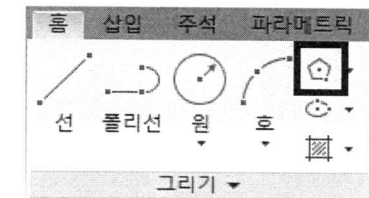

```
명령: POL Enter↵
POLYGON 면의 수 입력 〈6〉: 6(육각형)
다각형의 중심을 지정 또는 [모서리(E)]:
옵션을 입력 [원에 내접(I)/원에 외접(C)] 〈I〉:
```

- 모서리(E): 다각형의 한 변을 지정하는 기능입니다.
- 원에 내접(I): 원에 내접하는 다각형을 그립니다.
- 원에 외접(C): 원에 외접하는 다각형을 그립니다.

실습하기

■ 육각형을 그려봅니다.

```
명령: POL Enter↵
POLYGON 면의 수 입력 〈6〉: 6
다각형의 중심을 지정 또는 [모서리(E)]: P1 클릭
옵션을 입력 [원에 내접(I)/원에 외접(C)] 〈I〉: I
원의 반지름 지정: 10 〈직교 켜기〉
```

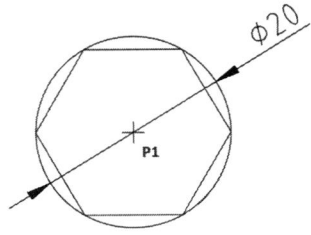

- POLYGON으로 다듬질 기호 그리기 방법

```
명령: pol Enter↵
POLYGON 면의 수 입력 〈6〉: 6
다각형의 중심을 지정 또는 [모서리(E)]: E
모서리의 첫 번째 끝점 지정: P1
모서리의 두 번째 끝점 지정: 3.5
원의 반지름 지정: 3.5
```

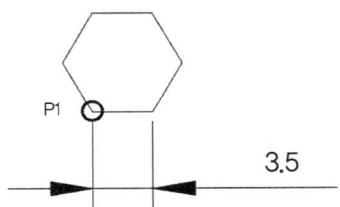

```
명령: l Enter↵
LINE 첫 번째 점 지정:
다음 점 지정 또는 [명령 취소(U)]: P1
다음 점 지정 또는 [명령 취소(U)]: P2
명령:  LINE 첫 번째 점 지정:
다음 점 지정 또는 [명령 취소(U)]: P3
다음 점 지정 또는 [명령 취소(U)]: P4
```

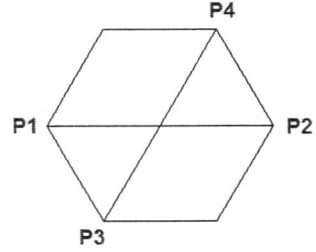

불필요한 부분은 TRIM과 DELETE 기능을 이용하여 완성시키면 됩니다.

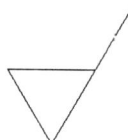

> **Tip** 큰 다듬질 기호는 작은 다듬질을 완성한 후에 Scale을 2배로 해서 사용하면 됩니다.

```
명령: SC Enter↵
SCALE
객체 선택: 드래그해서 선택합니다.
```

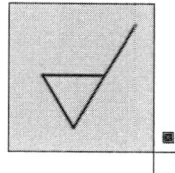

```
반대 구석 지정: 3개를 찾음
기준점 지정: P1 선택
```

P1

```
축척 비율 지정 또는 [복사(C)/참조(R)]: 2(두 배)
```

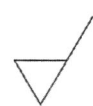 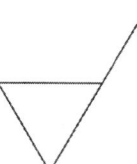

작은 다듬질 기호   큰 다듬질 기호(작은 다듬질 기호×2배)

✖ 다듬질 기호 도면에 적용된 예

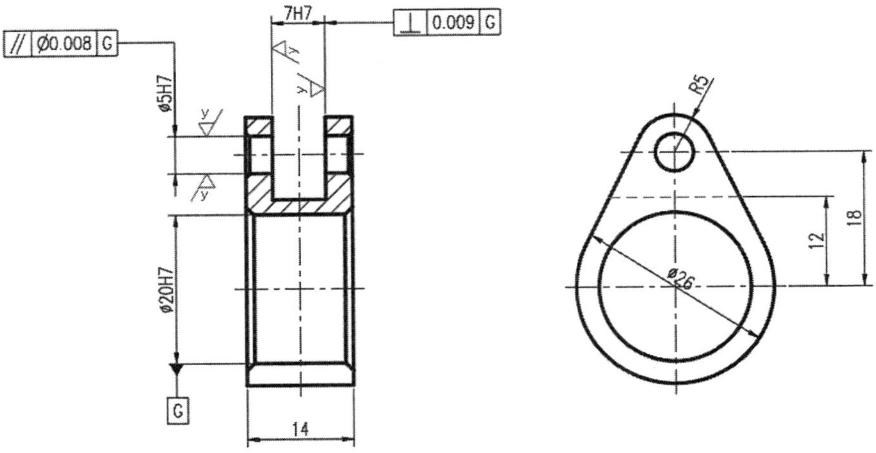

3.8 타원(ELLIPSE) 그리기 - 단축키: E L

장축과 단축을 지정하여 타원을 그리는 명령입니다.

✖ 메뉴 막대

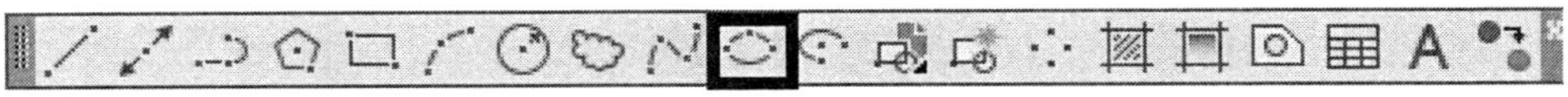

✖ 리본 메뉴

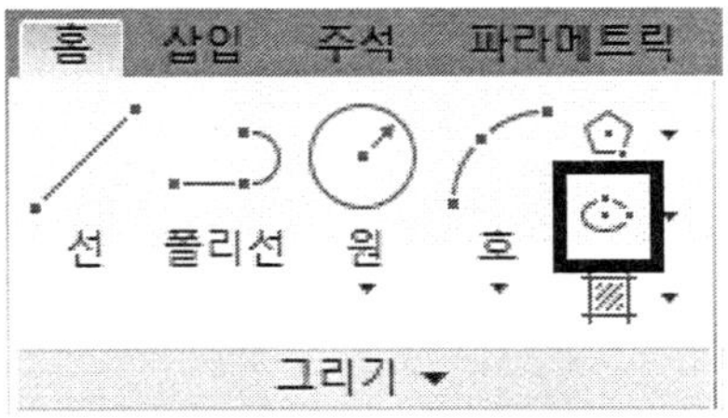

명령: EL [Enter↵]
타원의 축 끝점 지정 또는 [호(A)/중심(C)]: **P1**
축의 다른 끝점 지정: 30**(P2)**
다른 축으로 거리를 지정 또는 [회전(R)]: **20(P3)**
명령: EL [Enter↵]
ELLIPSE
타원의 축 끝점 지정 또는 [호(A)/중심(C)]: C
타원의 중심 지정: P1
축의 끝점 지정: 30 (P2)
다른 축으로 거리를 지정 또는 [회전(R)]: 20 (P3)

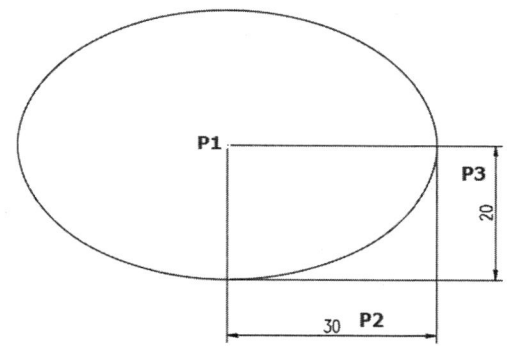

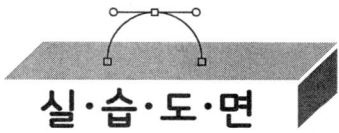

실·습·도·면

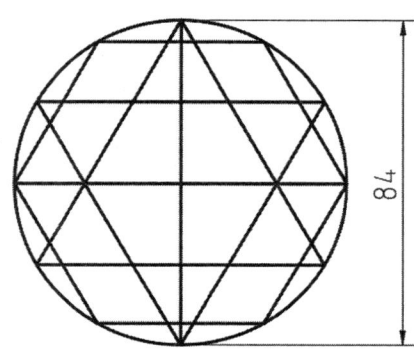
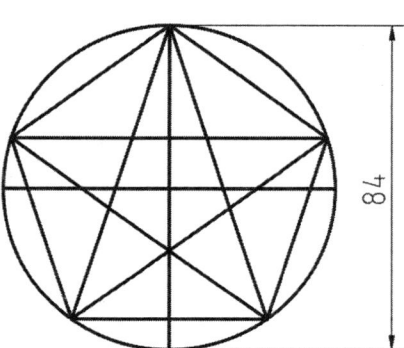

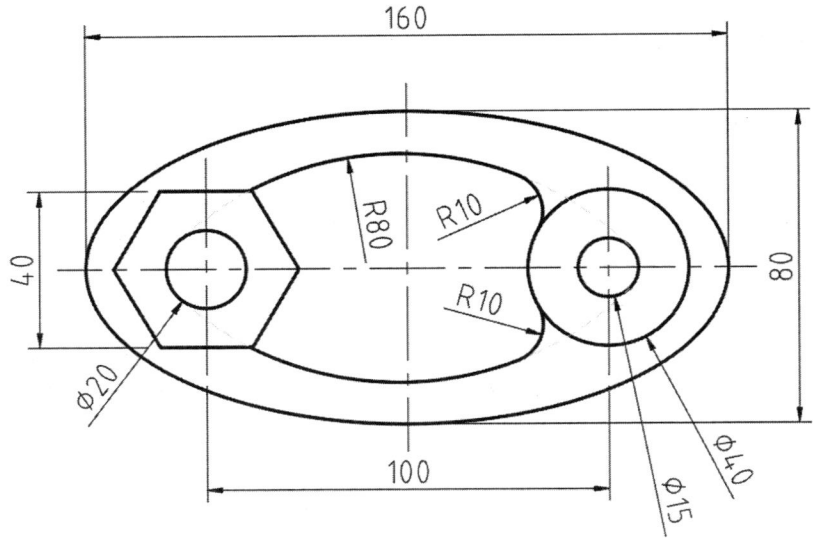

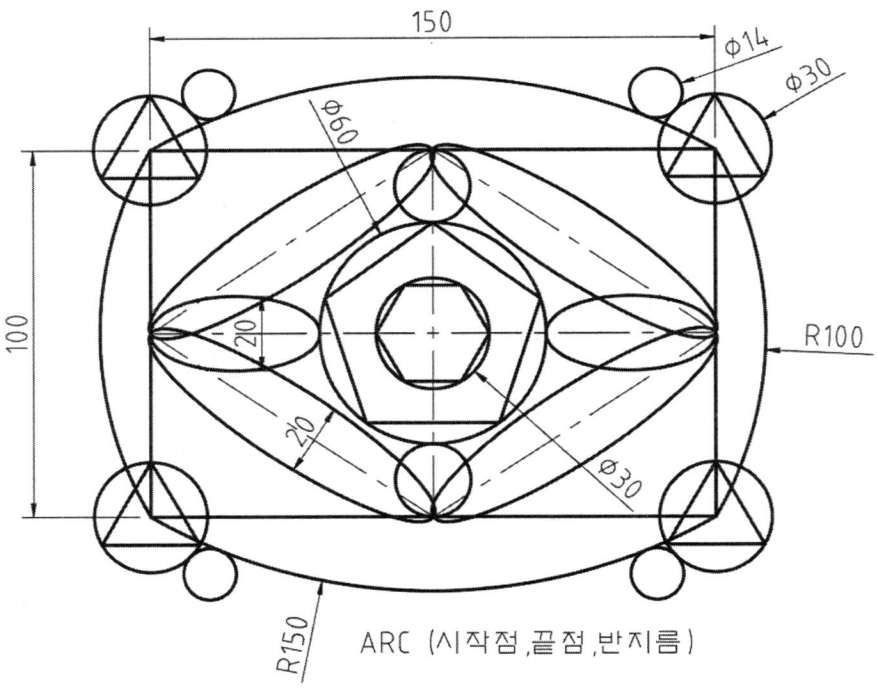

ARC (시작점,끝점,반지름)

구름형 수정 기호(REVCLOUD)

구름형 수정 기호를 그리는 명령으로 도면 작업 후 수정이나 변경된 부분을 표시할 때 사용을 합니다.

❋ 메뉴 막대

❋ 리본 메뉴

```
명령: revcloud
최소 호 길이: 15   최대 호 길이: 15   스타일: 일반
시작점 지정 또는 [호 길이(A)/객체(O)/스타일(S)] <객체(O)>:
구름 모양 경로를 따라 십자선 안내...
구름형 수정 기호를 완료했습니다.
```

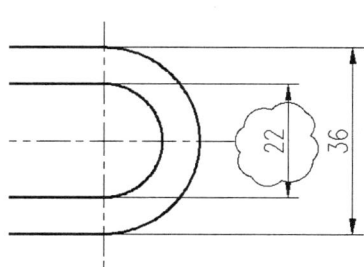

3.10 해치(HATCH) - 단축키: H

해치는 단면 작업을 한 부분에 표시해 주기 위한 기능으로 닫힌 영역을 반복되는 빗금 무늬 형태로 채워주는 기능입니다.

✤ 메뉴 막대

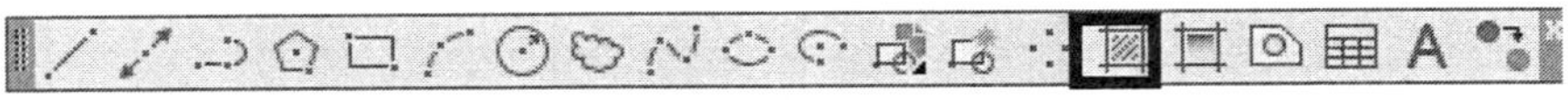

✤ 리본 메뉴

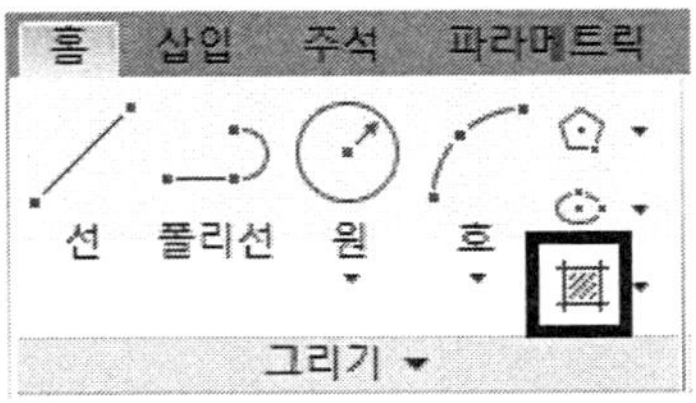

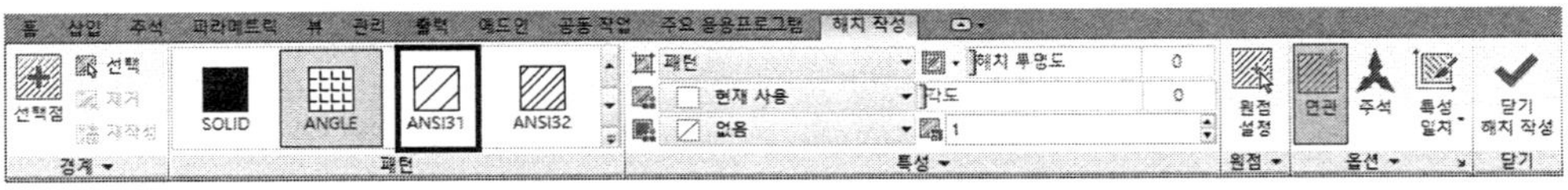

명령: HATCH Enter↵
내부 점 선택 또는 [객체 선택(S)/설정(T)]: T

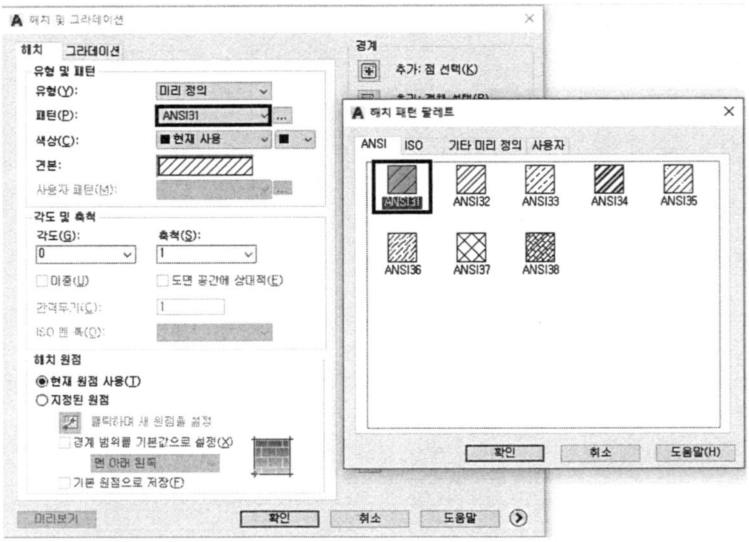

```
내부 점 선택 또는 [객체 선택(S)/설정(T)]: 모든 것 선택...
가시적인 모든 것 선택 중...
선택된 데이터 분석 중...
내부 고립영역 분석 중...
내부 점 선택 또는 [객체 선택(S)/설정(T)]: P1 모든 것 선택...
가시적인 모든 것 선택 중...
선택된 데이터 분석 중...
내부 고립 영역 분석 중...
내부 점 선택 또는 [객체 선택(S)/설정(T)]: P2
```

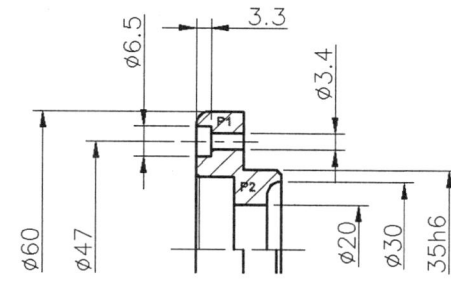

해치에서 패턴은 ANSI31을 주로 사용합니다.

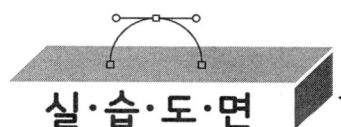

실·습·도·면

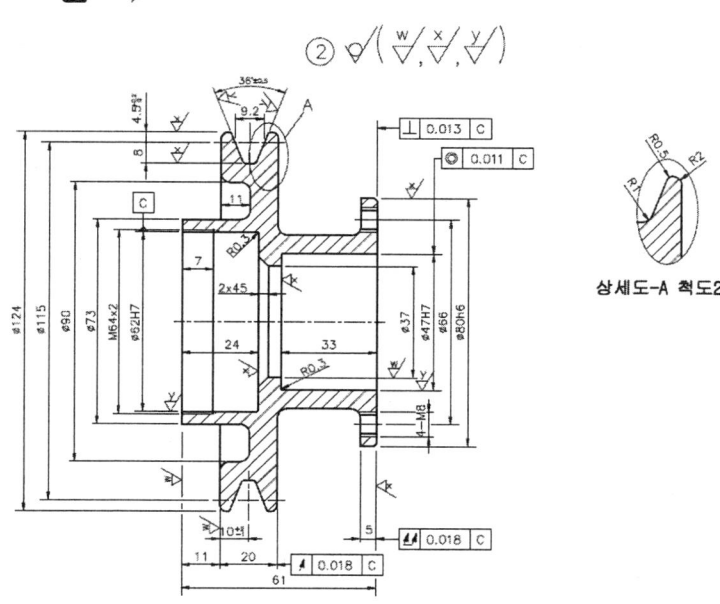

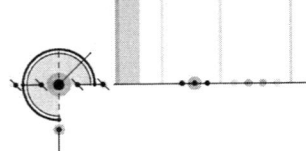
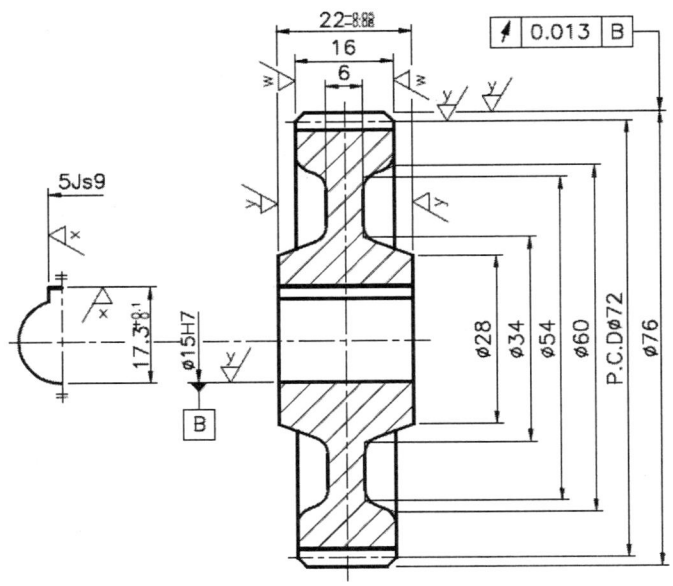
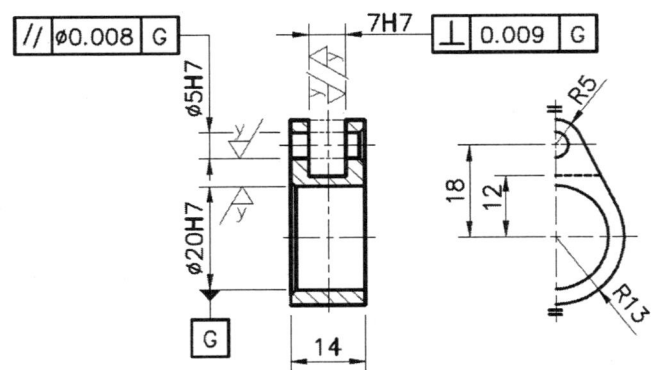

Chapter

도면의 편집

4.1 이동(MOVE)
4.2 복사(COPY)
4.3 회전(ROTATE)
4.4 대칭(MIRROR)
4.5 자르기(TRIM)
4.6 연장하기(EXTEND)
4.7 모깎기(FILLET)
4.8 모따기(CHAMFER)
4.9 신축(STRETCH)
4.10 축척(SCALE)
4.11 배열(ARRAY)
4.12 분해(EXPLODE)
4.13 끊기(BREAK)
4.14 결합(JOIN)
4.15 간격띄우기(OFFSET)

4.1 이동(MOVE) - 단축키: M

객체를 원하는 방향으로 이동하는 명령어입니다.

❖ 메뉴 막대

❖ 리본 메뉴

```
명령: M Enter
객체 선택: 전체 드래그합니다. 반대 구석 지정: 4개를 찾음
기준점 지정 또는 [변위(D)] <변위>: P1
두 번째 점 지정 또는 <첫 번째 점을 변위로 사용>: 150
```

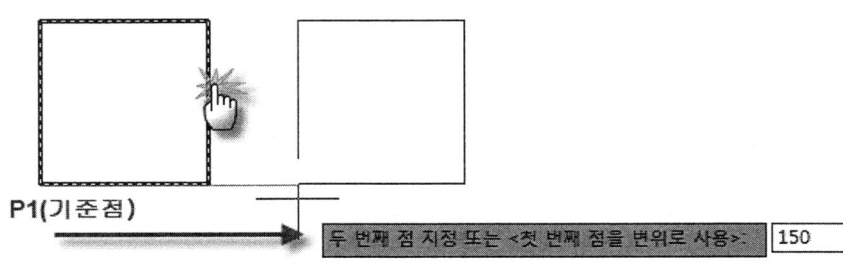

4.2 복사(COPY) - 단축키: CP 또는 CO

객체를 원하는 위치에 연속 복사하는 기능입니다.

✱ 메뉴 막대

✱ 리본 메뉴

```
명령: CP Enter↵
COPY
객체 선택: 1개를 찾음
객체 선택: P1
현재 설정: 복사 모드 = 다중(M)
기본점 지정 또는 [변위(D)/모드(O)] <변위(D)>: 기준점 선택
두 번째 점 지정 또는 [배열(A)/종료(E)/명령 취소(U)] <종료>: P2
두 번째 점 지정 또는 [배열(A)/종료(E)/명령 취소(U)] <종료>: P3
두 번째 점 지정 또는 [배열(A)/종료(E)/명령 취소(U)] <종료>: P4
두 번째 점 지정 또는 [배열(A)/종료(E)/명령 취소(U)] <종료>: *취소*
```

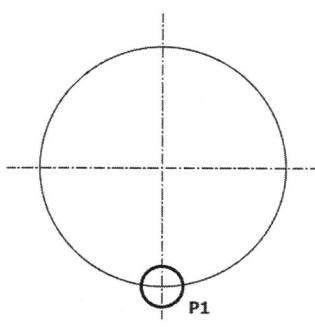
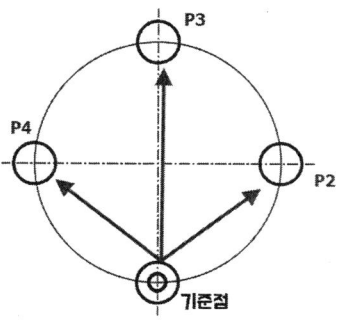

4.3 회전(ROTATE) - 단축키: R O

객체를 원하는 방향으로 회전 이동시키는 명령입니다.
주의 ▸ 회전 방향을 잘 고려해서 입력해야 됩니다.

✱ 메뉴 막대

✱ 리본 메뉴

```
명령: RO Enter↵
ROTATE
현재 UCS에서 양의 각도: 측정 방향=시계 반대 방향 기준 방향=0
객체 선택: P1(화살표 선택)
객체 선택: 반대 구석 지정: 1개를 찾음
기준점 지정: P2
회전 각도 지정 또는 [복사(C)/참조(R)] <0>: -90
(시계방향은 -가 붙습니다)
```

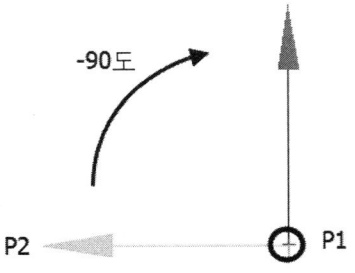

4.4 대칭(MIRROR) - 단축키: MI

개체를 기준 축을 기준으로 대칭 복사를 하는 기능입니다.
도면 작업 시간을 단축해 주는 좋은 기능입니다.

✣ 메뉴 막대

✣ 리본 메뉴

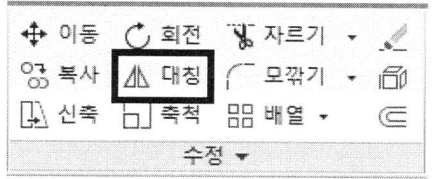

명령: MI Enter↵
객체 선택: **P1에서 P2로 드래그합니다.**
객체 선택: 반대 구석 지정: 29개를 찾음
대칭선 선택: Enter↵
대칭선의 첫 번째 점 지정: **P3** 대칭선의 두 번째 점 지정: **P4**
원본 객체를 지우시겠습니까? [예(Y)/아니오(N)]: N Enter↵

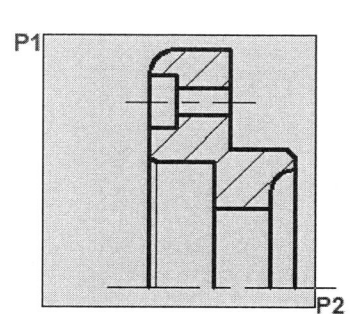
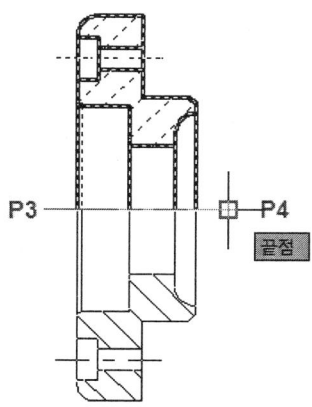

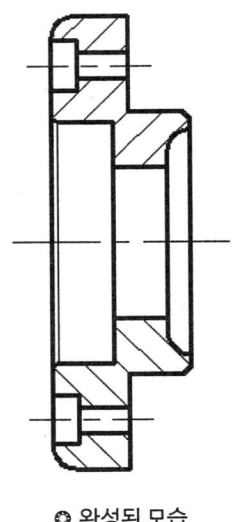

● 완성된 모습

4.5 자르기(TRIM) - 단축키: TR

불필요한 부분을 경계를 기준으로 객체를 자르는 기능입니다.

✸ 메뉴 막대

✸ 리본 메뉴

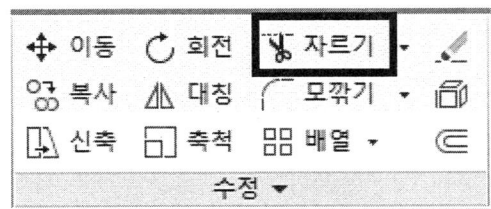

```
명령: TR [Enter↵]
TRIM
현재 설정: 투영=UCS 모서리=없음
절단 모서리 선택 ...
객체 선택 또는 〈모두 선택〉: [Enter↵]
자를 객체 선택 또는 [Shift] 키를 누른 채 선택하여 연장 또는
[울타리(F)/걸치기(C)/프로젝트(P)/모서리(E)/지우기(R)/명령 취소(U)]: P1
자를 객체 선택 또는 [Shift] 키를 누른 채 선택하여 연장 또는
[울타리(F)/걸치기(C)/프로젝트(P)/모서리(E)/지우기(R)/명령 취소(U)]: *취소*
```

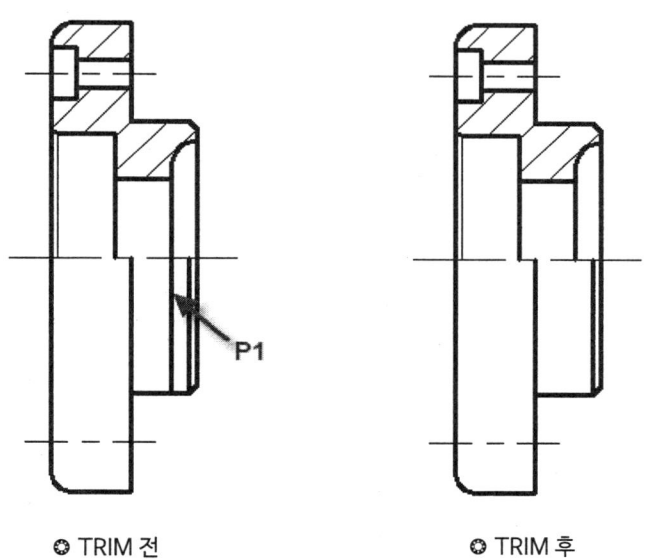

◉ TRIM 전   ◉ TRIM 후

연장하기(EXTEND) - 단축키: E X

선이 짧아서 연장하고 싶을 때 기준선까지 연장해 주는 명령어입니다.

✤ 메뉴 막대

🟎 리본 메뉴

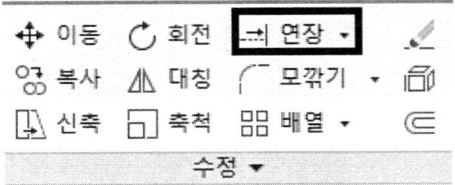

```
명령: EX [Enter↵]
현재 설정: 투영= UCS 모서리=없음
경계 모서리 선택 ...
객체 선택 또는 〈모두 선택〉: 1개를 찾음
객체 선택: P1 [Enter↵]
연장할 객체 선택 또는 [Shift] 키를 누른 채 선택하여 자르기 또는
[울타리(F)/걸치기(C)/프로젝트(P)/모서리(E)/명령 취소(U)]: P2 [Enter↵]
연장할 객체 선택 또는 [Shift] 키를 누른 채 선택하여 자르기 또는
[울타리(F)/걸치기(C)/프로젝트(P)/모서리(E)/명령 취소(U)]:
```

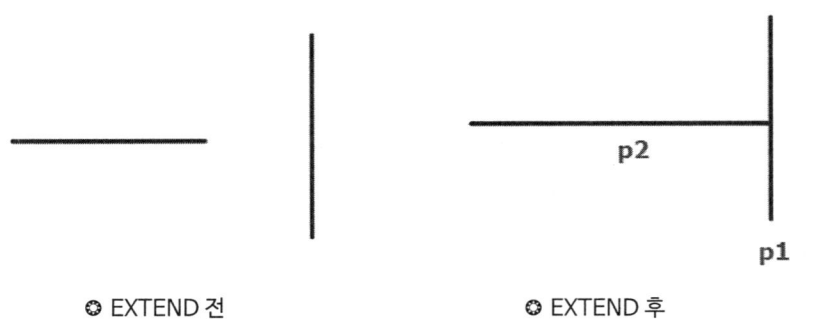

◉ EXTEND 전   ◉ EXTEND 후

4.7 모깎기(FILLET) - 단축키: F

모서리 부분을 둥글게 라운드 처리해 주는 명령어입니다.
모서리 부분이 날카롭기 때문에 대부분 모서리 부분에 모깎기 작업을 합니다. 그리고 지시 없는 부분의 모깎기는 3mm를 하면 됩니다.
모깎기 치수 기입 시에는 **"R"**로 표시합니다.

❈ 메뉴 막대

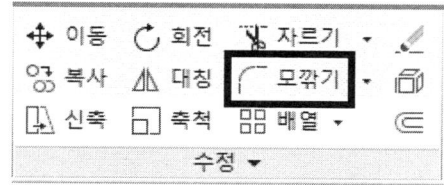

❈ 리본 메뉴

```
명령: F Enter↵
현재 설정: 모드 = 자르기, 반지름 = 5.00
첫 번째 객체 선택 또는 [명령 취소(U)/폴리선(P)/반지름(R)/자르기(T)/다중(M)]:
```

- 폴리선(P): 폴리라인으로 그려진 다각형의 모든 모서리를 한 번에 모깎기합니다.
- 반지름(R): 모깎기할 반지름을 입력합니다.
- 자르기(T): 모깎기 실행 시 모서리 부분을 지웁니다.
- 자르지 않기(N): 모깎기 실행 시 모서리 부분을 지우지 않습니다.

```
명령: F Enter↵
현재 설정: 모드 = 자르기, 반지름 = 5.00
첫 번째 객체 선택 또는 [명령 취소(U)/폴리선(P)/반지름(R)/자르기(T)/다중(M)]: R (반지름 값을 선택해서 넣어주면 된다)
모깎기 반지름 지정 〈5.00〉: 5
첫 번째 객체 선택 또는 [명령 취소(U)/폴리선(P)/반지름(R)/자르기(T)/다중(M)]: P1
두 번째 객체 선택 또는 Shift 키를 누른 채 선택하여 구석 적용 또는 [반지름(R)]: P2
```

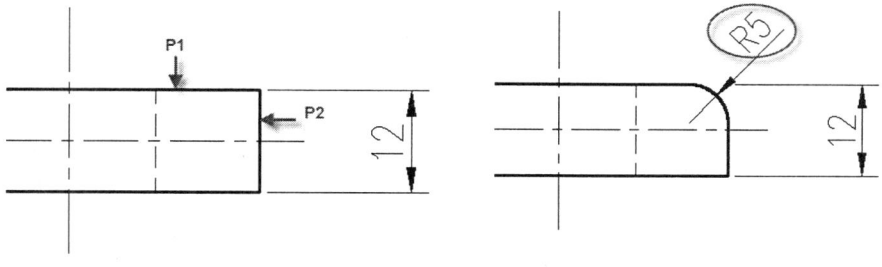

◎ FILLET 전   ◎ FILLET 후

▶ 옵션: 자르지 않기(N) 기능을 배워 봅니다.

```
FILLET
현재 설정: 모드 = 자르기, 반지름 = 5.00
첫 번째 객체 선택 또는 [명령 취소(U)/폴리선(P)/반지름(R)/자르기(T)/다중(M)]: T
자르기 모드 옵션 입력 [자르기(T)/자르지 않기(N)] 〈자르기〉: N
첫 번째 객체 선택 또는 [명령 취소(U)/폴리선(P)/반지름(R)/자르기(T)/다중(M)]: R
모깎기 반지름 지정 〈5.00〉: 5
첫 번째 객체 선택 또는 [명령 취소(U)/폴리선(P)/반지름(R)/자르기(T)/다중(M)]:
두 번째 객체 선택 또는 Shift 키를 누른 채 선택하여 구석 적용 또는 [반지름(R)]:
```

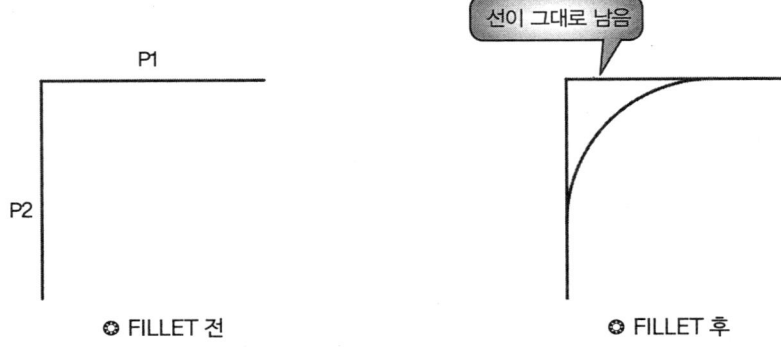

❂ FILLET 전   ❂ FILLET 후

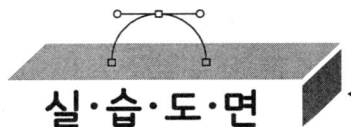

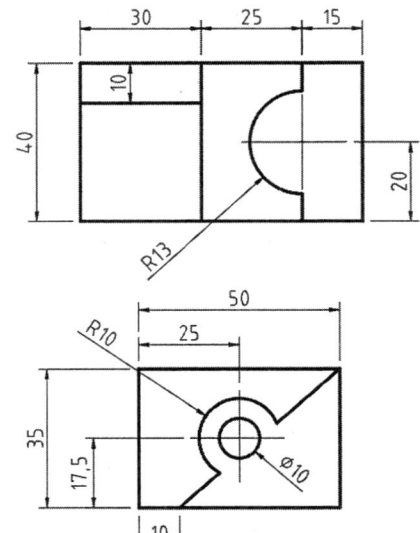
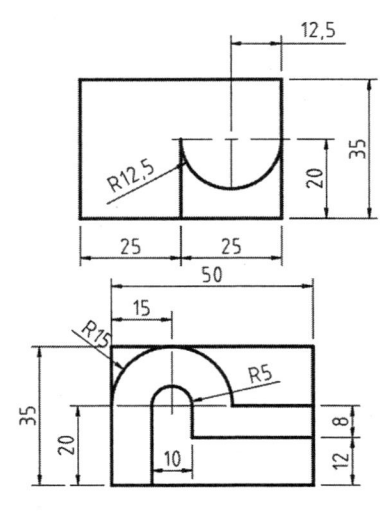

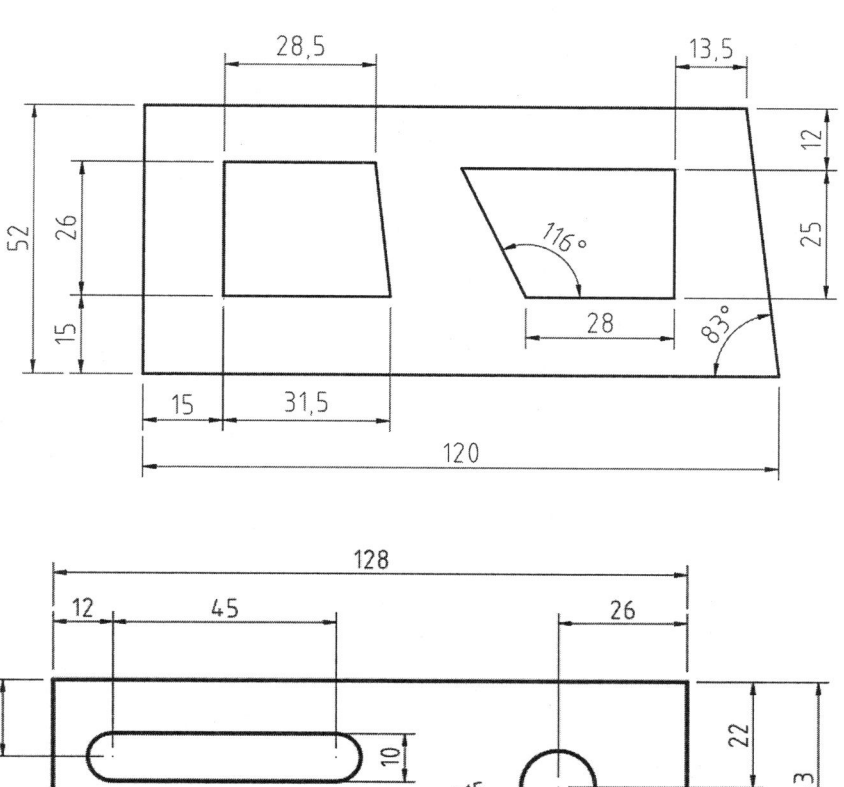
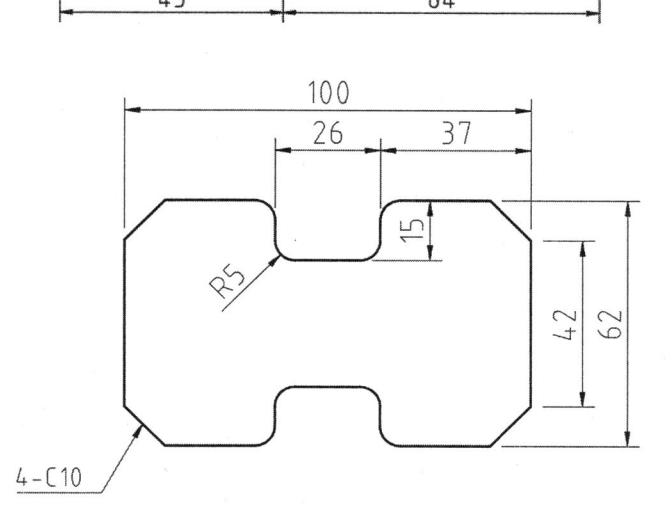

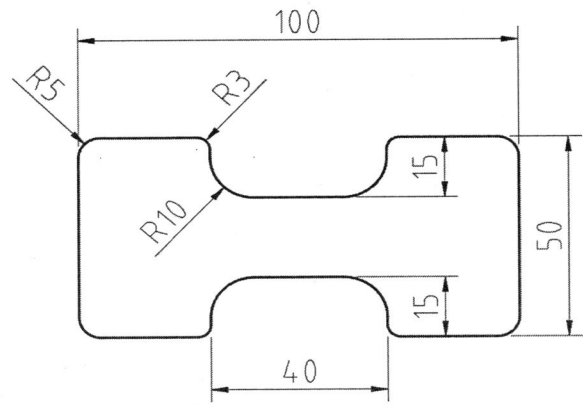

4.8 모따기(CHAMFER) 단축키: CHA

모서리 부분은 모따기를 하는 기능으로 조립이 되는 구멍이나 축의 끝부분에 모따기 작업을 합니다. 그리고 지시 없는 부분의 모따기는 1mm를 하면 됩니다. 모따기는 "C"로 표시합니다.

✱ 메뉴 막대

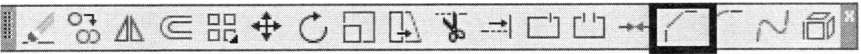

✱ 리본 메뉴

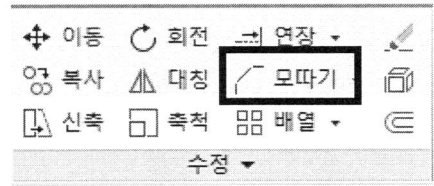

```
명령: CHA Enter↵
(자르기 모드) 현재 모따기 거리1 = 0.0000, 거리2 = 0.0000
첫 번째 선 선택 또는 [명령 취소(U)/폴리선(P)/거리(D)/각도(A)/자르기(T)/메서드(E)/다중(M)]
```

- 폴리선(P): 폴리라인으로 그려진 다각형의 모든 모서리를 한 번에 모따기를 합니다.
- 거리(D) 모따기할 거리를 입력합니다.
- 각도(A) 거리와 각도를 입력하여 모따기 거리를 지정합니다.
- 자르기(T) 모깎기 실행 시 모서리 부분을 지웁니다.
- 자르지 않기(N): 모깎기 실행 시 모서리 부분을 지우지 않습니다.

```
명령: CHA Enter↵
CHAMFER
(자르기 모드) 현재 모따기 거리1 = 0.0000, 거리2 = 0.0000
첫 번째 선 선택 또는 [명령 취소(U)/폴리선(P)/거리(D)/각도(A)/자르기(T)/메서드(E)/다중(M)]: D
첫 번째 모따기 거리 지정 <0.0000>: 1
두 번째 모따기 거리 지정 <1.0000>: 1
첫 번째 선 선택 또는 [명령 취소(U)/폴리선(P)/거리(D)/각도(A)/자르기(T)/메서드(E)/다중(M)]: P1
두 번째 선 선택 또는 [Shift] 키를 누른 채 선택하여 구석 적용 또는 [거리(D)/각도(A)/메서드(M)]: P2
```

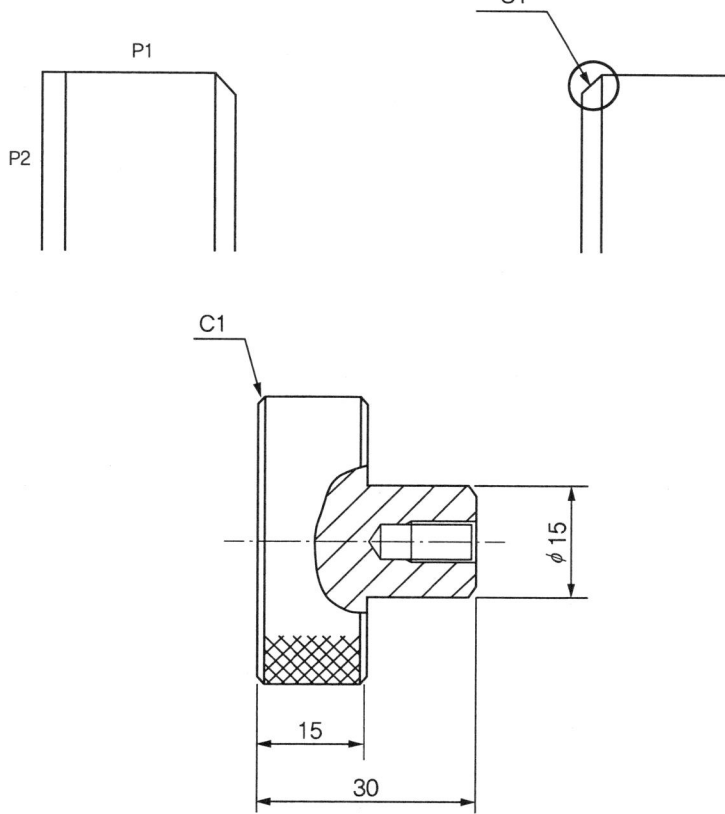

● 완성된 도면

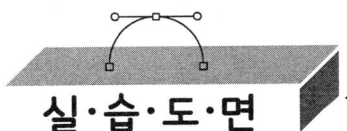
실·습·도·면

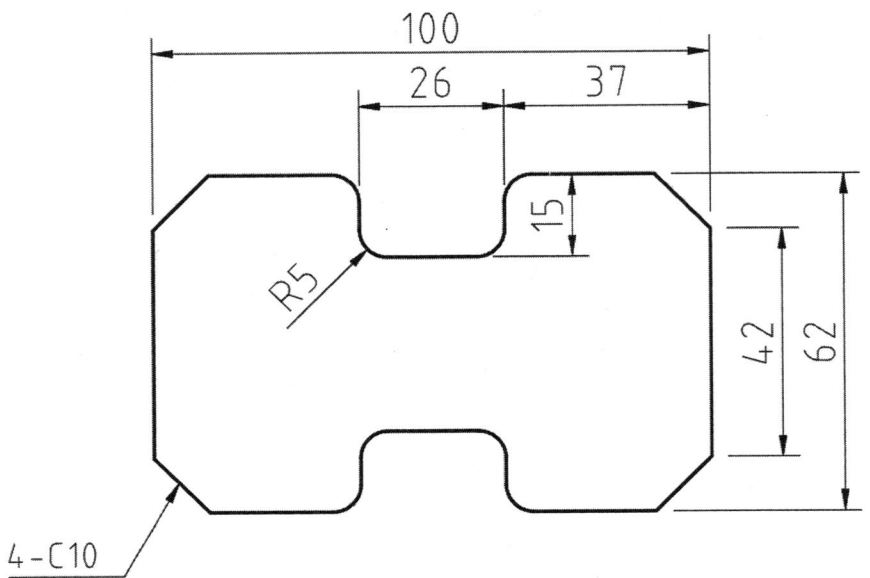

4.9 신축(STRETCH) - 단축키: S

객체를 그린 후 일정한 거리로 늘이거나 줄일 때 사용하는 기능입니다.
주의할 부분은 신축할 경우에는 "Crossing"으로 객체를 선택해야 됩니다.
Crossing: 객체를 아래에서 위로 드래그해서 선택하는 것을 말합니다.

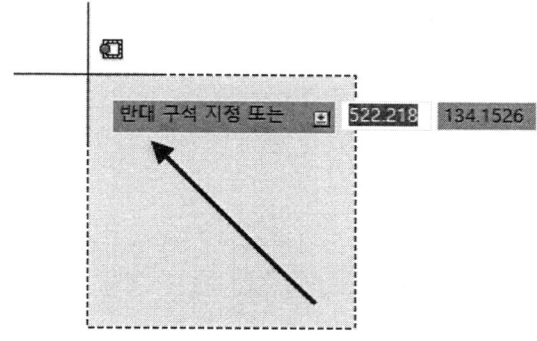

❋ 메뉴 막대

❋ 리본 메뉴

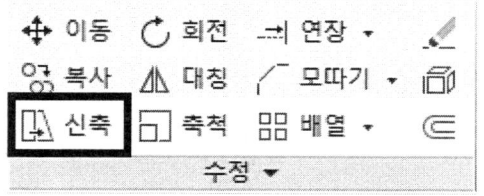

```
명령: S Enter↵
STRETCH
걸침 윈도우 또는 걸침 다각형만큼 신축할 객체 선택...
객체 선택: 반대 구석 지정: 8개를 찾음
객체 선택: P1, P2 선택
기준점 지정 또는 [변위(D)] 〈변위〉: 기준점 선택
두 번째 점 지정 또는 〈첫 번째 점을 변위로 사용〉: 20
```

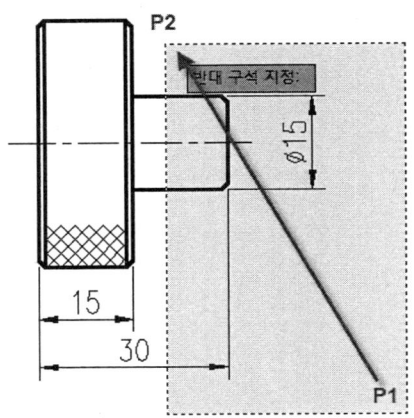

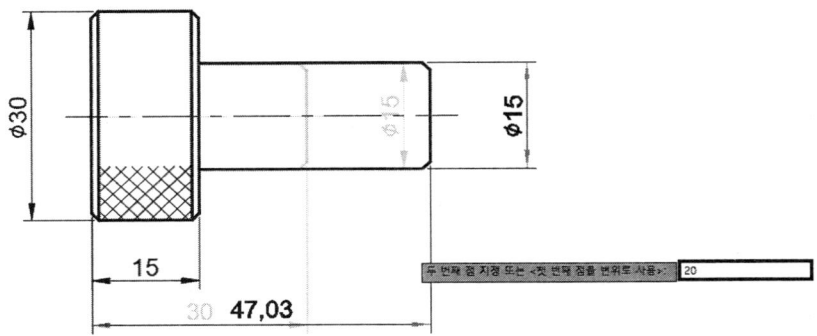

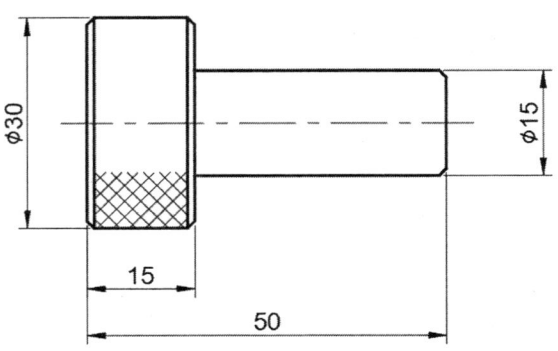

4.10 축척(SCALE) - 단축키: SC

객체를 확대 또는 축소해 주는 기능입니다.

✽ 메뉴 막대

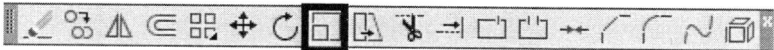

✽ 리본 메뉴

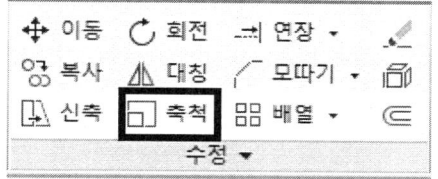

```
명령: SC Enter↵
SCALE
객체 선택: 반대 구석 지정: 24개를 찾음
객체 선택: P1,P2
기준점 지정: 기준점
축척 비율 지정 또는 [복사(C)/참조(R)]: 2
```

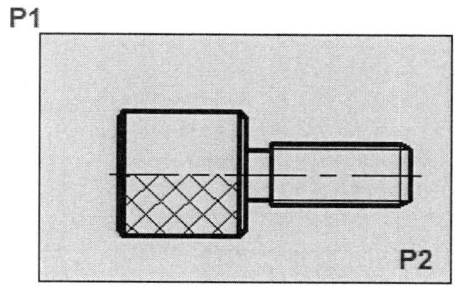
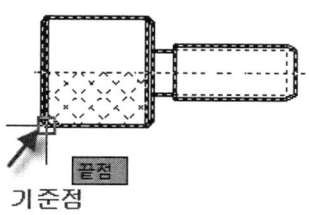

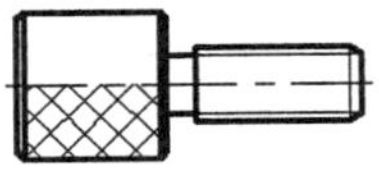

SCALE 1

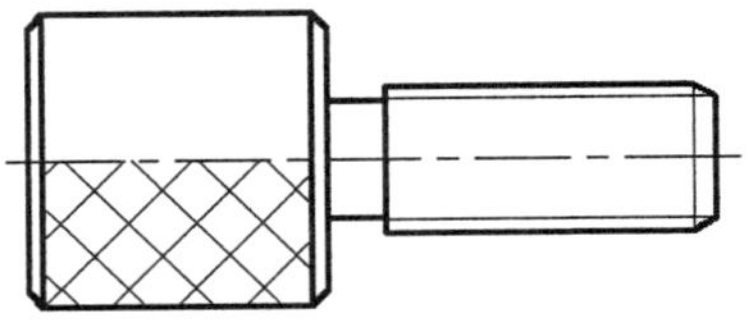

SCALE 2

4.11 배열(ARRAY) - 단축키: A R

일정한 거리와 수량을 줘서 배열하는 기능입니다.
직사각형 배열, 경로 배열, 원형 배열 3종류가 있습니다.

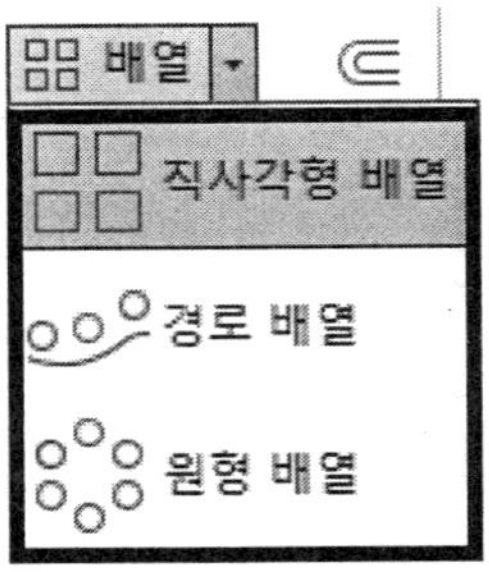

메뉴 막대

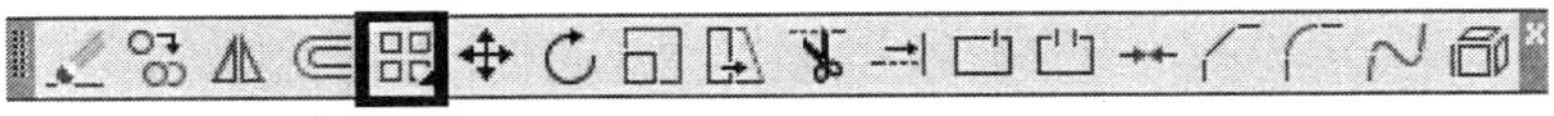

리본 메뉴

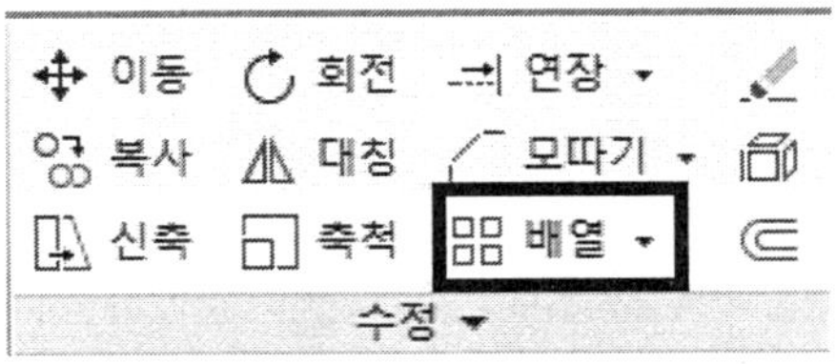

1) 직사각형 배열

```
명령: AR
ARRAY
객체 선택: 반대 구석 지정: 1개를 찾음
객체 선택:
배열 유형 입력 [직사각형(R)/경로(PA)/원형(PO)] 〈직사각형〉: R
유형 = 직사각형  연관 = 예
항목 수의 반대 구석 지정 또는 [기준점(B)/각도(A)/개수(C)] 〈개수〉: C
행 수 입력 또는 [표현식(E)] 〈4〉: 4
열 수 입력 또는 [표현식(E)] 〈4〉: 4
반대 구석을 지정하여 항목 간격 조정 또는 [간격(S)] 〈간격〉: S
행 사이의 거리 지정 또는 [표현식(E)] 〈6〉: 10
열 사이의 거리 지정 또는 [표현식(E)] 〈9〉: 10
Enter 키를 눌러 수락하거나 [연관(AS)/기준점(B)/행(R)/열(C)/레벨(L)/종료(X)]〈종료〉: *취소*
```

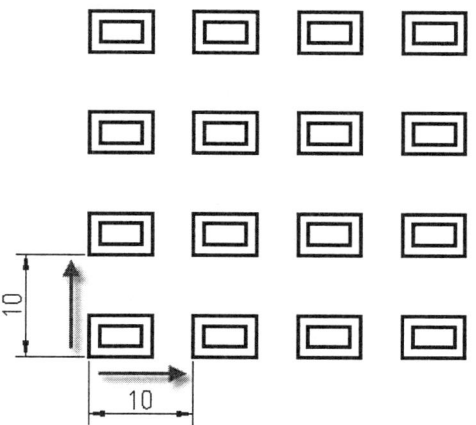

2) 경로 배열

```
명령: ARRAYPATH
객체 선택: 1개를 찾음
객체 선택: 작은 원을 선택 [Enter↵]
유형 = 경로 연관 = 예
경로 곡선 선택: 커브를 선택 [Enter↵]
그립을 선택하여 배열을 편집하거나 [연관(AS)/메서드(M)/기준점(B)/접선 방향(T)/항목(I)/행(R)/레벨(L)/항목 정렬(A)/Z 방향(Z)/종료(X)] 〈종료〉: [Enter↵]
```

3) 원형 배열

```
명령: AR Enter↵
ARRAY
객체 선택: 원을 선택
객체 선택: 배열 유형 입력 [직사각형(R)/경로(PA)/원형(PO)] <직사각형>: PO
유형 = 원형   연관 = 예
배열의 중심점 지정 또는 [기준점(B)/회전축(A)]: 중심점 선택
항목 수 입력 [사이의 각도(A)/표현식(E)] <4>: 8 Enter↵
채울 각도 지정(+=ccw, -=cw) 또는 [표현식(EX)] <360>: 360 Enter↵
Enter 키를 눌러 수락하거나 [연관(AS)/기준점(B)/항목(I)/사이의 각도(A)/채울 각도(F)/행(ROW)/레벨(L)/항목
회전(ROT)/종료(X)]<종료>: Enter↵
```

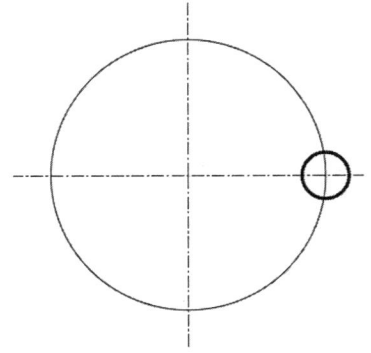
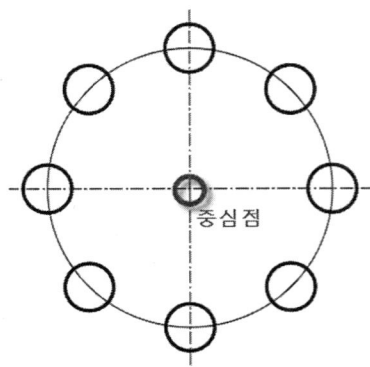

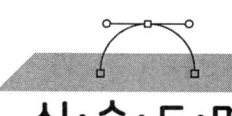
실·습·도·면

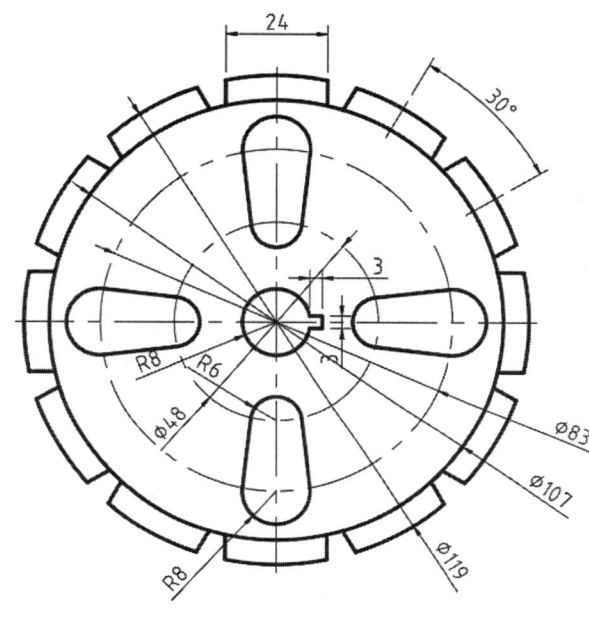

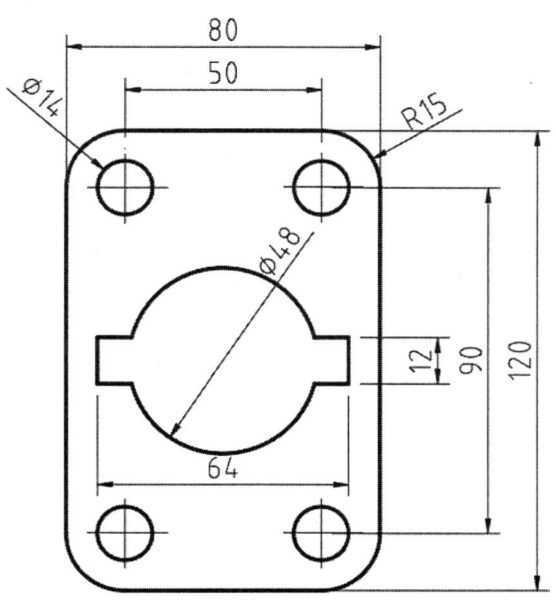

KS 규격 도면의 크기

도면의 크기 및 호칭			A0	A1	A2	A3	A4
도면의 윤곽	a×b		1189×841	841×594	594×420	420×297	297×210
	c(최소)		20	20	10	10	10
	d (최소)	철하지 않을 때	20	20	10	10	10
		철할 때	25	25	25	25	25

A2 도면 영역 설정하는 방법을 배워봅니다.

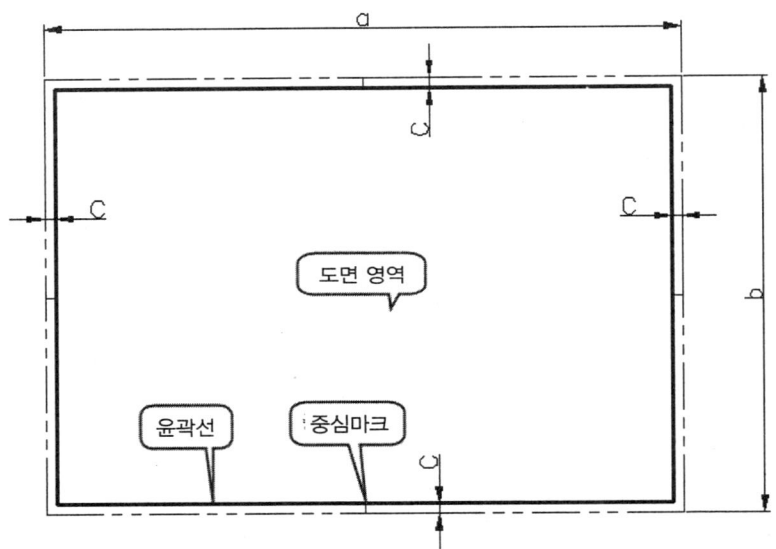

```
명령: limits Enter↵
모형 공간 한계 재설정:
왼쪽 아래 구석 지정 또는 [켜기(ON)/끄기(OFF)] <0.00,0.00>:
오른쪽 위 구석 지정 <210.00,148.50>: 594,420
```

```
명령: Z Enter↵
ZOOM
윈도우 구석을 지정, 축척 비율 (nX 또는 nXP)을 입력, 또는
[전체(A)/중심(C)/동적(D)/범위(E)/이전(P)/축척(S)/윈도우(W)/객체(O)] <실시간>: a
모형 재생성 중.
```

```
명령: REC [Enter↵]
RECTANG
첫 번째 구석점 지정 또는 [모따기(C)/고도(E)/모깎기(F)/두께(T)/폭(W)]: 0,0
다른 구석점 지정 또는 [영역(A)/치수(D)/회전(R)]: 594,420
```

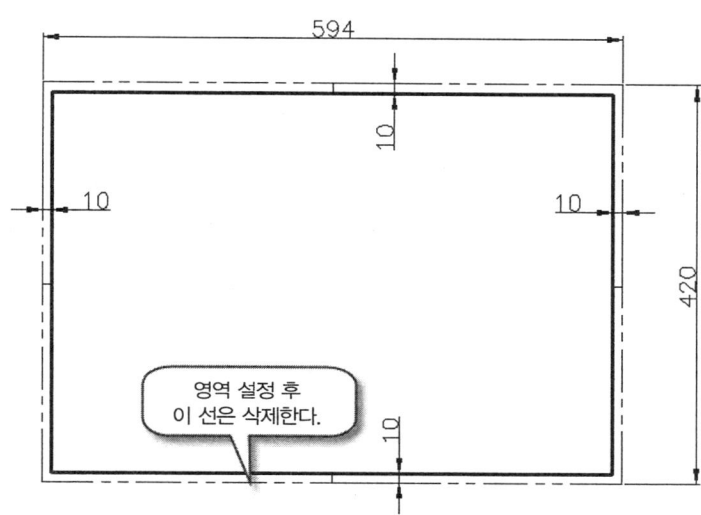

테두리선은 0.5mm(하늘색)으로 그리고 중심마크는 0.35mm(초록색)으로 그립니다.

```
명령: O [Enter↵]
현재 설정: 원본 지우기=아니오  도면 층=원본  OFFSETGAPTYPE=0
간격띄우기 거리 지정 또는 [통과점(T)/지우기(E)/도면 층(L)] <통과점>: 10
간격띄우기할 객체 선택 또는 [종료(E)/명령 취소(U)] <종료>:
간격띄우기할 면의 점 지정 또는 [종료(E)/다중(M)/명령 취소(U)] <종료>:
간격띄우기할 객체 선택 또는 [종료(E)/명령 취소(U)] <종료>: *취소*
명령: I LINE 첫 번째 점 지정:
다음 점 지정 또는 [명령 취소(U)]: 중심마크를 그려준다
다음 점 지정 또는 [명령 취소(U)]: *취소*
명령:  LINE 첫 번째 점 지정:
다음 점 지정 또는 [명령 취소(U)]: 중심마크를 그려준다
다음 점 지정 또는 [명령 취소(U)]: *취소*
명령:  LINE 첫 번째 점 지정:
다음 점 지정 또는 [명령 취소(U)]: 중심마크를 그려준다
다음 점 지정 또는 [명령 취소(U)]: *취소*
명령:  LINE 첫 번째 점 지정:
다음 점 지정 또는 [명령 취소(U)]: 중심마크를 그려준다
다음 점 지정 또는 [명령 취소(U)]: *취소*
```

도면의 테두리 만들기

자동으로 도면의 영역 및 테두리선을 그려주는 명령어입니다.

```
명령: MVSETUP Enter↵
```

```
명령: MVSETUP
초기화 중...
도면 공간을 사용가능하게 합니까? [아니오(N)/예(Y)] <Y>: N
단위 유형 입력 [공학(S)/십진(D)/엔지니어링(E)/건축(A)/미터법(M)]: M
미터 축척
─────────────
(5000) 1:5000
(2000) 1:2000
(1000) 1:1000
(500)  1:500
(200)  1:200
(100)  1:100
(75)   1:75
(50)   1:50
(20)   1:20
(10)   1:10
(5)    1:5
(1)    전체
축척 비율 입력: 1
용지 폭 입력: 594
용지 높이 입력: 420
```

자동으로 용지와 테두리가 함께 만들어집니다.

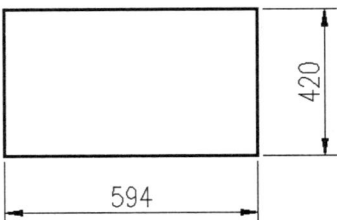

4.12 분해(EXPLODE) - 단축키: X

PLINE 또는 하나의 덩어리(그룹)로 되어 있는 객체를 분해시키는 명령어입니다.

✣ 메뉴 막대

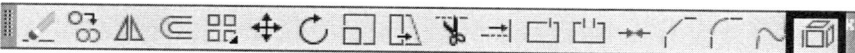

✣ 리본 메뉴

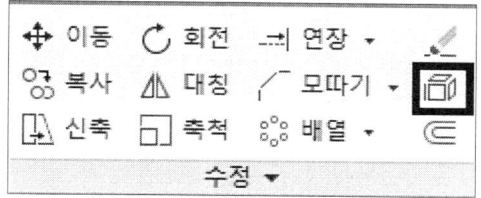

```
명령: X Enter↵
EXPLODE
객체 선택: P1 1개를 찾음
객체 선택: Enter↵
```

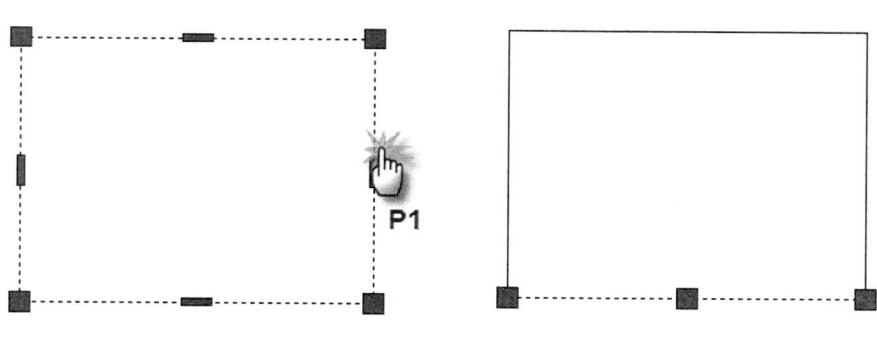

◉ 분해 전   ◉ 분해 후

4.13 끊기(BREAK) - 단축키: B R

선을 일부분을 끊거나 이등분을 시킬 때 사용하는 명령어입니다.

✖ 메뉴 막대

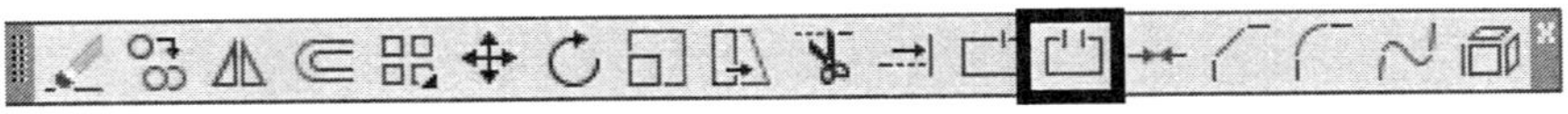

✖ 리본 메뉴

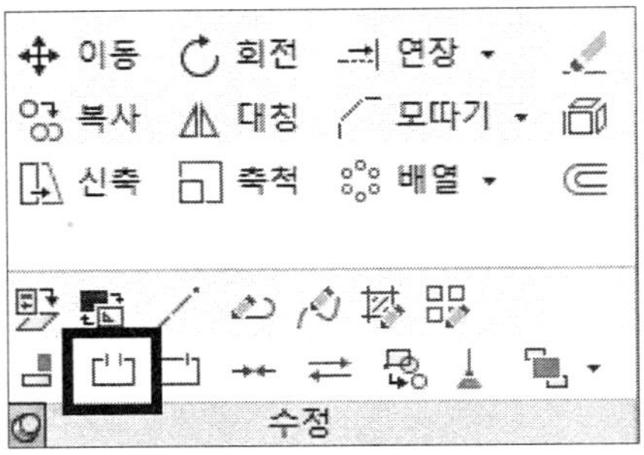

명령: BR Enter↵
BREAK 객체 선택: **P1**
두 번째 끊기점을 지정 또는 [첫 번째 점(F)]: **P2**

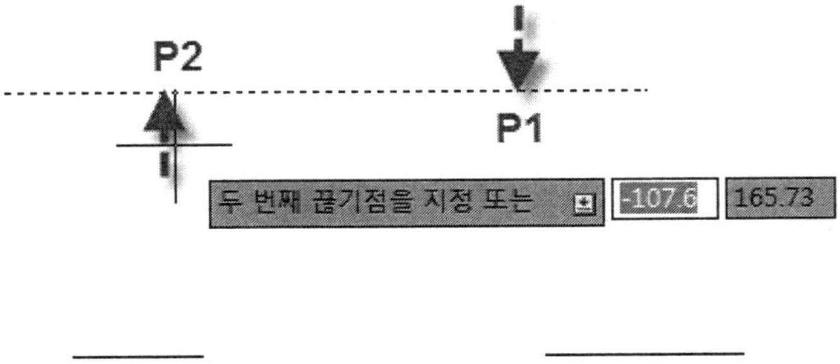

결합 (JOIN) - 단축키: J

끊은 선을 다시 하나의 객체로 만들어 주는 명령어입니다.

✣ 메뉴 막대

✣ 리본 메뉴

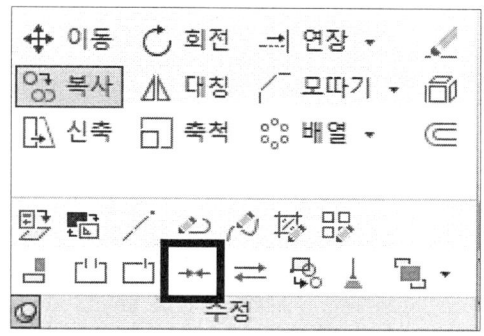

```
명령: J Enter↵
JOIN 한 번에 결합할 원본 객체 또는 여러 객체 선택: P1 1개를 찾음
결합할 객체 선택: P2 1개를 찾음, 총 2개
결합할 객체 선택:
2개 선이 1개 선으로 결합되었습니다.
```

P2   P1
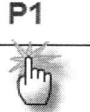

◉ JION 전   ◉ JION 후

4.15 간격띄우기(OFFSET) - 단축키: O

지정된 간격을 평행한 방향으로 일정한 간격으로 복사하는 기능입니다.

✣ 메뉴 막대

✣ 리본 메뉴

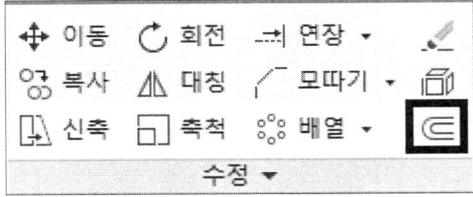

```
명령: O
OFFSET
현재 설정: 원본 지우기=아니오 도면 층=원본  OFFSETGAPTYPE=0
간격띄우기 거리 지정 또는 [통과점(T)/지우기(E)/도면 층(L)] <10.0000>: 10
간격띄우기할 객체 선택 또는 [종료(E)/명령 취소(U)] <종료>: P1 클릭
간격띄우기할 면의 점 지정 또는 [종료(E)/다중(M)/명령 취소(U)] <종료>: P2 클릭
간격띄우기할 객체 선택 또는 [종료(E)/명령 취소(U)] <종료>: *취소*
```

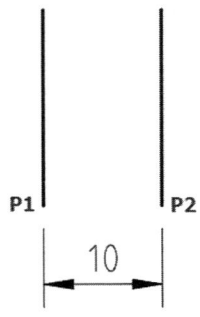

실습하기

■ Offset 기능을 이용하여 아래 그림을 그려 보세요.

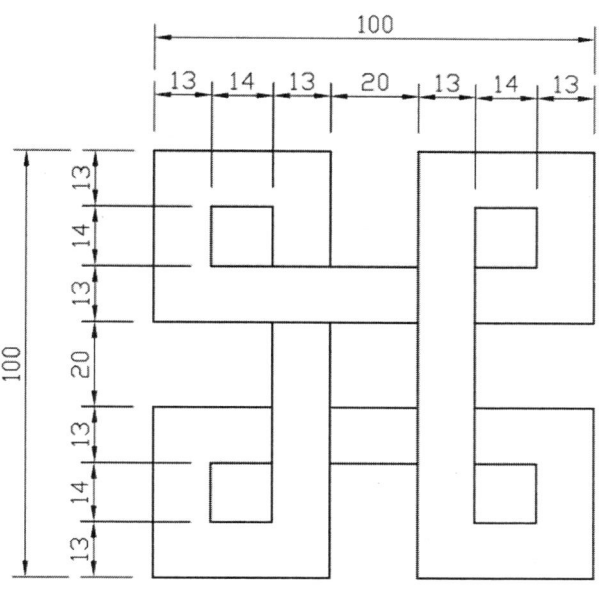

Chapter

문자 작성 및 편집

5.1 문자 스타일
5.2 문자 작성하기
5.3 치수 스타일
5.4 도면 층(LAYER)

5.1 문자 스타일 - 단축키: ST

AutoCAD는 다양한 방법으로 문자를 입력하며 기본적인 문자 스타일은 STANDARD"입니다. 여기서는 문자의 글꼴 부분만 변경하도록 합니다.

명령: st Enter↵

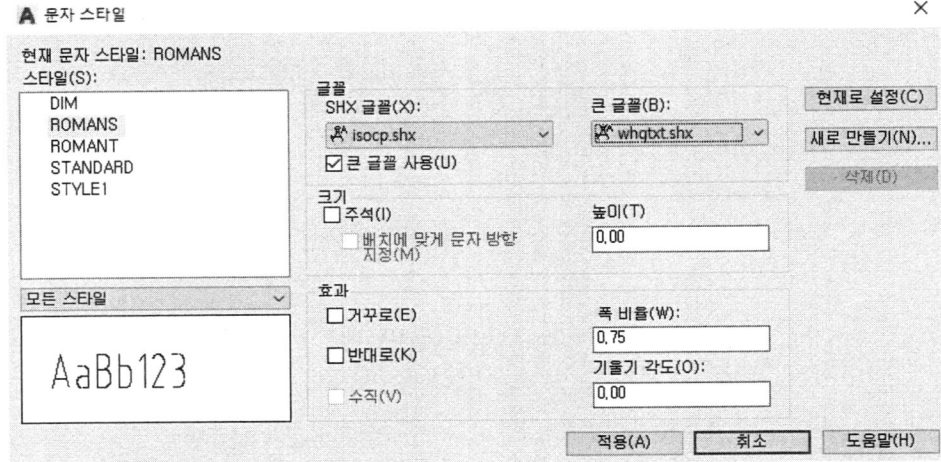

실습하기

새로 만들기 버튼을 클릭을 한다.

새 문자 스타일이 나타나면 이름을 입력한 후 확인 버튼을 클릭합니다.

글꼴 이름을 isocp.shx를 설정하고 큰 글꼴의 사용을 체크합니다.
큰 글꼴(B)이 활성화가 되는데 whgtxt.shx로 설정합니다.
그리고 적용을 누르고 닫기를 하면 설정이 끝납니다.

5.2 문자 작성하기

1. 단일행 문자(DTEXT) – 단축키: DT

단일행 문자를 쓰는 명령어입니다.

✤ 메뉴 막대

✤ 리본 메뉴

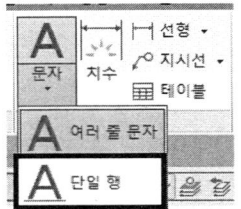

```
명령: DTEXT Enter↵
현재 문자 스타일: "ROMANS"  문자 높이: 3.50  주석: 아니오
문자의 시작점 지정 또는 [자리맞추기(J)/스타일(S)]: P1
높이 지정 <3.50>: 5
문자의 회전 각도 지정 <0.00>: Enter↵
문자입력: AUTOCAD2019
```

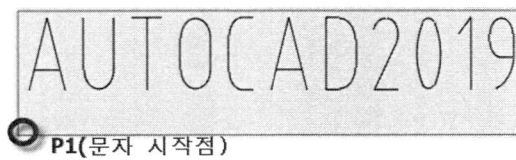
P1(문자 시작점)

2. 여러 줄 문자 TEXT, MTEXT - 단축키: T, MT

주서 란에 주서를 기입할 수 있는 기능으로 글꼴, 문자 높이 등을 편집할 수 있는 기능입니다.

✲ 메뉴 막대

✲ 리본 메뉴

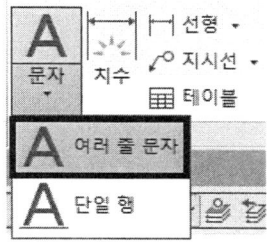

```
명령: MT Enter↵
MTEXT 현재 문자 스타일: "ROMANS" 문자 높이: 5 주석: 아니오
첫 번째 구석 지정: P1
반대 구석 지정 또는 [높이(H)/자리맞추기(J)/선 간격두기(L)/회전(R)/스타일(S)/폭(W)/열(C)]: P2
```

- 높이(H): 문자의 높이를 지정합니다.
- 자리 맞추기(J): 문자열의 정렬 방법을 선택합니다.
- 선 간격두기(L): 줄 간격을 지정합니다.
- 회전(R): 문자열의 회전 각도를 입력합니다.
- 스타일(S): 문자 유형을 선택합니다.
- 폭(W): 문자의 폭을 지정합니다.

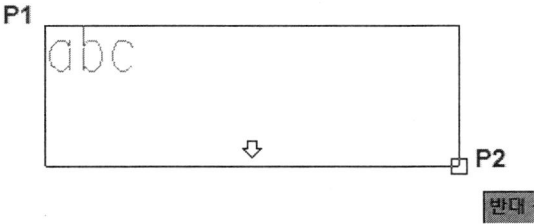

상단 리본 메뉴에서도 설정이 가능합니다.

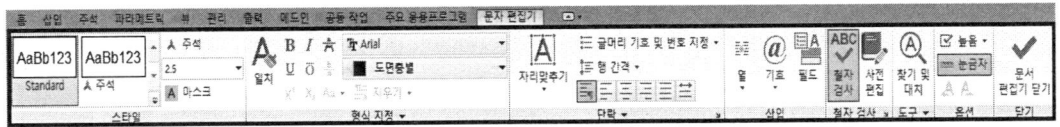

실습하기

■ 문자 기능을 이용하여 아래 주서 란을 작성해 보세요.

주서

1. 일반공차 ; 가)가공부 KS B ISO 2768-m
　　　　　　 나)주조부 KS B 0250 CT-11
2. 도시되고 지시없는 모따기 1x45°, 필렛과 라운드 R3
3. 일반 모떼기는 0.2x45°
4. ∇ 부위 외면 명녹색 도장
　　　 내면 광명단 도장
5. 파커라이징 처리
6. 전체 열처리 H_RC 50±2
7. 표면 거칠기

3. 기타 특수 문자

@ 기호를 클릭하면 기타 특수 문자를 기입할 수 있습니다. 기타를 클릭하면 문자표 창이 나타납니다. 원하는 문자를 선택하여 사용이 가능합니다.

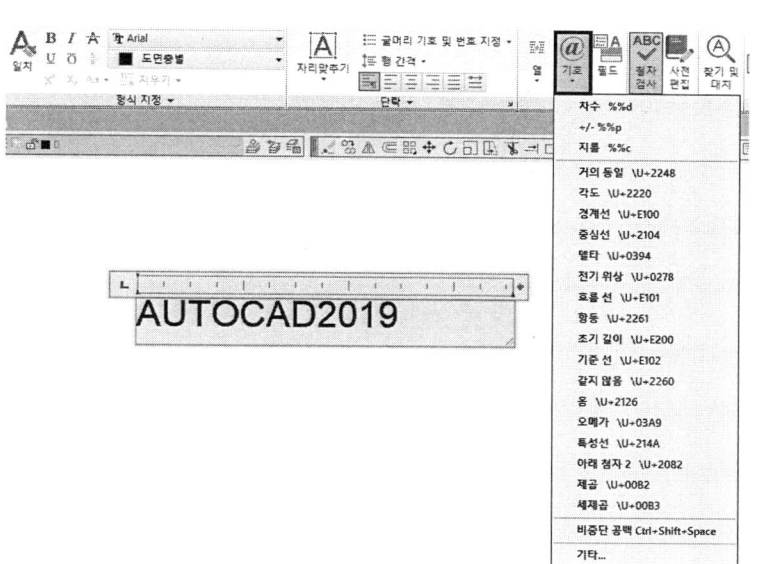

AutoCAD에서 특수 문자를 기입하는 방법을 소개합니다.

3가지 정도는 꼭 알아두고 넘어갑니다.

내용	입력 방법	입력 예	출력
지름(⌀)	%%C	%%C60	⌀60
각도	%%D	90%%D	100°
공차	%%P	%%P50	±50

```
명령: mtext Enter↵
현재 문자 스타일: "전산응용" 문자 높이: 5  주석: 아니오
    첫 번째 구석 지정:
    반대 구석 지정 또는 [높이(H)/자리맞추기(J)/선 간격두기(L)/회전(R)/스타일(S)/폭
(W)/열(C)]:

Enter text: %%C200  Enter↵
Enter text: %%P50  Enter↵
Enter text: 100%%D  Enter↵
```

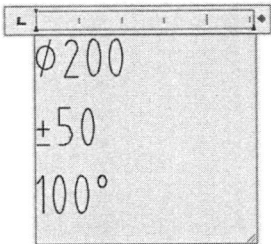

5.3 치수 스타일 - 단축키: D

모든 치수와 관련된 스타일을 설정을 하고 변경을 하여 치수의 모양과 크기를 조정할 수 있습니다. 우선 전산 응용 실기 시험에 지정하는 치수 스타일의 설정을 배워봅니다.

❶ 새로 만들기 버튼을 클릭합니다.

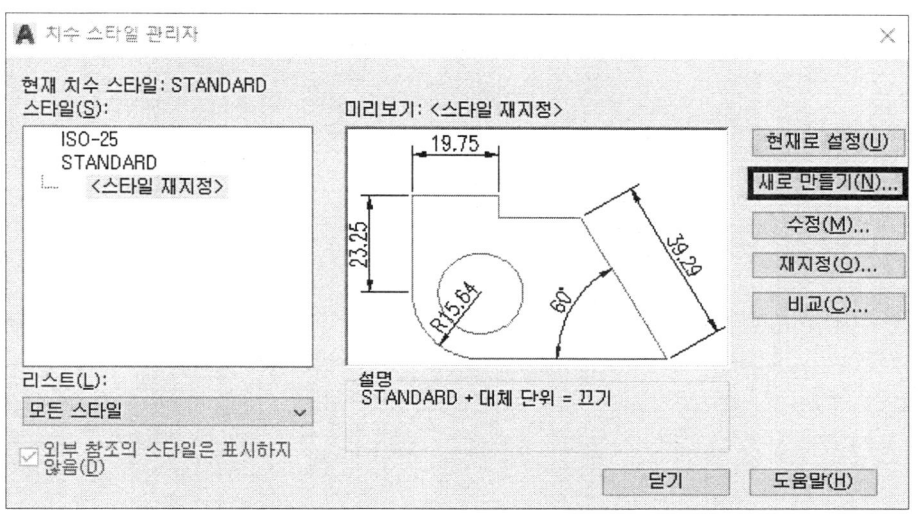

❷ 새 치수 스타일 작성이 나타나면 이름을 입력한 후 계속을 클릭합니다.

- 새 스타일 이름(N): 새 스타일의 이름을 작성합니다.
- 시작(S): 작성되어 있는 치수 스타일 중에서 새로 만든 치수 스타일을 선택하는 기능합니다.

- 사용(U): 새 치수 스타일을 어떤 형태로 적용할 것인지 선택합니다.

❸ 선 탭에서 치수선과 치수보조선의 색상을 빨간색으로 지정하고, 치수선 너머로 연장은 2, 원점에서 간격띄우기는 1.5를 입력합니다.

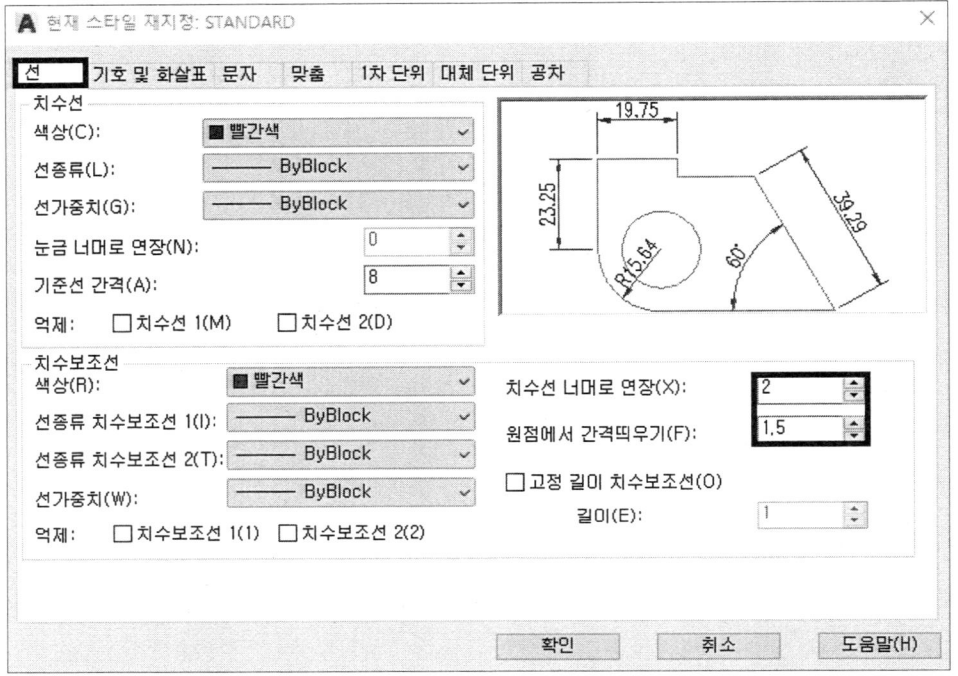

- 치수선
  - 색상: 치수선의 색상을 설정합니다.
  - 선종류: 치수선의 선 종류를 설정합니다.
  - 선가중치: 치수선의 굵기를 설정합니다.
  - 눈금 너머로 연장: 치수선을 연장할 거리 값을 설정합니다.
  - 기준선 간격: 치수선과 치수선 간의 간격을 설정합니다.
  - 억제: 치수선의 표시를 억제하는 기능입니다.
- 치수보조선

  치수보조선의 색상, 선 종류, 선 굵기 및 치수보조선의 억제 여부를 설정합니다.
  - 색상: 치수보조선의 색상을 설정합니다.
  - 선종류 치수보조선 1: 첫 번째 치수보조선의 종류 변경이 가능합니다.
  - 선종류 치수보조선 2: 두 번째 치수보조선의 종류 변경이 가능합니다.

- 선가중치: 치수선의 굵기를 설정합니다.
- 치수선 너머로 연장: 치수선을 지나 연장할 길이를 지정합니다.
- 원점에서 간격띄우기: 객체로부터 치수보조선 사이의 간격을 지정합니다.

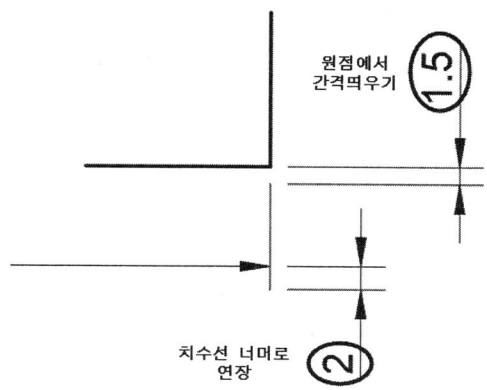

❹ 기호 및 화살표 탭 설정

- 화살표 크기: 3.5로 설정합니다.
- 중심 표식: 없음으로 설정합니다.
- 호 길이 기호: 위의 치수 문자로 설정합니다.

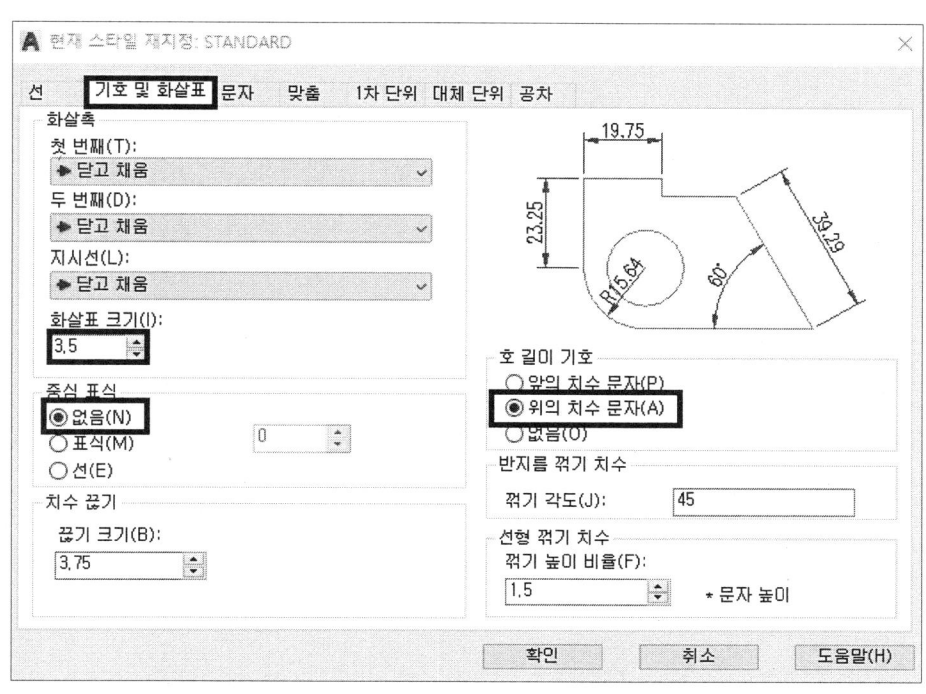

❺ **문자 탭 설정**
- 문자 모양
  - 문자 색상: 노란색
  - 문자 높이: 3.5
- 문자 배치
  - 수직: 위
  - 수평: 중심
  - 뷰 방향: 왼쪽에서 오른쪽
  - 치수선에서 간격띄우기: 0.8
- 문자 정렬: 치수선에 정렬로 설정합니다.

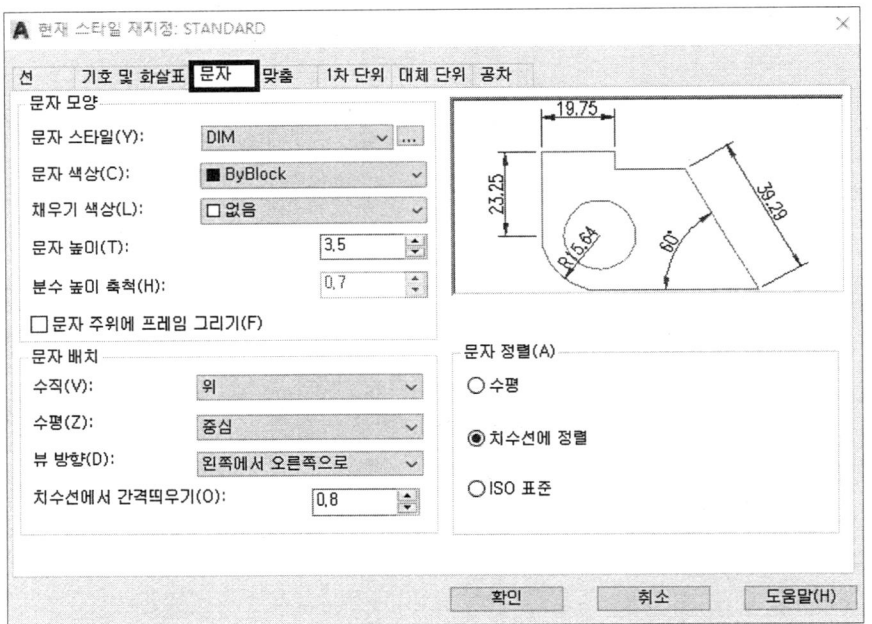

❻ **맞춤 탭 설정**
- 맞춤 옵션(F)
  - 문자 또는 화살표(최대로 맞춤)
- 문자 배치
  - 치수선 옆에 배치
- 치수 피쳐 축척
  - 전체 축척 사용: 1
- 최상으로 조정: 치수보조선 사이에 치수선 그리기로 설정합니다.

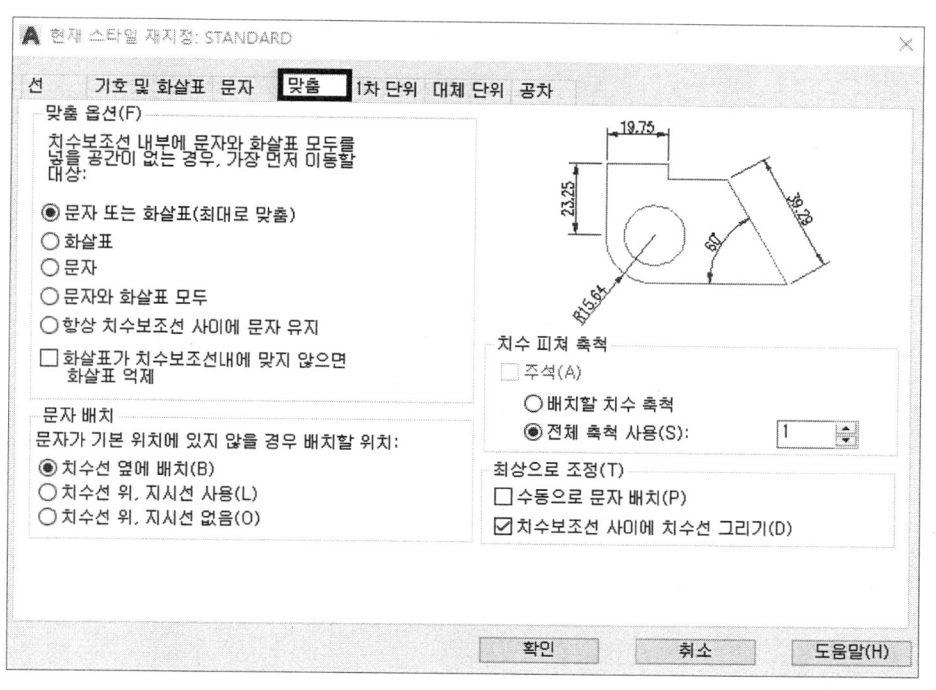

❼ 1차 단위 탭 설정

치수 단위의 정밀도, 소수 구분 기호, 머리말 등을 설정합니다.

- 선형 치수
    - 단위 형식: 십진
    - 정밀도: 0.0
    - 소수 구분 기호: 마침표
    - 반올림: 0
- 측정 축척
    - 측정 비율: 1
- 0억제: 후행
- 각도 치수
    - 단위 형식: 십진도수
    - 정밀도: 0
    - 0억제: 후행으로 설정합니다.

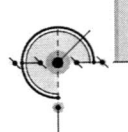

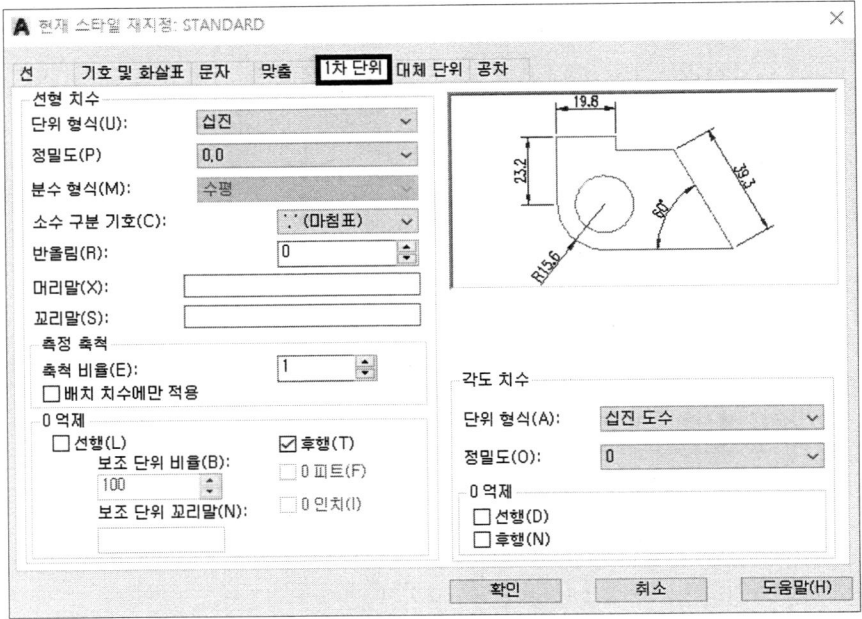

❽ 확인 버튼을 클릭하고 나서 닫기 버튼을 클릭하면 설정이 끝납니다.

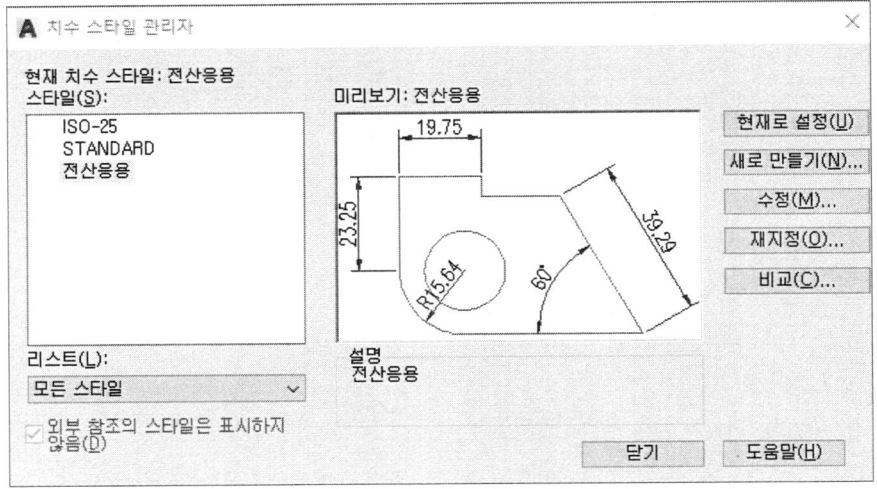

5.4 도면 층(LAYER) - 단축키: L A

Layer는 여러 층으로 도면을 관리하는 기능으로 선 종류, 색상, 가중치 등을 관리합니다. 도면에 맞는 선과 선 종류 등을 설정해서 적절히 활용하면 도면 작업 시 편리합니다.

✽ 메뉴 막대

✽ 리본 메뉴

명령: LA Enter↵

처음에 나오는 도면 층 0은 수정할 수가 없습니다.

❶ 색상은 수정이 가능합니다. 흰색을 클릭합니다.

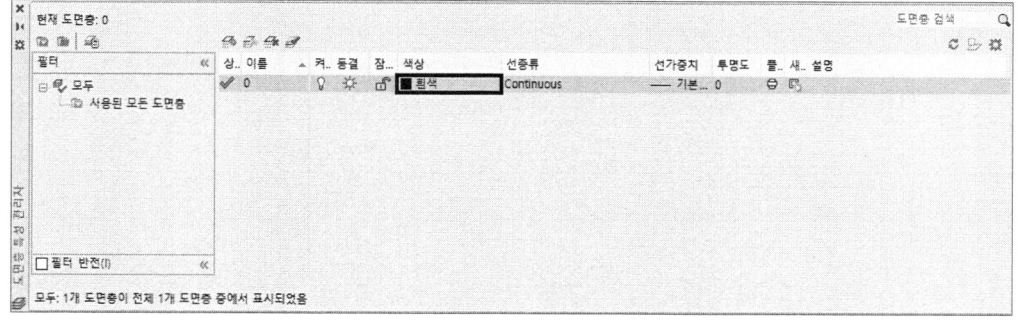

❷ 0번은 외형선으로 사용하기 위해 3번 색상인 초록색을 선택한 후 확인 버튼을 클릭합니다.

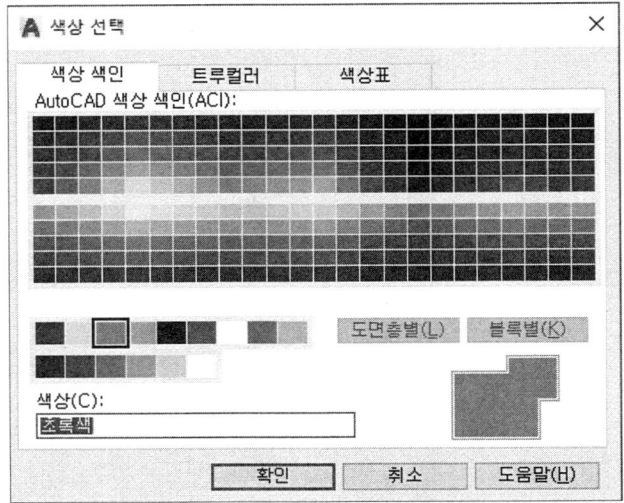

❸ 새 도면 층 아이콘을 클릭하면 새 도면 층을 추가할 수 있습니다.

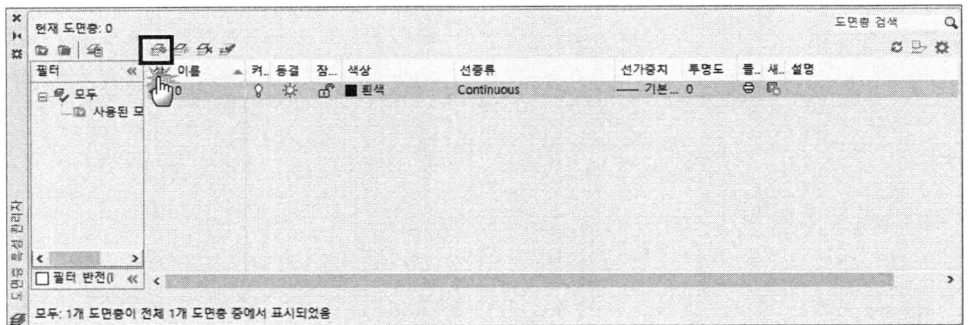

❹ 도면 층 1을 클릭하여 이름을 숨은선으로 변경합니다.

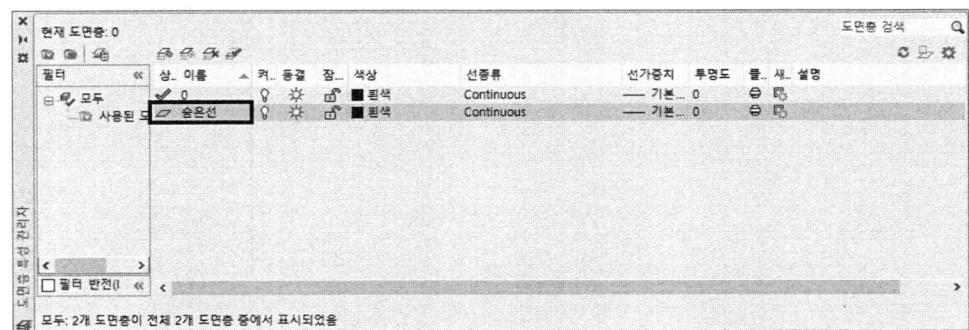

❺ 색상을 클릭하여 노란색으로 변경합니다.

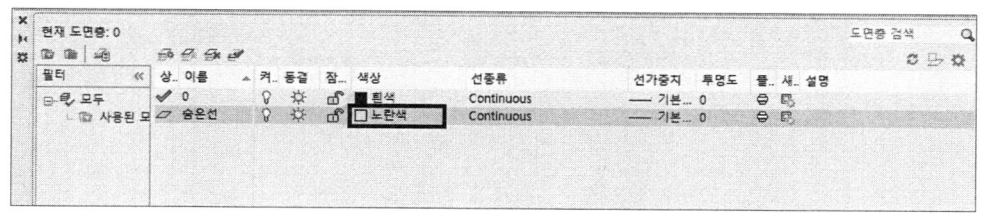

❻ 선 종류에서 Continuous를 클릭하면 선 종류
선택 창이 나타납니다.

여기서 로드를 클릭합니다.

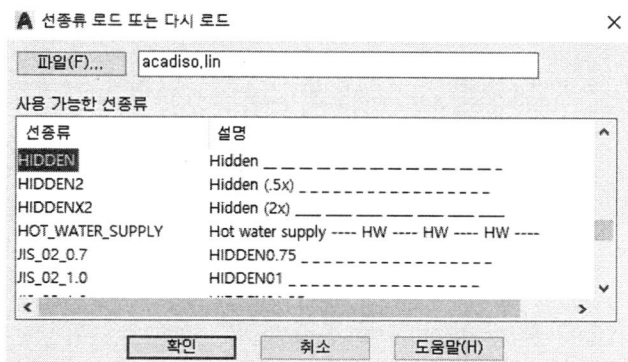

❼ 선 종류에서 HIDDEN을 찾아서 선택한 후 확인을 클릭합니다.(쉽게 찾는 방법: 영문자 H를 입력하면 쉽게 찾을 수 있습니다.)

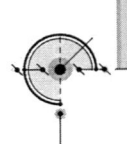

❽ HIDDEN이 추가되어 있는 것을 확인할 수 있습니다. 다시 HIDDEN을 선택한 후 확인을 클릭합니다.

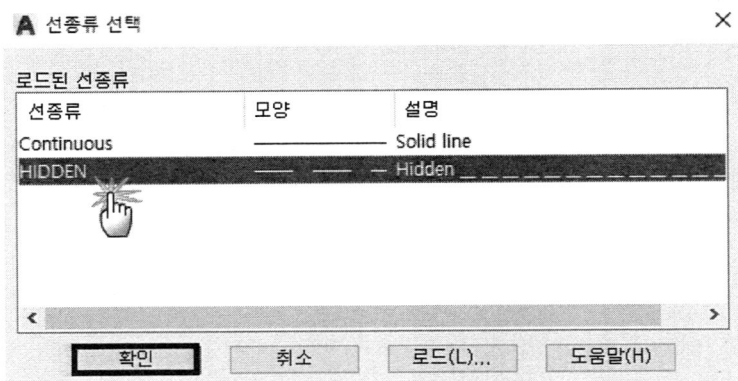

❾ 다시 새 도면 층을 클릭하여 새로운 도면 층을 생성합니다.

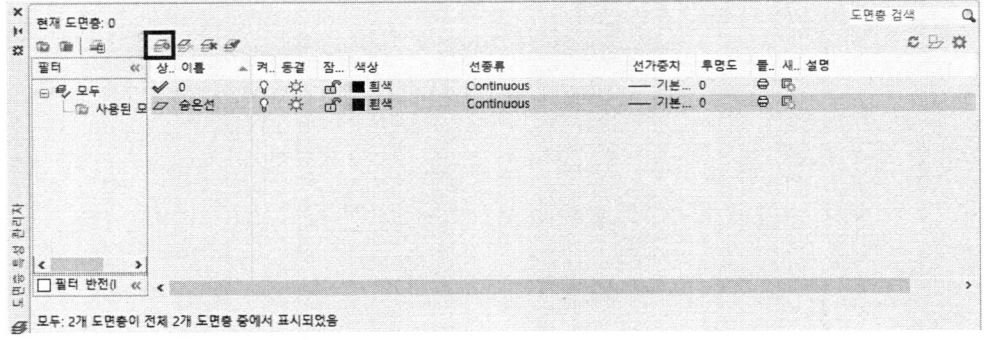

❿ 새 도면 층 아이콘을 클릭하면 새로운 도면 층을 생성할 수 있습니다.

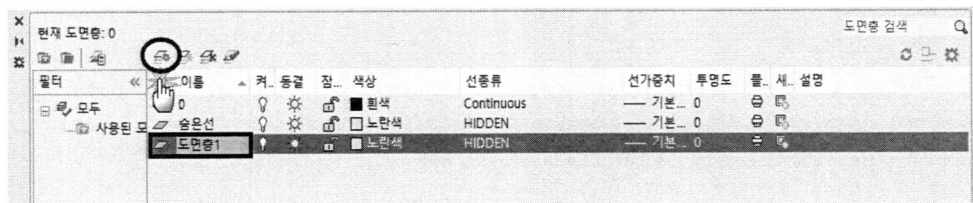

⓫ 새 도면 층 이름을 중심선으로 수정합니다.

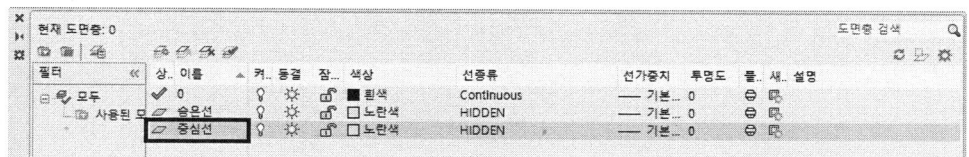

⓬ 색상을 클릭하여 빨간색으로 지정한 후 확인을 클릭합니다.

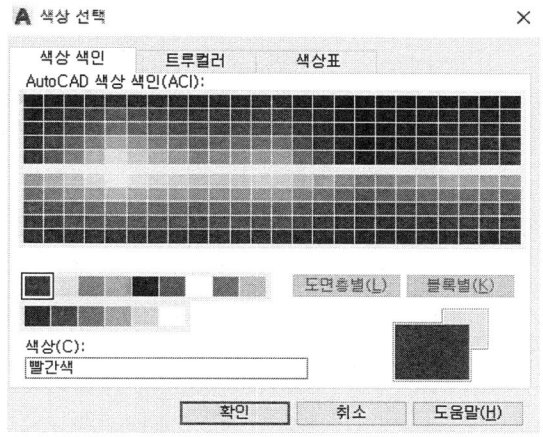

⓭ 선 종류를 클릭합니다.

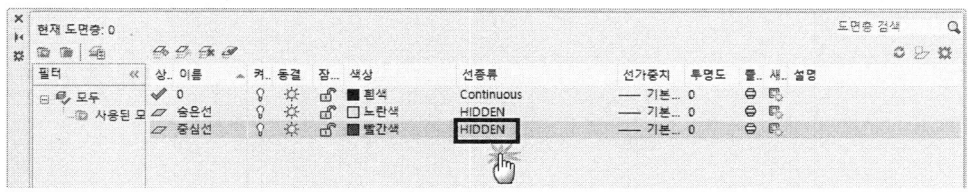

⓮ 로드를 클릭합니다.

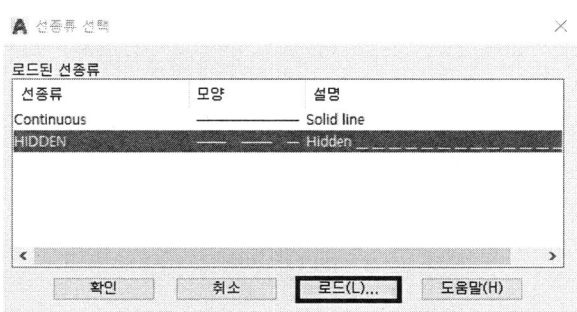

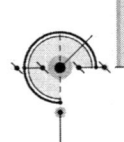

⓯ CENTER를 선택한 후 버튼을 클릭합니다.

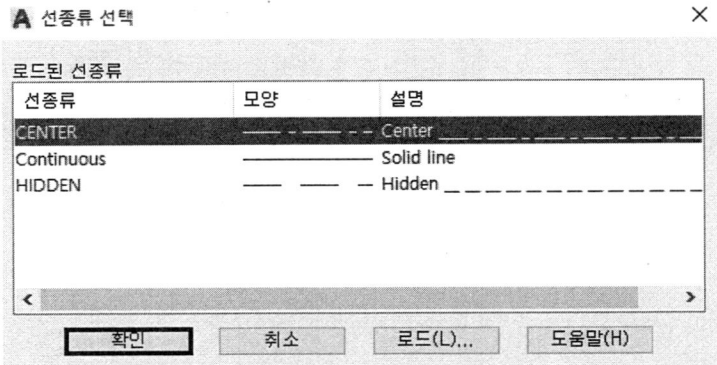

⓰ CENTER가 추가된 것을 볼 수 있습니다. CENTER를 선택한 후 확인 버튼을 클릭합니다.

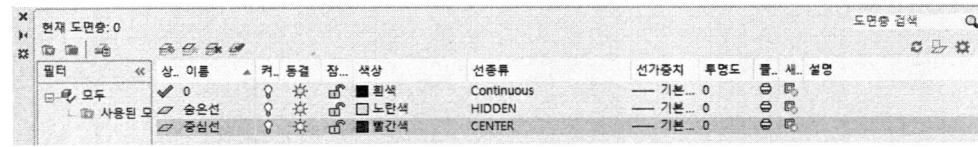

⓱ 새 도면 층을 클릭하여 새로운 도면 층을 생성합니다.

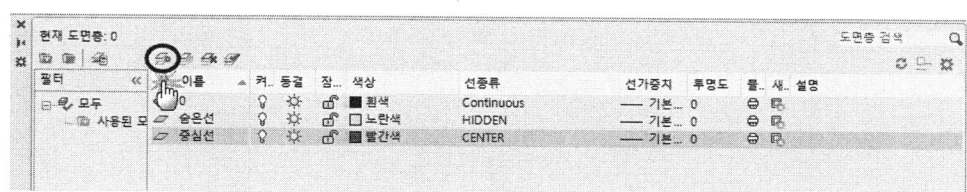

⓲ 도면 층 1을 클릭합니다.

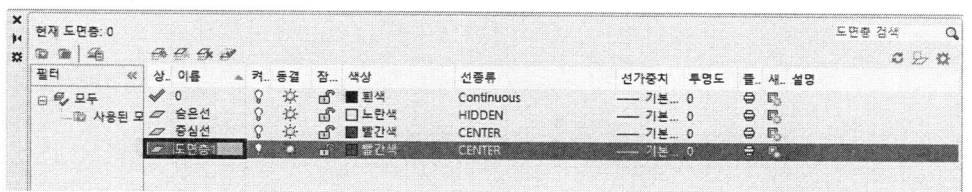

⓳ 도면 층 이름을 가상선으로 변경합니다.

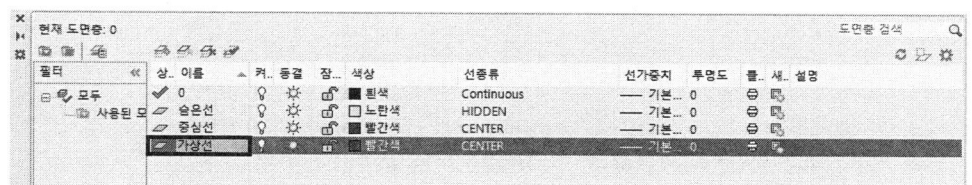

⓴ 색상을 클릭하여 하늘색으로 지정하고 확인을 클릭합니다.

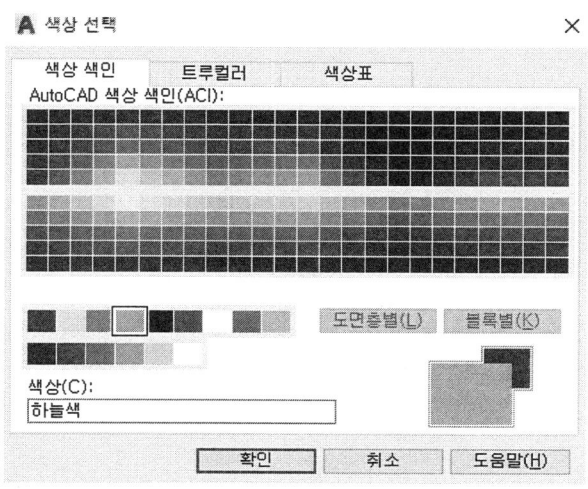

㉑ 선 종류를 클릭합니다.

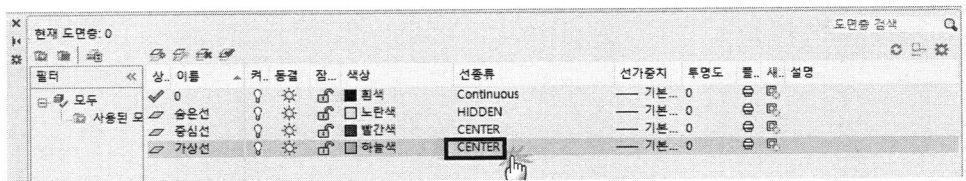

㉒ 로드를 클릭합니다.

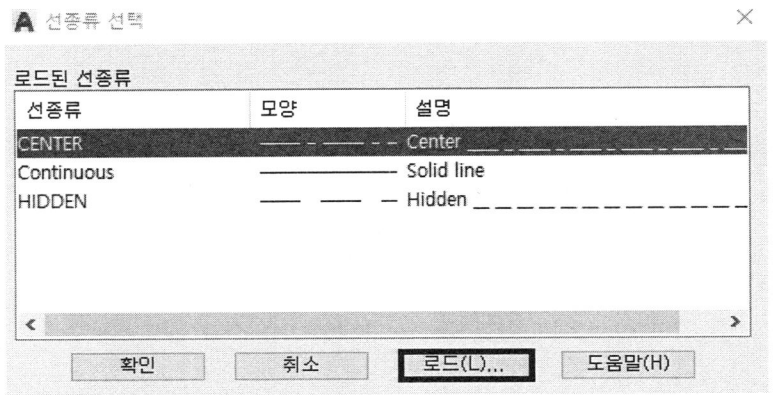

㉓ 선 종류에서 PHANTOM을 찾아서 클릭한 후 확인 버튼을 클릭합니다.

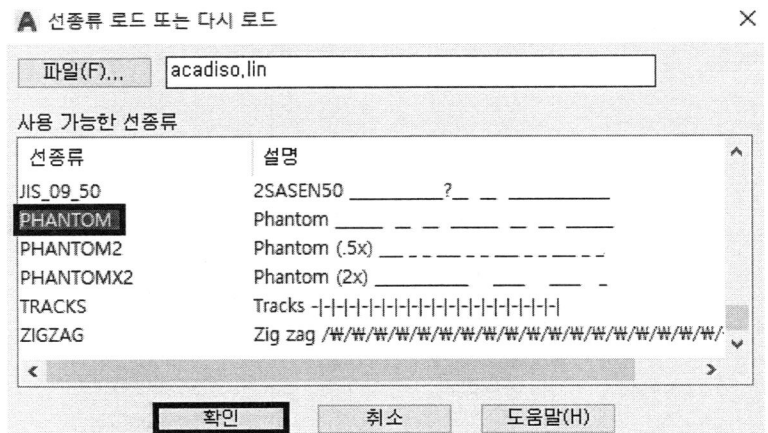

한 번 더 PHANTOM을 선택한 후 확인 버튼을 클릭합니다.

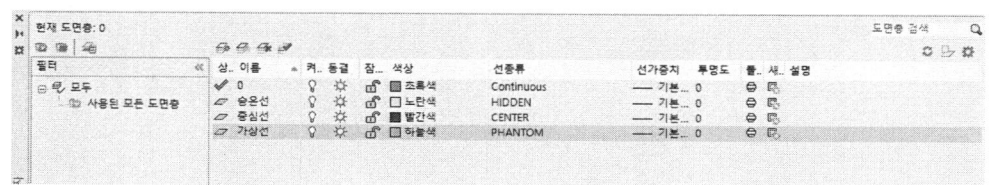

㉔ 레이어(Layer) 설정이 끝났습니다.

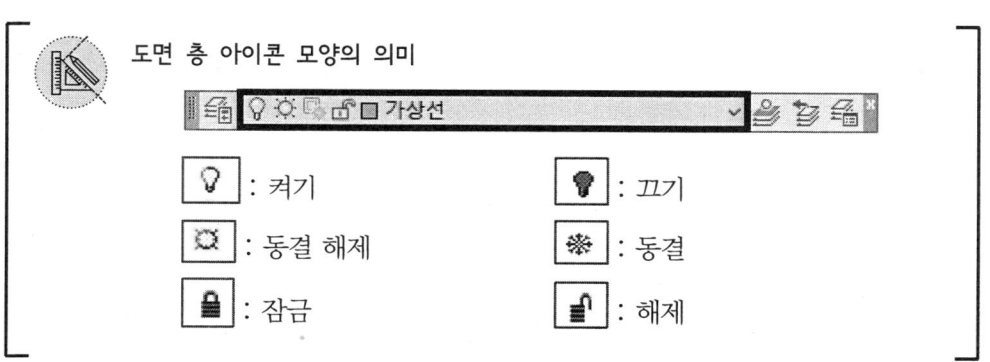

도면 층 아이콘 모양의 의미

💡 : 켜기   💡 : 끄기

☼ : 동결 해제   ❄ : 동결

🔒 : 잠금   🔓 : 해제

선의 중복 시 우선 순위

도면에서 2종류 이상의 선이 중복될 경우에는 다음 순서에 따라서 우선되는 종류의 선을 그린 후 나머지는 삭제해야 됩니다.

외형선 > 숨은선 > 절단선 > 중심선 > 무게 중심선 > 치수보조선

Chapter

치수 기입 및 편집

6.1 선형 치수 기입
6.2 정렬 치수 기입
6.3 호 길이 치수 기입
6.4 세로 좌표 치수 기입
6.5 반지름 치수 기입
6.6 꺾기 치수 기입
6.7 지름 치수 기입
6.8 각도 치수 기입
6.9 기준 치수 기입
6.10 연속 치수
6.11 치수 끊기
6.12 공차 기입
6.13 중심 표식
6.14 지시선 그리기
6.15 기하 공차 기입하기
6.16 일반 공차 기입하기

치수 기입

치수 기입은 도구 막대를 사용해서 작업하는 편이 사용하기가 편리합니다.

❋ **도구 막대**

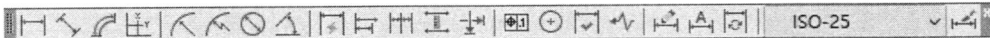

❋ **리본 메뉴**

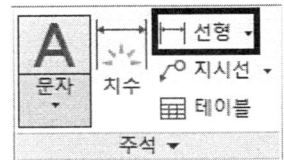
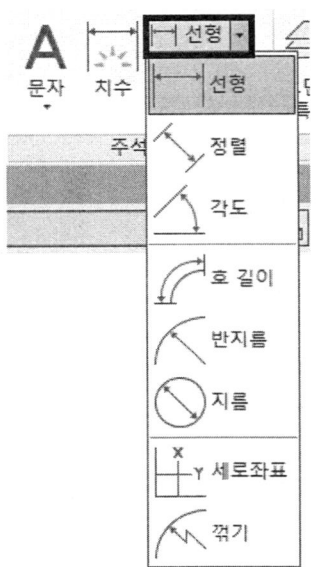

주석 탭에 가면 좀 더 상세한 치수 기입 도구들이 있습니다.

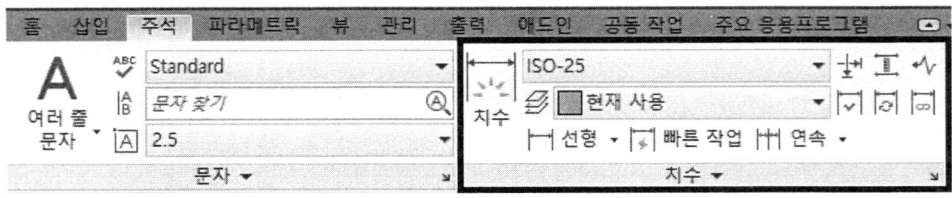

6.1 선형 치수 기입

치수 중에서 선형 치수 기입이 가장 많이 사용하는 명령으로 수평 또는 수직 등의 거리를 기입하는 명령입니다.

✱ 도구 막대

명령: _dimlinear Enter↵
첫 번째 치수보조선 원점 지정 또는 〈객체 선택〉: **P1(모서리 끝부분)**
두 번째 치수보조선 원점 지정: **P2(중심선 끝부분)**
치수선의 위치 지정 또는
[여러 줄 문자(M)/문자(T)/각도(A)/수평(H)/수직(V)/회전(R)]: **P3 클릭**
치수 문자 = 20

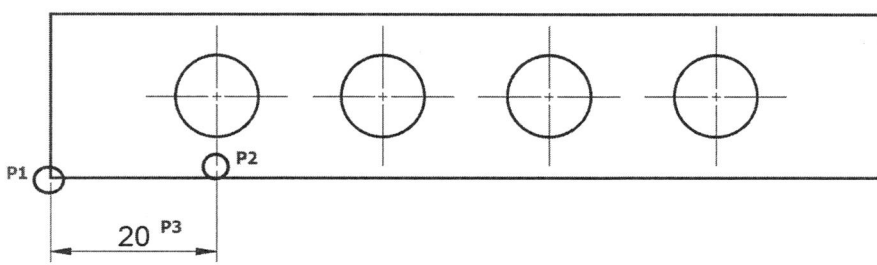

6.2 정렬 치수 기입

정렬된 치수 기입을 하는 명령어입니다.

❋ 도구 막대

```
명령: _dimaligned Enter↵
첫 번째 치수보조선 원점 지정 또는 〈객체 선택〉: P1
두 번째 치수보조선 원점 지정: P2
치수선의 위치 지정 또는 [여러 줄 문자(M)/문자(T)/각도(A)]: P3
치수 문자 = 14
```

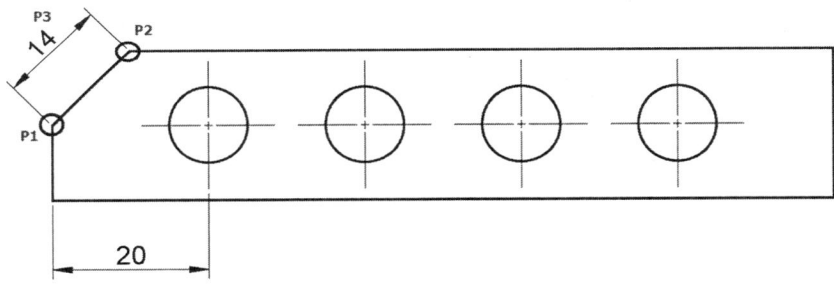

6.3 호 길이 치수 기입

호의 길이 치수를 기입하는 기능입니다.
호 길이 치수는 호 또는 폴리선을 세그먼트를 따라서 거리를 측정하여 기입을 합니다.

❋ 도구 막대

```
명령: _dimarc [Enter↵]
호 또는 폴리선 호 세그먼트 선택: P1
선택한 객체는 호 또는 폴리선 호 세그먼트가 아닙니다.
호 또는 폴리선 호 세그먼트 선택: P2
선택한 객체는 호 또는 폴리선 호 세그먼트가 아닙니다.
호 또는 폴리선 호 세그먼트 선택: P3
호 길이 치수 위치 지정 또는 [여러 줄문자(M)/문자(T)/각도(A)/부분(P)]: P4
치수 문자 = 31.42
```

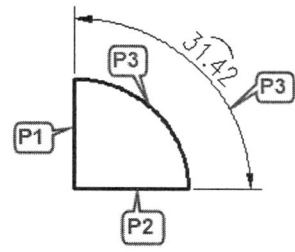

6.4 세로 좌표 치수 기입

원점을 기준으로 수평이나 수직 치수를 기입하는 명령어입니다.

✱ 도구 막대

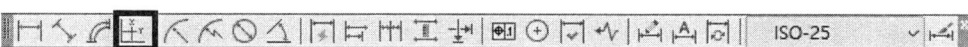

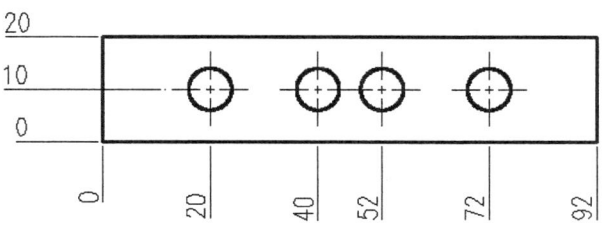

6.5 반지름 치수 기입

호의 반지름을 기입하는 명령어입니다.

✱ 도구 막대

```
명령: _dimradius Enter↵
호 또는 원 선택: P1
치수 문자 = 10
치수선의 위치 지정 또는 [여러 줄 문자(M)/문자(T)/각도(A)]: P2
```

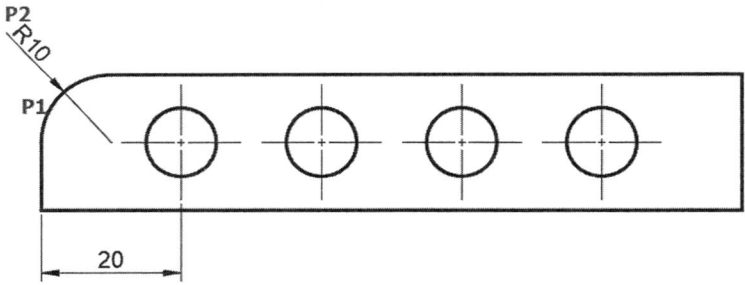

6.6 꺾기 치수 기입

호의 치수를 꺾어서 치수 기입을 하는 명령어입니다.

✱ 도구 막대

```
명령: _dimjogged [Enter↵]
호 또는 원 선택: P1
중심 위치 재지정 지정: P2
치수 문자 = 10
치수선의 위치 지정 또는 [여러 줄 문자(M)/문자(T)/각도(A)]: P3
꺾기 위치 지정: P4
```

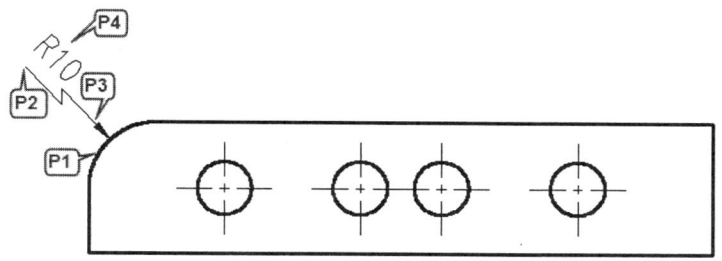

6.7 지름 치수 기입

원의 지름 치수를 기입하는 명령어입니다.

❋ 도구 막대

```
명령: _dimdiameter [Enter↵]
호 또는 원 선택: P1
치수 문자 = 8
치수선의 위치 지정 또는 [여러 줄 문자(M)/문자(T)/각도(A)]: P2
```

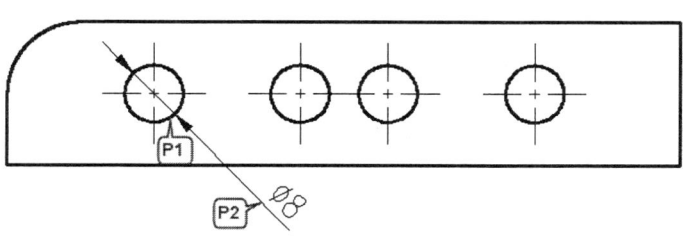

6.8 각도 치수 기입

각도를 기입하는 명령어입니다.

✱ 도구 막대

```
명령: _dimangular Enter↵
호, 원, 선을 선택하거나 〈정점 지정〉: P1
두 번째 선 선택: P2
치수 호 선의 위치 지정 또는 [여러 줄 자(M)/문자(T)/각도(A)/사분점(Q)]: P3
치수 문자 = 90
```

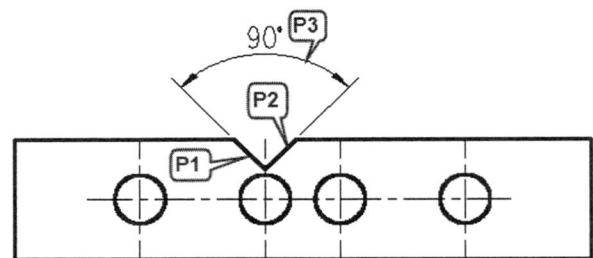

6.9 기준 치수 기입

기입한 치수를 기준으로 연속적으로 치수 기입을 하는 기능입니다.

✱ 도구 막대

우선 선형 치수로 기준 치수를 기입한 후 사용 기준 치수 기입을 할 수 있습니다.

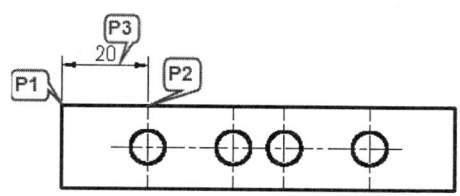

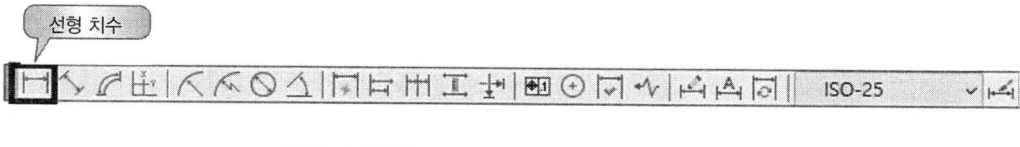

```
명령: _dimlinear Enter↵
첫 번째 치수보조선 원점 지정 또는 〈객체 선택〉: P1
두 번째 치수보조선 원점 지정: P2
치수선의 위치 지정 또는 [여러 줄 문자(M)/문자(T)/각도(A)/수평(H)/수직(V)/회전(R)]: P3
치수 문자 = 20
명령: _dimbaseline Enter↵
두 번째 치수보조선 원점 지정 또는 [명령 취소(U)/선택(S)] 〈선택(S)〉: P4
치수 문자 = 40
두 번째 치수보조선 원점 지정 또는 [명령 취소(U)/선택(S)] 〈선택(S)〉: P5
치수 문자 = 52
두 번째 치수보조선 원점 지정 또는 [명령 취소(U)/선택(S)] 〈선택(S)〉: P6
치수 문자 = 72
두 번째 치수보조선 원점 지정 또는 [명령 취소(U)/선택(S)] 〈선택(S)〉: P7
치수 문자 = 92
두 번째 치수보조선 원점 지정 또는 [명령 취소(U)/선택(S)] 〈선택(S)〉: *취소*
```

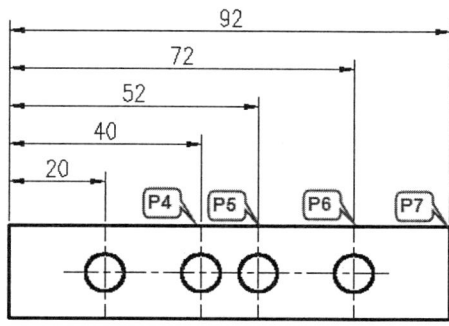

6.10 연속 치수

먼저 선형 치수로 치수를 기입한 후 연속적으로 치수 기입을 할 수 있는 기능입니다.

❈ 도구 막대

우선 선형 치수로 기준 치수를 기입한 후 사용할 수가 있습니다.

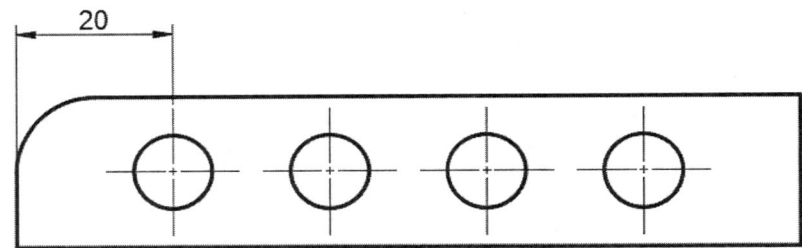

```
명령: _dimcontinue Enter↵
두 번째 치수보조선 원점 지정 또는 [명령 취소(U)/선택(S)] <선택(S)>: P1
치수 문자 = 20
두 번째 치수보조선 원점 지정 또는 [명령 취소(U)/선택(S)] <선택(S)>: P2
치수 문자 = 12
두 번째 치수보조선 원점 지정 또는 [명령 취소(U)/선택(S)] <선택(S)>: P3
치수 문자 = 20
두 번째 치수보조선 원점 지정 또는 [명령 취소(U)/선택(S)] <선택(S)>: P4
치수 문자 = 20
두 번째 치수보조선 원점 지정 또는 [명령 취소(U)/선택(S)] <선택(S)>: *취소*
```

6.11 치수 끊기

치수선과 치수보조선이 겹쳐있을 때 그 부분을 끊어주는 기능입니다.

✱ 도구 막대

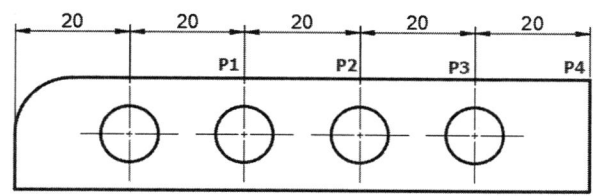

명령: _DIMBREAK [Enter↵]
끊기를 추가/제거할 치수 선택 또는 [다중(M)]: **P1**
치수를 끊을 객체 선택 또는 [자동(A)/수동(M)/제거(R)] ⟨자동⟩: **P2**
치수를 끊을 객체 선택: *취소*
끊고 싶은 선을 우선 선택하고 다른 선을 클릭해야 됩니다.

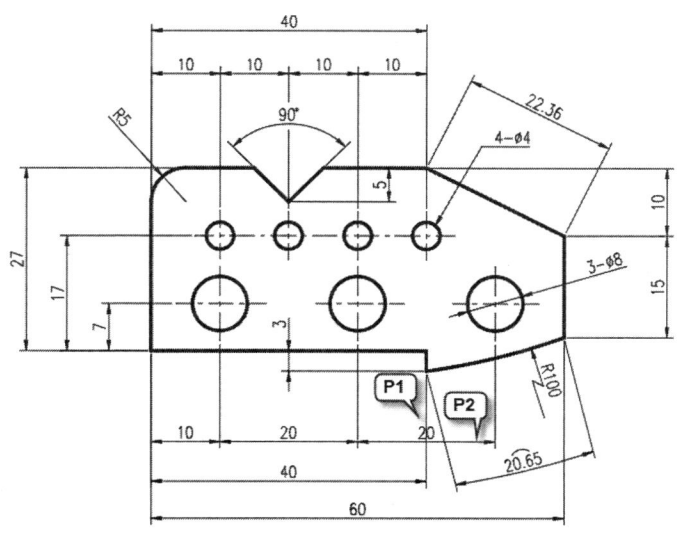

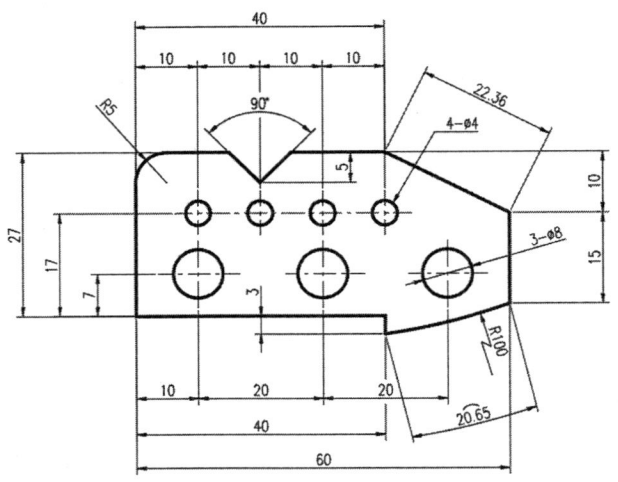

치수 보조 기호

구분	기호	사용 예	사용법
지름	φ	φ10	지름 치수의 치수 앞에 붙입니다.
반지름	R	R10	반지름 치수의 치수 앞에 붙입니다.
구의 지름	Sφ	Sφ10	구 지름 치수의 치수 앞에 붙입니다.
구의 반지름	SR	SR10	구 반지름 치수의 치수 앞에 붙입니다.
정사각형의 변	□	□10	정사각형 한 변의 치수 앞에 붙입니다.
판의 두께	t	t10	판 두께의 치수 앞에 붙입니다.
원호 길이	⌒	⌒10	원호의 길이 치수 앞에 붙입니다.
45도 모따기	C	C5	45도 모따기 치수 앞에 붙입니다.
참고 치수	( )	(5)	참고 치수의 치수에 괄호를 친다.

6.12 공차 기입

기하 공차를 기입할 수 있는 기능으로 아이콘을 클릭하면 기하 공차 대화상자가 나타납니다. 공차 기호, 공차 값, 데이텀 등을 표시할 수 있습니다.

❋ 도구 막대

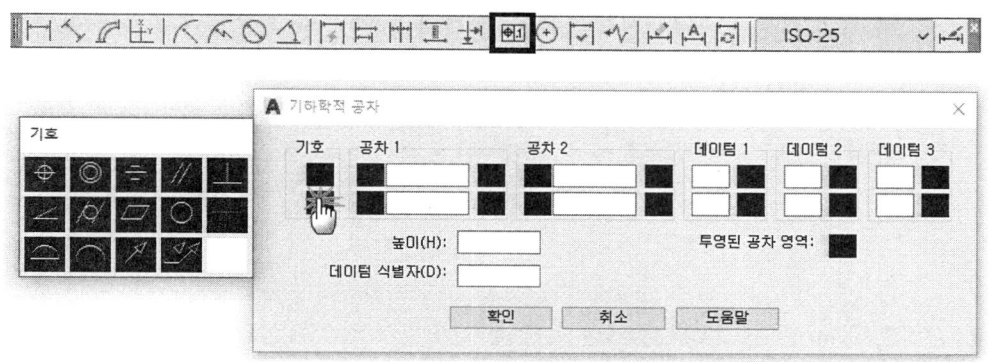

흔들림 공차를 기입하고 공차 1에는 0.008을 입력합니다. 그리고 데이텀 1에는 대문자 A를 입력하면 됩니다.

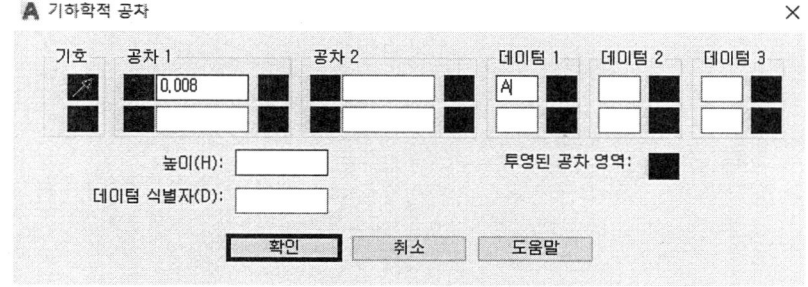

그러면 아래 그림처럼 나타납니다.

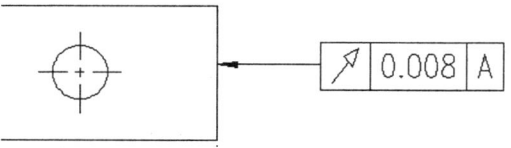

6.13 중심 표식

원의 중심선을 자동으로 기입하는 명령어입니다.

✣ 도구 막대

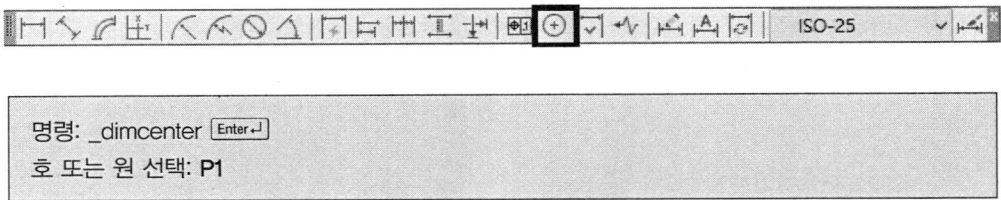

```
명령: _dimcenter Enter↵
호 또는 원 선택: P1
```

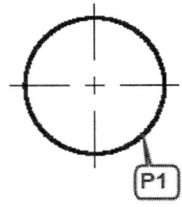

중심선의 길이는 치수 스타일(D)로 들어가면서 중심 표식에서 설정할 수 있습니다.

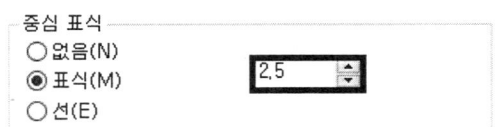

6.14 지시선 그리기

지시선 및 지시선 주석을 작성하는 기능입니다.
모따기, 부품번호, 가공법 및 재질 등을 표시할 때 사용하는 기능이니 꼭 알아두세요.

```
명령: LE Enter↵
첫 번째 지시선 지정 또는 [설정(S)]⟨설정⟩: s
주석 탭에서 여러 줄 문자(M)를 클릭합니다.
```

부착 탭에서 맨 아래 행에 밑줄(U)를 클릭한 후 확인을 클릭합니다.

```
첫 번째 지시선 지정, 또는 [설정(S)]⟨설정⟩:
다음점 지정: P1 ⟨직교 끄기⟩
다음점 지정: P2
문자 폭 지정 ⟨0⟩: Enter↵ Enter↵
주석 문자의 첫 번째 행 입력 또는 ⟨여러 줄 문자⟩: 2-%%c20 Drill
주석 문자의 다음 행을 입력:
```

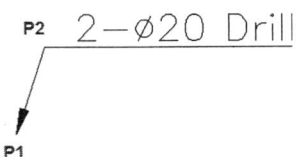

6.15 기하 공차 기입하기

기하 공차는 모양, 자세, 위치, 흔들림 공차 등을 지시선으로 작성하는 기능입니다.

```
명령: QL (QLEADER) Enter↵
첫 번째 지시선 지정 또는 [설정(S)]<설정>: S
주석 탭에서 공차를 클릭합니다.
```

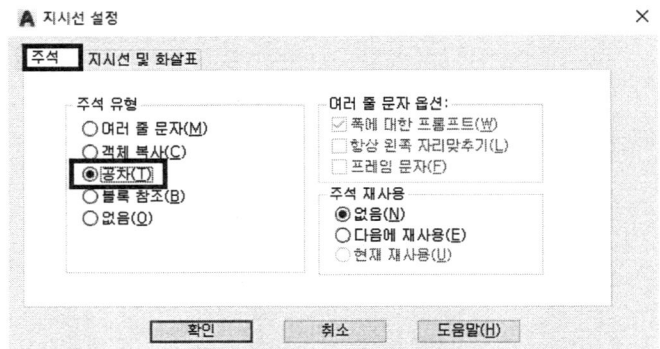

지시선 및 화살표 탭에서 다음과 같이 설정하고 확인 버튼을 클릭합니다.

```
첫 번째 지시선 지정 또는 [설정(S)]〈설정〉:
다음점 지정: P1 〈직교 켜기〉 〈직교 끄기〉
다음점 지정: P2
다음점 지정: P3
```

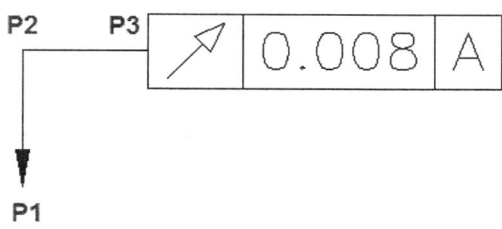

기호는 흔들림 공차를 선택하고 공차 값을 0.008을 입력, 데이텀 1에 대문자 A를 입력하고 확인 버튼을 클릭합니다.

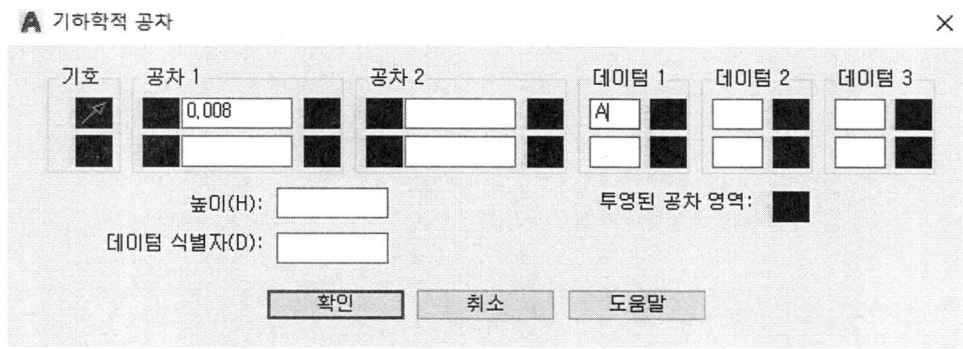

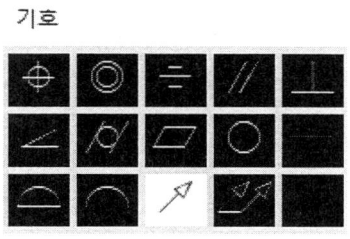

제도에서 규정하는 기하 공차는 다음과 같습니다.

적용하는 형체	종류		기호
단독 형체	모양 공차	진직도	——
		평면도	▱
		진원도	○
		원통도	⌭
단독 형체 또는 관련 형체		선의 윤곽도	⌒
		면의 윤곽도	⌓
관련 형체	자세 공차	평행도	∥
		직각도	⊥
		경사도	∠
	위치 공차	위치도	⌖
		동축도 또는 동심도	◎
		대칭도	⌯
	흔들림 공차	원주 흔들림	↗
		온 흔들림	↗↗

Ⓜ: 최대 실제 치수	
Ⓛ: 최소 실제 치수	
Ⓢ: 형체 치수 무관계	
Ⓟ: 돌출 공차역	

6.16 일반 공차 기입하기

명령: MT [Enter↵]
MTEXT 현재 문자 스타일: "Standard" 문자 높이: 2.5 주석: 아니오
첫 번째 구석 지정: **P1**
반대 구석 지정 또는 [높이(H)/자리맞추기(J)/선 간격두기(L)/회전(R)/스타일(S)/폭(W)/열(C)]: **P2**
다음과 같이 창이 나타나면 **200+0.02^-0.01**이라고 입력합니다.
∧ 기호는 [Shift] 키와 6을 클릭하면 입력됩니다.

문자 편집기에서 b/a 스택을 클릭합니다.

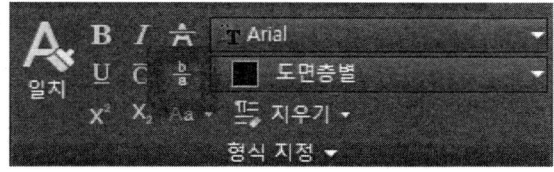

아래와 같이 공차가 기입됩니다.

$$200^{+0.02}_{-0.01}$$

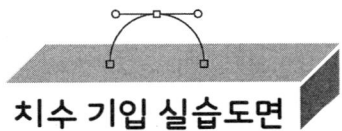

치수 기입 실습도면

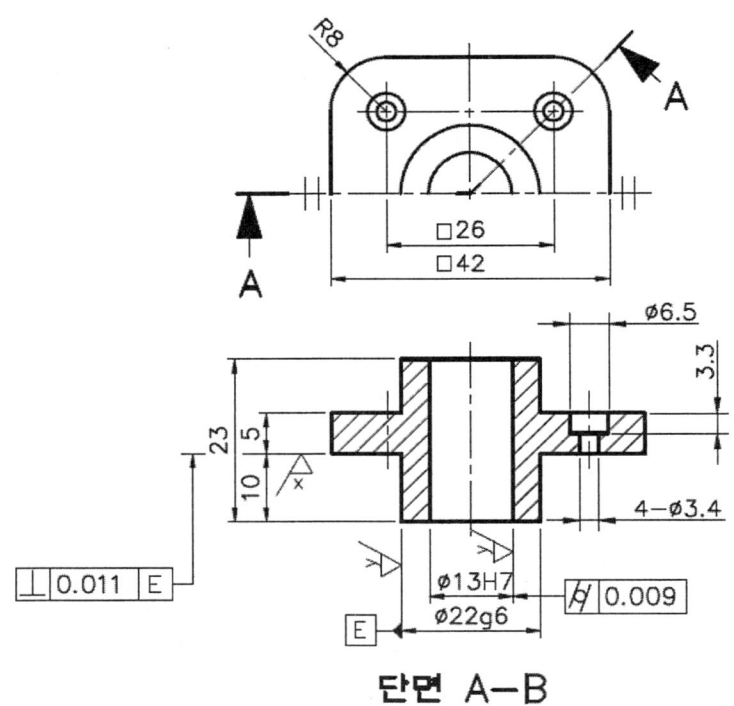

단면 A-B

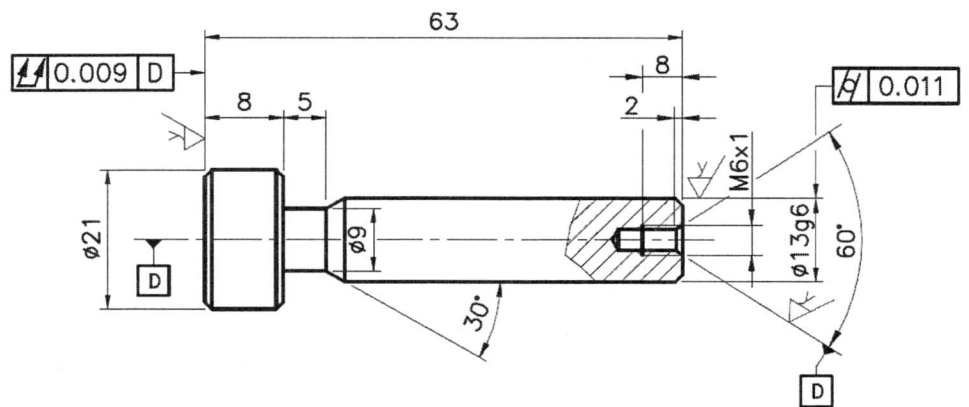

치수 기입 실습도면

1. 스퍼 기어 그리기

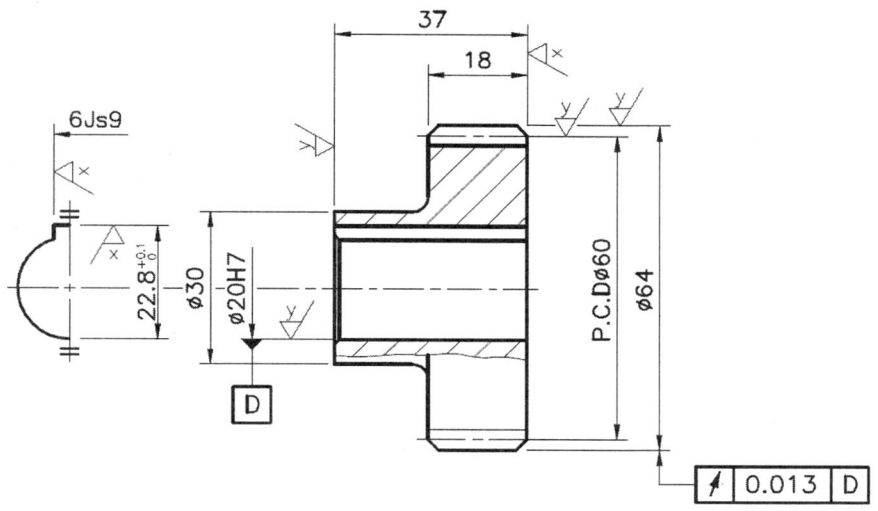

2. 커버 그리기

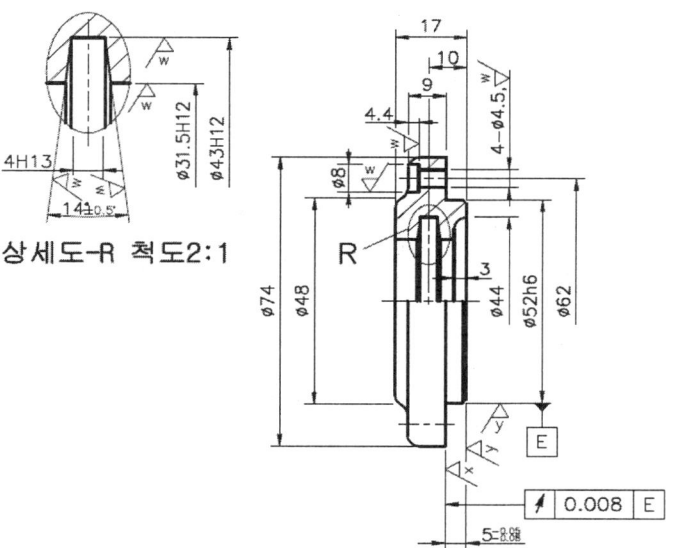

3. 축 그리기

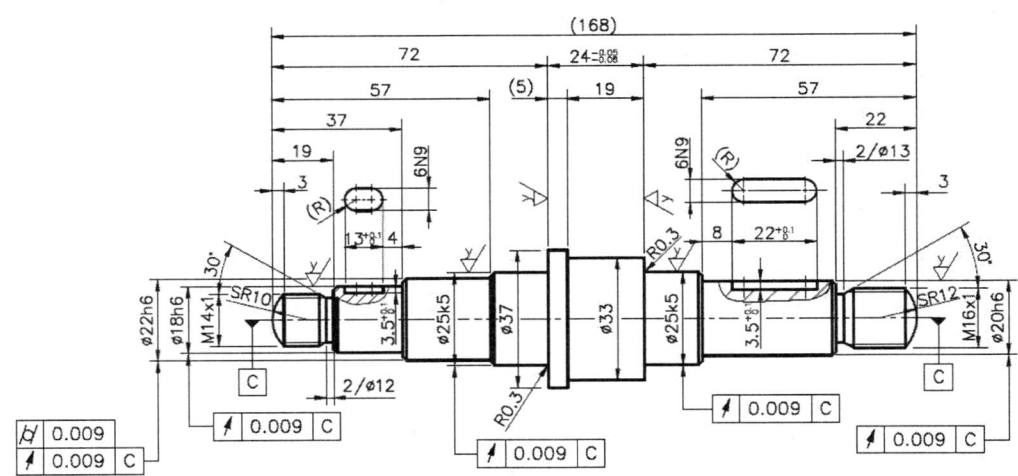

4. V 벨트 풀리 그리기

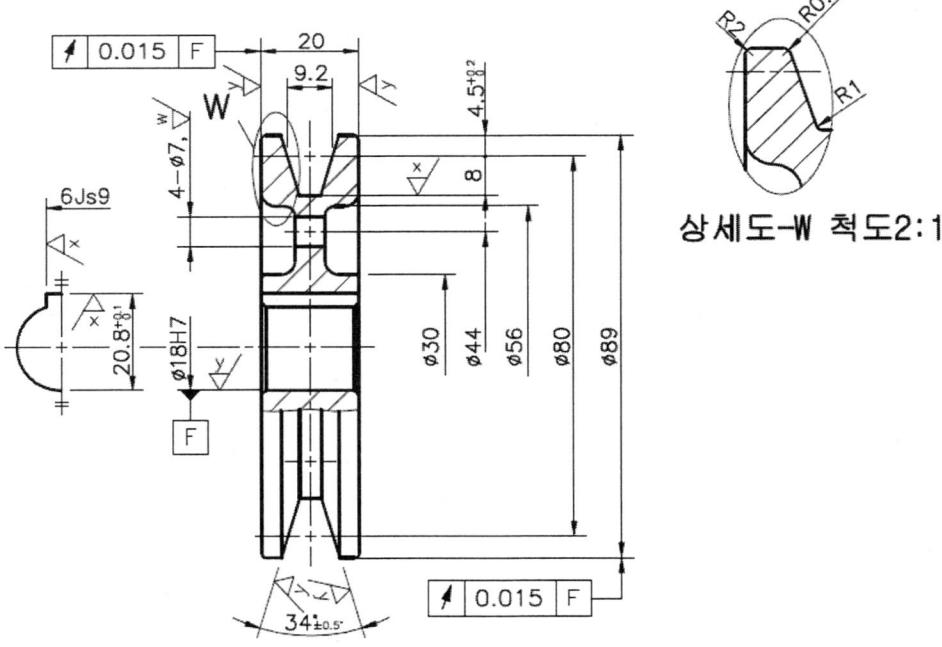

상세도-W 척도2:1

5. 본체 그리기

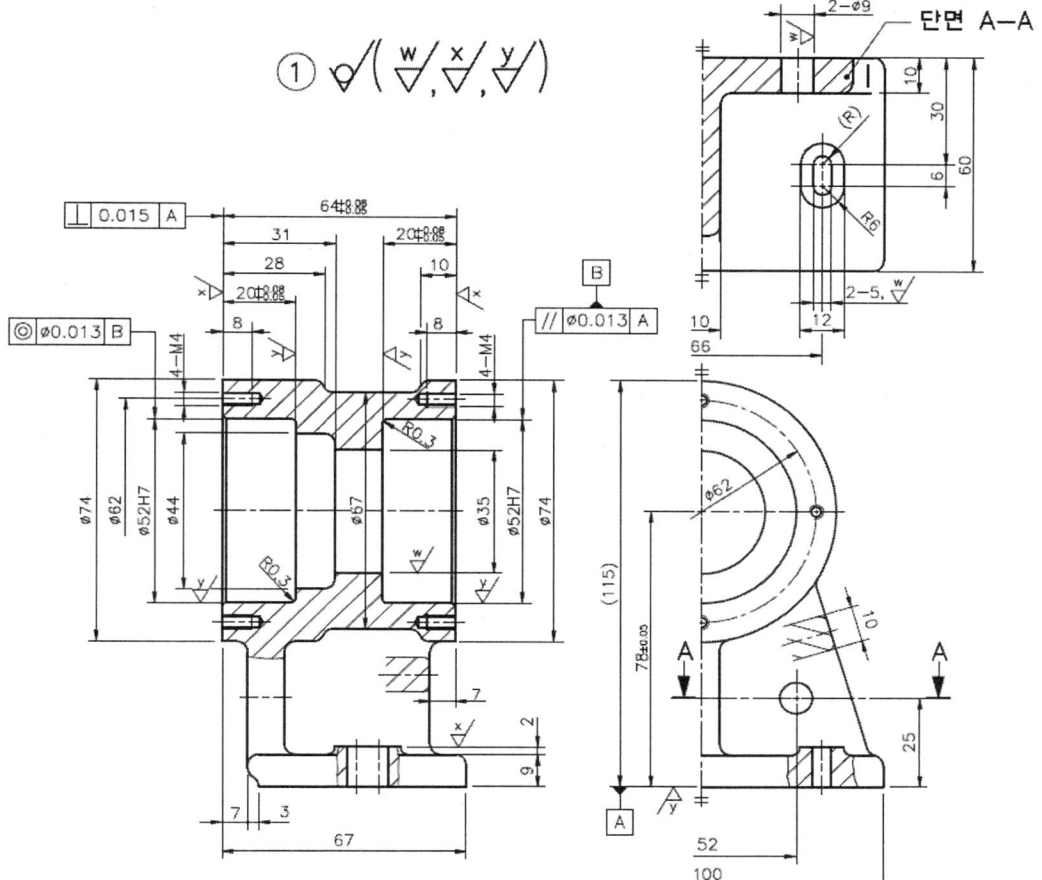

Chapter

도면의 설정

7.1 도면 영역 설정하기
7.2 선 간격띄우기(LTSCALE)

7.1 도면 영역 설정하기

현재 모형 또는 명명된 배치의 도면 영역 한계를 설정하고 조정하는 기능입니다. 좌측 아래 지점과 우측 위쪽 지점의 좌표 값을 지정하여 영역을 설정합니다.

```
명령어: LIMITS Enter↵
```

A2 용지를 설정하기

```
명령: LIMITS
모형 공간 한계 재설정:
왼쪽 아래 구석 지정 또는 [켜기(ON)/끄기(OFF)] <0.0000,0.0000>:
오른쪽 위 구석 지정 <594.0000,420.0000>: 594,420(A2용지)
명령: Z
윈도우 구석을 지정, 축척 비율(nX 또는 nXP)을 입력, 또는
[전체(A)/중심(C)/동적(D)/범위(E)/이전(P)/축척(S)/윈도우(W)/객체(O)] <실시간>: A
```

○ 도면의 크기

용지 크기	가로(a)	세로(b)	도면의 윤곽(c)
A0	1189	841	20
A1	841	594	20
A2	594	420	10
A3	420	297	10
A4	297	210	10

1. 테두리선 그리기

```
명령: REC Enter↵
첫 번째 구석점 지정 또는 [모따기(C)/고도(E)/모깎기(F)/두께(T)/폭(W)]: 0,0
다른 구석점 지정 또는 [영역(A)/치수(D)/회전(R)]: 594,420
```

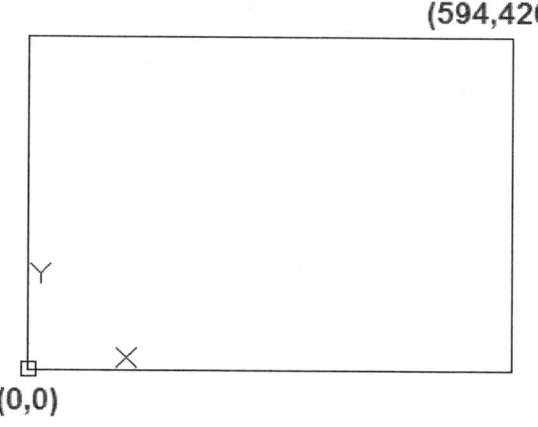

(594,420)

(0,0)

2. 10mm 간격띄워서 테두리선 만들기

```
명령: O Enter↵
현재 설정: 원본 지우기=아니오  도면 층=원본  OFFSETGAPTYPE=0
간격띄우기 거리 지정 또는 [통과점(T)/지우기(E)/도면 층(L)] 〈통과점〉: 10
간격띄우기할 객체 선택 또는 [종료(E)/명령 취소(U)] 〈종료〉: P1
간격띄우기할 면의 점 지정 또는 [종료(E)/다중(M)/명령 취소(U)] 〈종료〉: P2
```

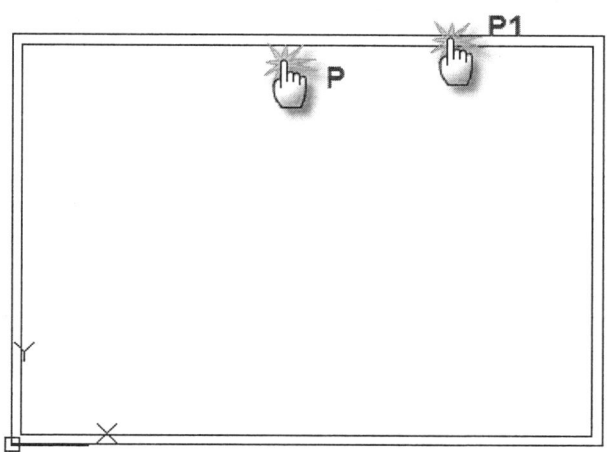

3. 중심마크 그리기

LINE으로 중심점과 중심점을 찍어서 중심마크를 그려줍니다.

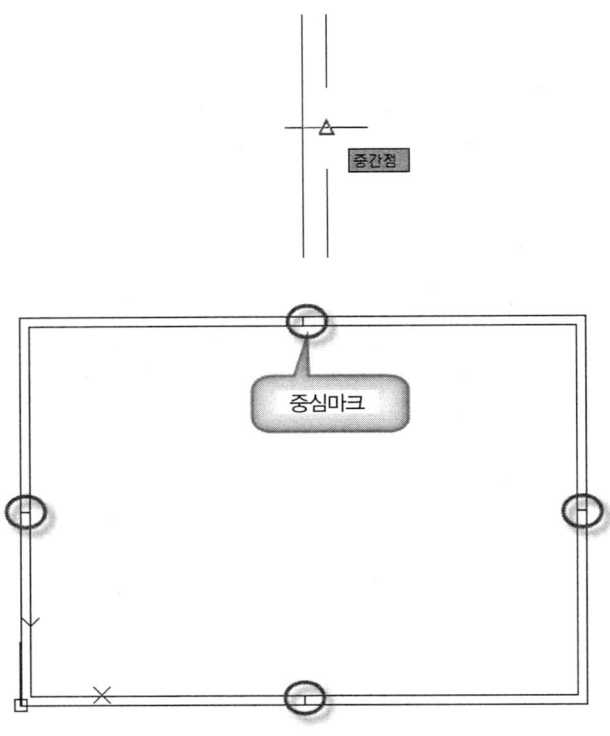

중심마크나 도면 영역 설정을 마치면 바깥 테두리선은 지우면 됩니다.

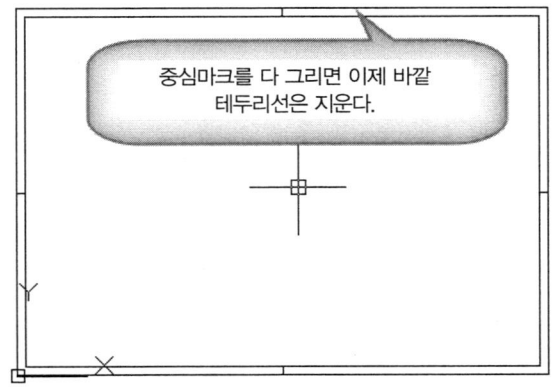

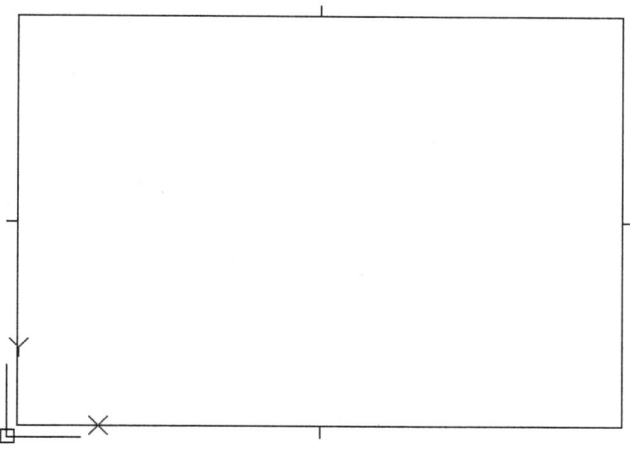

다음은 완성된 템플릿입니다.

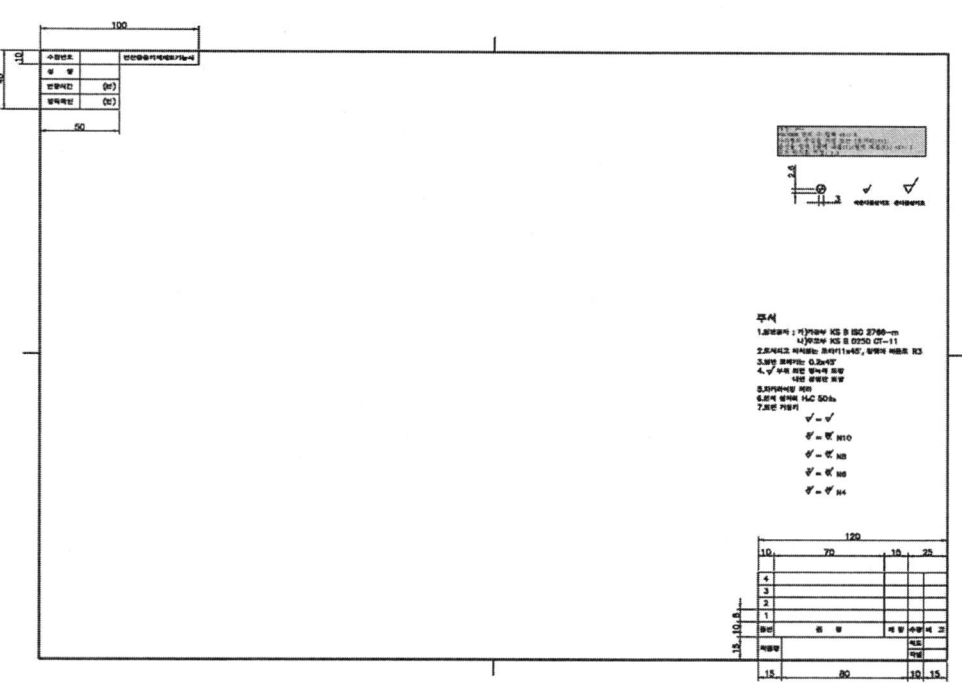

용어 정리
- **표제란**: 도명, 도면 번호, 투상법, 척도, 작성 년 월일, 회사명, 제도자, 승인자 등을 기입하는 공간을 표제란이라고 합니다.
- **부품란**: 두 개 이상의 부품이 조립된 상태를 한 도면에 그릴 경우 부품란을 설치하여 부품 번호, 부품명, 재질, 규격, 수량, 무게, 비고란 등을 기입합니다.

7.2 선 간격띄우기(LTSCALE) - 단축키: LTS

선의 축척 비율을 변경하여 전체적인 도면에 균형 있는 선의 간격을 조절하는 기능입니다. 용지마다 설정이 다르므로 적절히 조정해서 사용합니다.

```
명령: LTS Enter↲
LTSCALE 새 선 종류 축척 비율 입력 〈1.0000〉: 10
모형 재생성 중.
```

● LTS 0.5 설정　　　　　　　● LTS 1 설정

1. 도면에 가장 알맞은 선 간격 조정하는 방법

우선 원을 ∅40, ∅100 두 개의 원을 그립니다.
중심선을 그려서 ∅40보다 작은 원은 중심축이 짧은 선이 교차하게 만들면 되고, ∅50보다 큰 원은 중심축이 긴 선에 교차하게 설정하면 됩니다. 이렇게 하면 가장 적절한 선 간격으로 설정이 됩니다.

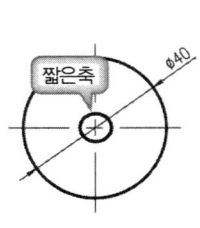
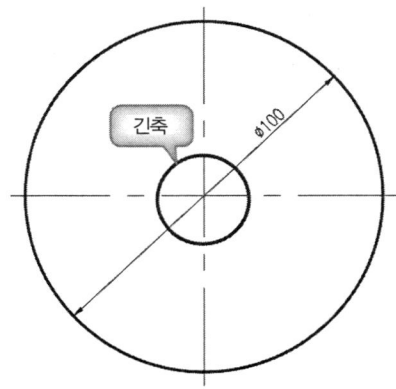

Chapter 8

도면요소의 조회 및 옵션

8.1 거리 값 구하기
8.2 반지름 값 구하기
8.3 각도 값 구하기
8.4 면적 값 구하기
8.5 체적 값 구하기
8.6 리스트(LIST)
8.7 중복 제거(OVERKILL)

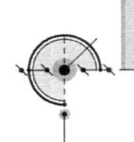

조회 명령어

✱ 메뉴 막대

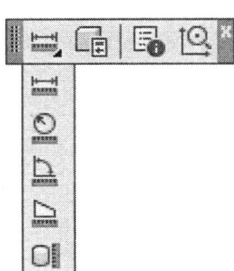

✱ 리본 메뉴

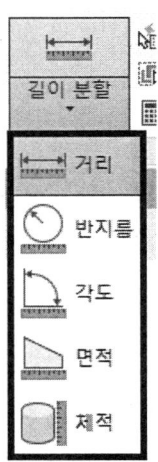

8.1 거리 값 구하기

두 점 사이의 거리를 측정하는 명령어입니다.
도면을 그리다 보면 거리 측정을 하고 싶을 때에 사용하면 유용한 명령어입니다.

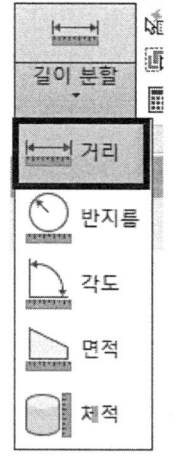
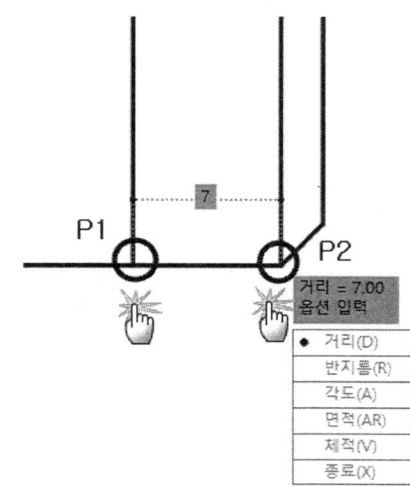

```
명령: _MEASUREGEOM Enter↵
옵션 입력 [거리(D)/반지름(R)/각도(A)/면적(AR)/체적(V)] <거리>: _distance
첫 번째 점 지정: P1
두 번째 점 또는 [다중 점(M)] 지정: P2
거리 = 7.0000,  XY 평면에서의 각도 = 0,  XY 평면으로부터의 각도 = 0
X증분 = 7.0000,  Y증분 = 0.0000,  Z증분 = 0.0000
옵션 입력 [거리(D)/반지름(R)/각도(A)/면적(AR)/체적(V)/종료(X)] <거리>:
```

8.2 반지름 값 구하기

호의 반지름 값을 구할 때 사용하는 명령어입니다.

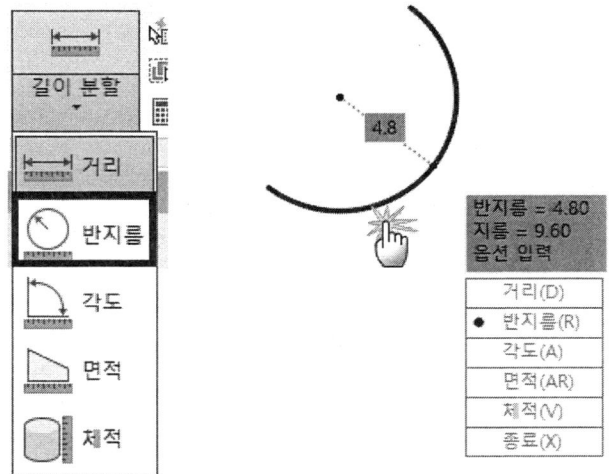

```
명령: _MEASUREGEOM Enter↵
옵션 입력 [거리(D)/반지름(R)/각도(A)/면적(AR)/체적(V)] <거리>: _radius
호 또는 원 선택: P1
반지름 = 61.5940
지름 = 123.1881
옵션 입력 [거리(D)/반지름(R)/각도(A)/면적(AR)/체적(V)/종료(X)] <반지름>: *취소*
```

8.3 각도 값 구하기

두선의 각도 값을 알고 싶을 때 측정할 수 있는 명령어입니다.

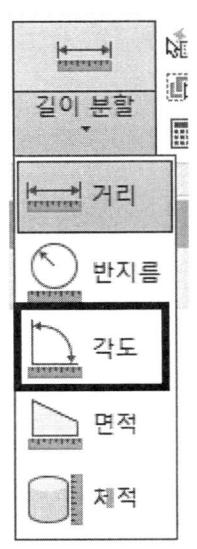
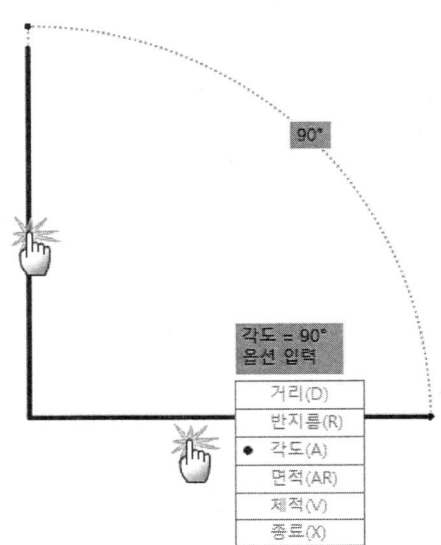

```
명령: _MEASUREGEOM Enter↵
옵션 입력 [거리(D)/반지름(R)/각도(A)/면적(AR)/체적(V)] <거리>: _angle
호, 원, 선을 선택하거나 <정점 지정>:
두 번째 선 선택:
각도 = 90°
옵션 입력 [거리(D)/반지름(R)/각도(A)/면적(AR)/체적(V)/종료(X)] <각도>: *취소*
```

8.4 면적 값 구하기

3차원 형상의 면적 값을 구하는 명령어입니다.

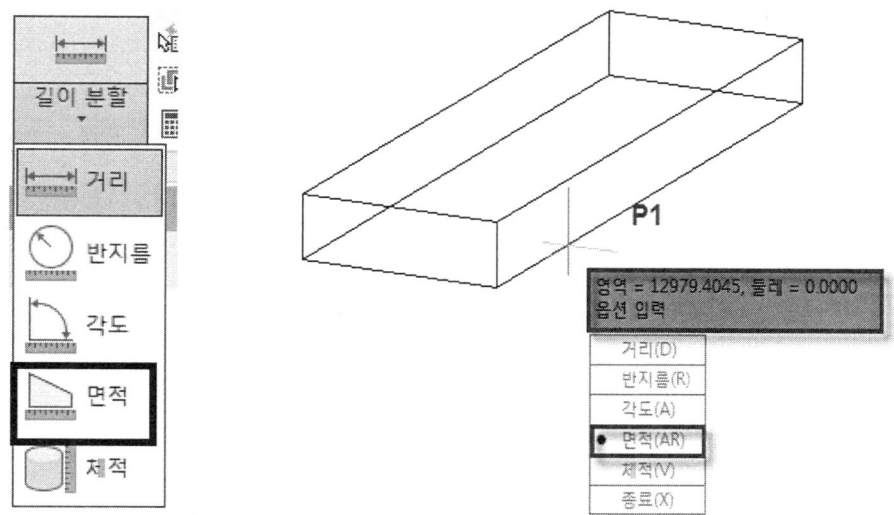

```
명령: _MEASUREGEOM Enter↵
옵션 입력 [거리(D)/반지름(R)/각도(A)/면적(AR)/체적(V)] <거리>: _area
첫 번째 구석점 지정 또는 [객체(O)/면적 추가(A)/면적 빼기(S)/종료(X)] <객체(O)>: O
객체 선택:
영역 = 12979.4045, 둘레 = 0.0000
```

 체적 값 구하기

3차원 형상의 체적 값을 구할 때 사용하는 기능입니다.

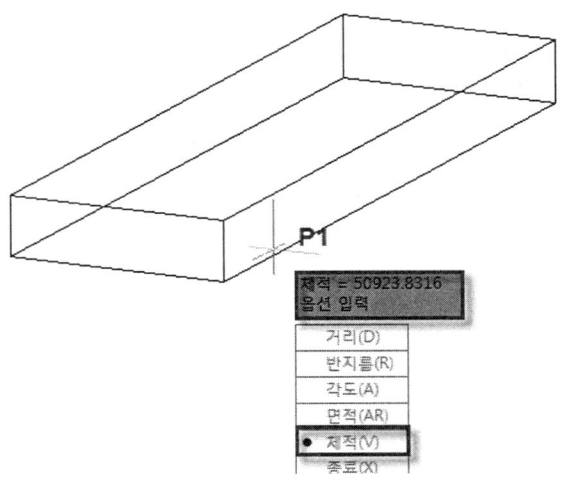

```
명령: MEASUREGEOM Enter↵
옵션 입력 [거리(D)/반지름(R)/각도(A)/면적(AR)/체적(V)] <거리>: V
첫 번째 구석점 지정 또는 [객체(O)/체적 추가/체적 빼기/종료(X)] <객체(O)>: O
객체 선택: P1
체적 = 50923.8316
옵션 입력 [거리(D)/반지름(R)/각도(A)/면적(AR)/체적(V)/종료(X)] <체적>: *취소*
```

리스트(LIST) - 단축키: LI

선택한 객체의 특성(색상, 도면 층, 선의 형태 등)을 데이터로 표시하는 명령어입니다.

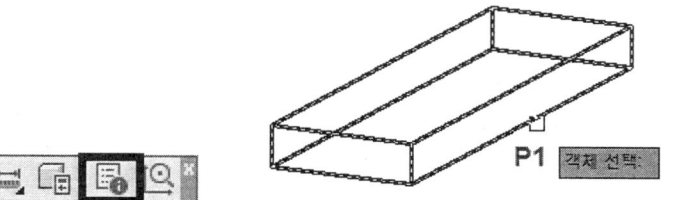

8.7 중복제거(OVERKILL) - 단축키: OV

가끔씩 도면을 그리다보면 보면 선이 중첩이 될 때가 있습니다. 이럴 때 중복된 선을 찾아서 삭제해 주는 기능입니다.

```
명령: OV Enter↵
OVERKILL
객체 선택: 반대 구석 지정: 3개를 찾음
객체 선택:
도면 층 또는 선 종류를 체크하고 확인 버튼을 클릭합니다.
```

'2개 중복 항목이 삭제되었습니다.'라는 문구가 나타나며, 아주 유용한 기능이니 잘 활용해 보세요.

중량(무게) 계산하는 방법을 소개합니다.

1) 비중

재질	주철	강	연감	주강	아연	구리	황동	청동	알루미늄	Stainless Steel
비중 (g/cm³)	7.21	7.85	7.70	7.80	6.87	8.63	8.10	8.56	2.71	7.90

2) 중량 계산 공식

중량 = (재료의 부피 × 비중) / 단위환산
(kg)   (mm³)   (g/cm³) 10^6

3) 계산 예
   재질: 강(STEEL)

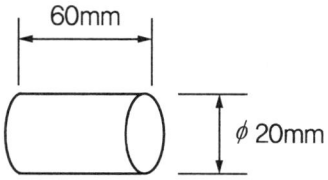

= (10×10×3.14×60×7.85)/1,000,000
= 0.148kg

* 재질: 구리 (COPPER) – 예) BUSBAR

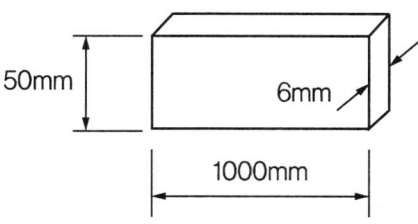

= (50×6×1000×8.63)/1,000,000
= 2.589kg

선의 종류 및 굵기

용도에 의한 명칭	형상 및 굵기	단위(mm)	용도
외형선 (굵은 실선)	———————	0.5 ~ 0.7	물체의 보이는 **부분의 형상을** 나타내는 선
숨은선 (은선, 파선)	- - - - - - - -	0.3 ~ 0.4	물체의 보이지 않는 부분을 나타내는 선
중심선 (가는 1점 쇄선)	— · — · — · —	0.1 ~ 0.25	도형의 **중심을 표시**하는 데 쓰이는 선
특수 지정선 (굵은 1점 쇄선)	— · — · —	0.8 ~ 1.0	**특수한 가공**을 하는 부분, 혹은 특별한 요구사항을 적용할 수 있는 범위를 표시하는 데 사용하는 선(**열처리 등**)
가상선 (가는 2점 쇄선)	— ·· — ·· —	0.1 ~ 0.25	인접 부분을 나타내는 선 물체가 **이동하는 운동 범위를** 참고로 표시 하는 선
파단선 (자유 실선)	~~~~~~	0.1 ~ 0.25	대상물의 일부를 **파단** 하는 곳을 표시하는 선
절단선 (가는 실선)	⊿A	0.1 ~ 0.25	**단면도**를 그리는 경우, 그 절단 위치를 대응하는 그림에 표시하는 선(양끝 및 굴곡부 등의 주요한 곳은 **굵은선**으로 한다)
해칭선 (가는 실선)	/////	0.1 ~ 0.25	도형의 특정 부분을 다른 부분과 구별하는 데 나타내는 선, 특히 **단면도의 절단된 부분을** 나타내는 선
가는 실선	———————	0.1 ~ 0.25	**치수선, 지시선, 치수보조선 공차 문자** 등을 나타내는 선 평면이라는 것을 표시하는 선
중간선	———————	0.3 ~ 0.4	CAD에서 **치수 문자, 문자, 주석문** 등을 나타내는 선

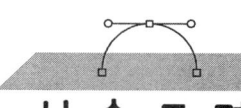

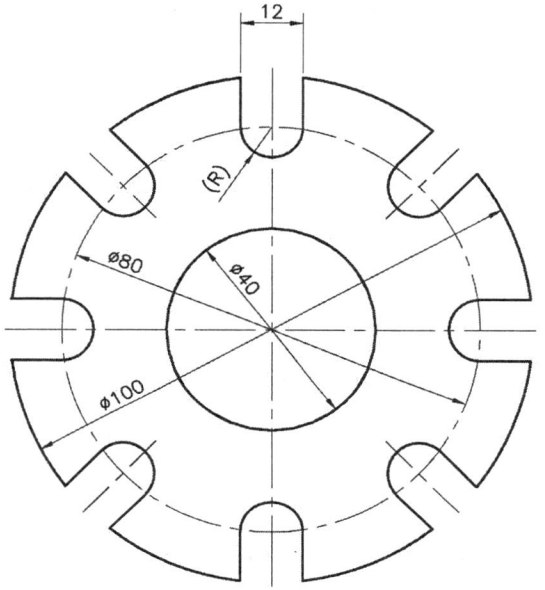

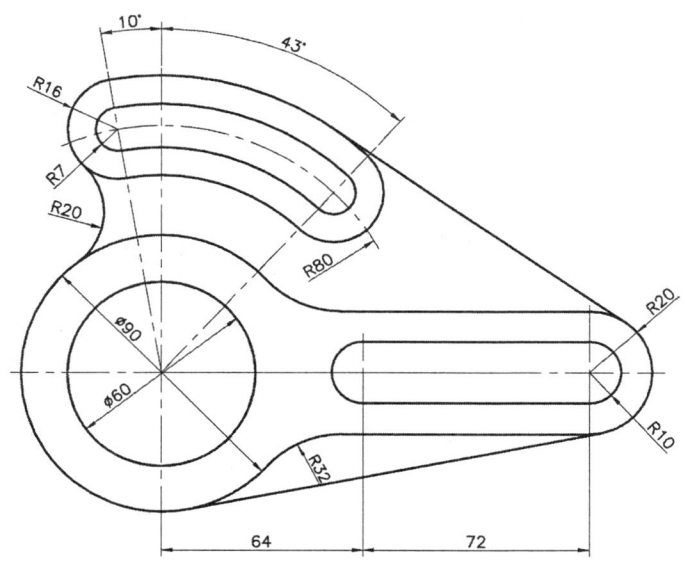

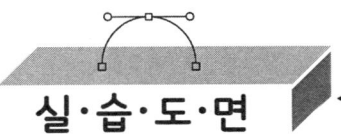

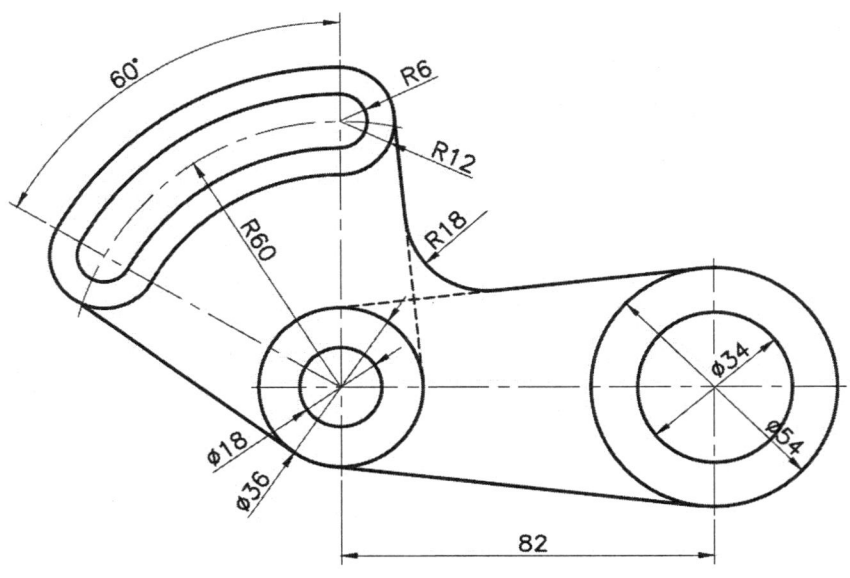

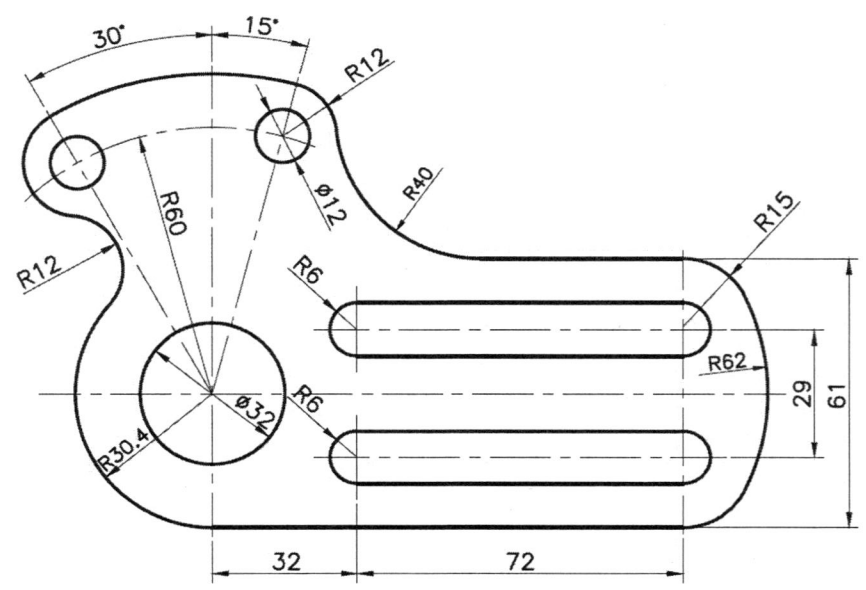

Chapter

도면 출력

9.1 출력하기(PLOT)

9.1 출력하기(PLOT) - 단축키 P O

작업한 도면을 출력하는 방법을 소개합니다.
프린트 설정, 용지 크기, 출력 회수 및 범위 등을 설정할 수 있습니다.

❶ 프린터: 사용할 프린터를 설정합니다.
   만약 Adobe PDF로 설정한다면 도면 DWG 파일을 PDF 파일로 저장할 수 있습니다.

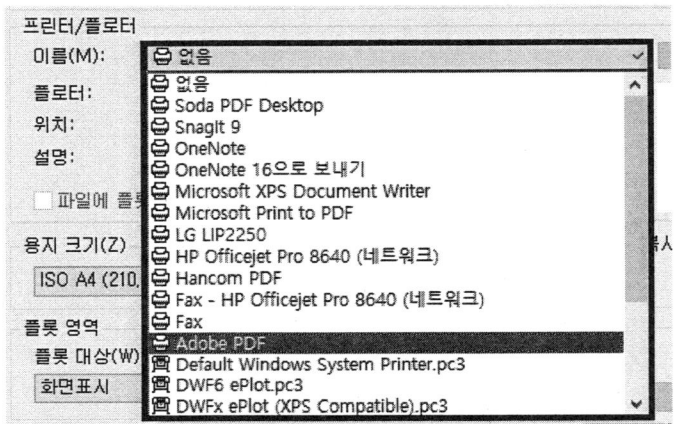

❷ 용지: 출력할 용기 크기를 설정합니다. (국가 자격시험은 A3 출력)
   (A0~A4 중 하나를 선택하면 됩니다.)
❸ 플롯 대상: 한계로 설정합니다.

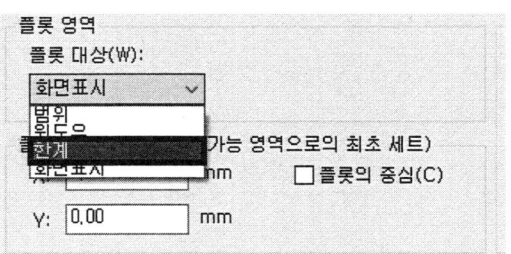

- 화면: 현재 작업 화면에 보이는 부분만 출력합니다.
- 한계: 도면의 한계 영역에 있는 도면을 출력합니다.
- 윈도우: 사용자가 출력하고 싶은 범위를 Window로 지정하여 출력합니다.

❹ 플롯 축척: 용지에 맞춤으로 설정합니다.
- 용지에 맞춤: 무조건 용지 안에 들어가는 비율로 출력하게 합니다.

❺ **플롯의 중심:** 출력 도형이 도면의 중심에 오게 합니다.

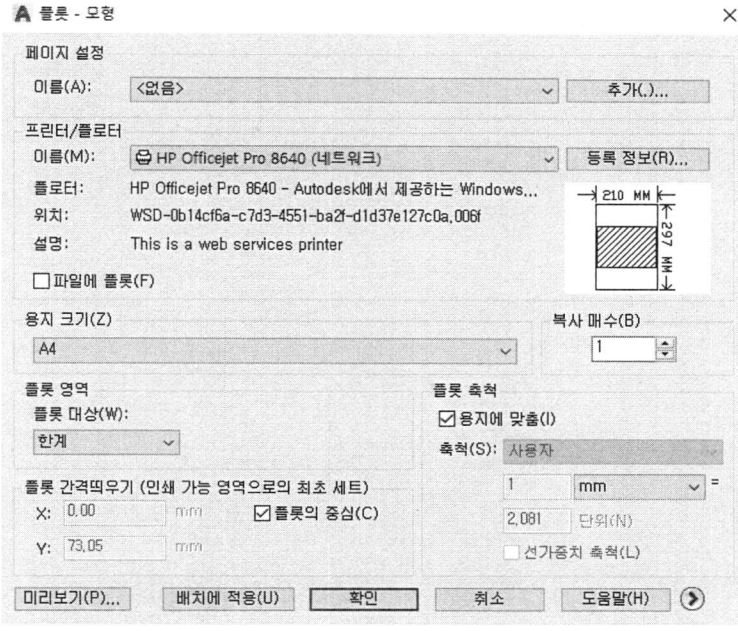

❻ ⊙ 화살표를 클릭합니다.
- 도면 방향: 도면의 출력 방향을 지정합니다.
- 세로: 용지의 폭이 짧은 쪽이 페이지 위가 되도록 도면의 방향을 맞추고 출력합니다.
- 가로: 용지의 폭이 긴 쪽이 페이지 위가 되도록 도면의 방향을 맞추고 출력합니다.

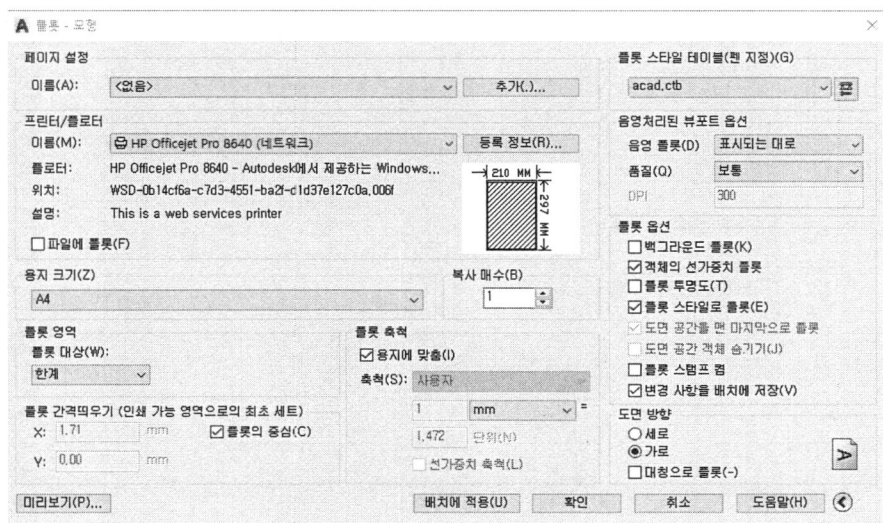

❼ 플롯 스타일 테이블(펜) 지정에서 acad.ctb를 선택한 후 우측의 편집( ) 아이콘을 클릭합니다.

❽ 플롯 스타일은 AutoCAD 화면상의 색상이며, 특성에 있는 색상은 출력 시 나타나는 색상입니다. 1~7까지를 선택을 한 다음 특성에서 색상을 검은색으로 변경합니다.

플롯 스타일 (AutoCAD 화면상의 색상)	색상 (출력할 때의 색상)	선 가중치 (선의 굵기)
빨간색 색상 1번	검은색	0.18
노란색 색상 2번	검은색	0.20
초록색 색상 3번	검은색	0.35
하늘색 색상 4번	검은색	0.5
검정색 색상 5번	검은색	0.18

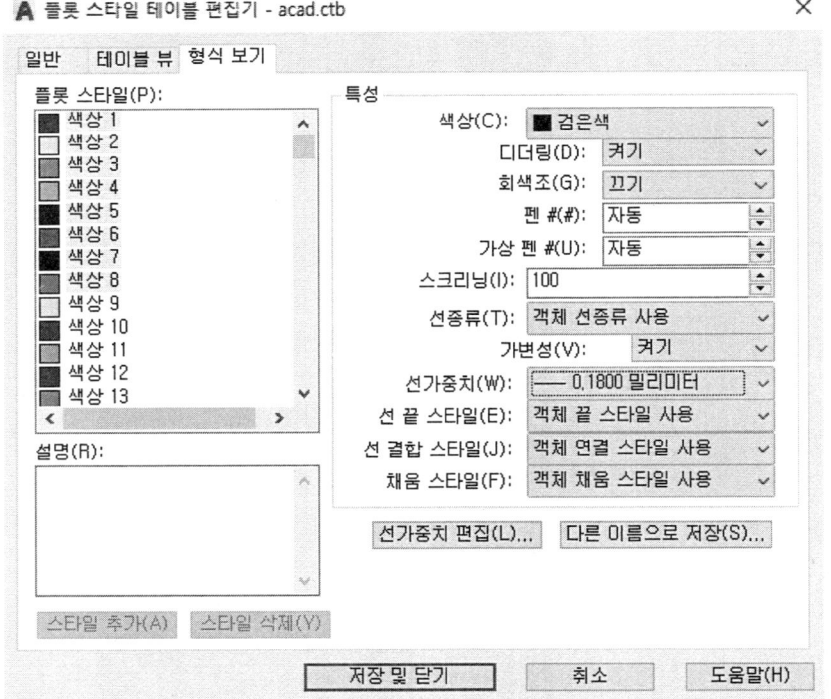

❾ 특성
- 색상(C): 종이에 출력에 사용할 색상을 나타냅니다.
  - 객체 색상 사용: 칼러로 출력이 됩니다.

- 대부분 색상은 검은색으로 지정하여 사용합니다.
- 디더링(D): 색상을 좀 더 부드러운 이미지로 출력하게 하는 기능입니다.
- 회색조(G): 플로터가 회색조를 지원하는 경우 객체의 색상을 회색조로 변환합니다.
- Pen #: 펜 방식의 플로터로 사용할 때 펜 별로 색상을 지정합니다.
- 가상 펜#(U): 펜 방식이 아닌 플로터는 가상 펜을 사용하여 펜 플로터를 시뮬레이션 하는데 1과 255 사이의 가상 펜 번호를 지정할 수 있습니다.
- 스크리닝(I): 0부터 100 사이의 값으로 잉크 농도를 제어합니다.
- 선 종류(T): 출력에 사용될 선을 지정합니다.
- 선 가중치(W): 선의 굵기를 지정합니다.
- 선 끝 스타일(E): 선의 끝 모양을 지정합니다.
- 선 결합 스타일(J): 선과 선의 접합 부위의 모양을 지정합니다.
- 채움 스타일(F): 선의 채움 형태를 지정합니다.
- 선 가중치 편집(L): 선 굵기를 편집합니다.
- 이름 이름으로 저장(S): 이름을 변경하여 저장합니다.

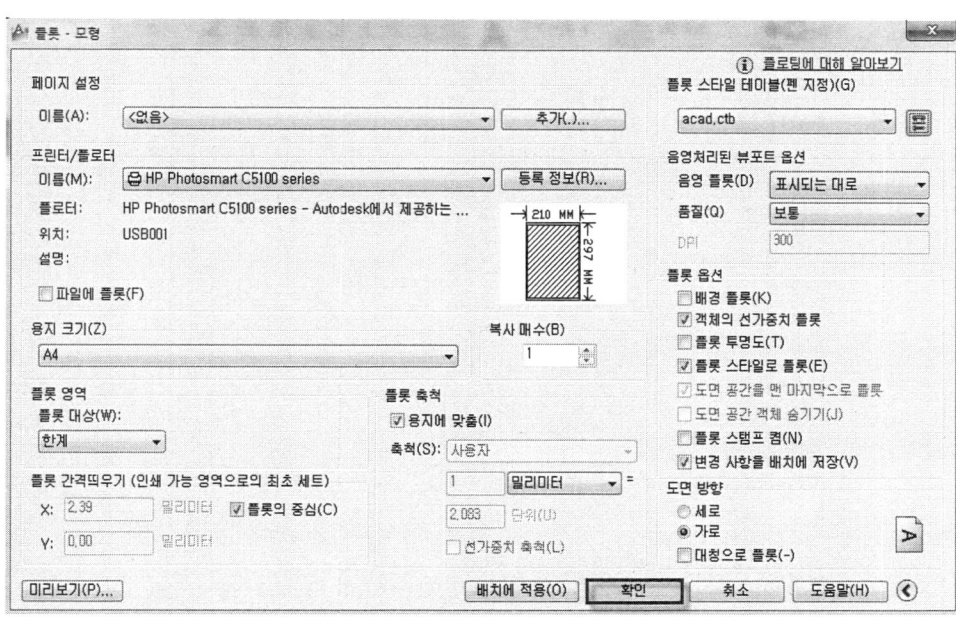

확인을 클릭하면 프린터 설정이 끝이 납니다.

Chapter

동력 전달 장치 도면 해석

10.1 몸체 부품 해석하기
10.2 커버 해석하기
10.3 스퍼 기어 해석하기
10.4 축 해석하기

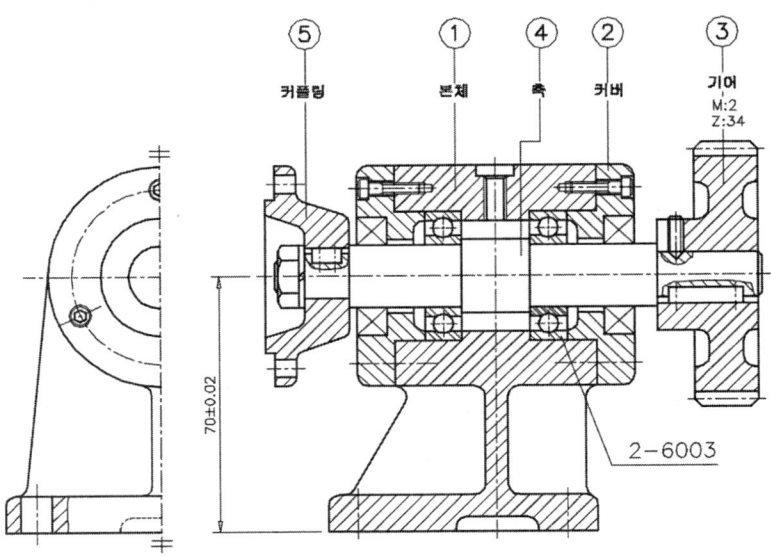

10.1 몸체 부품 해석하기

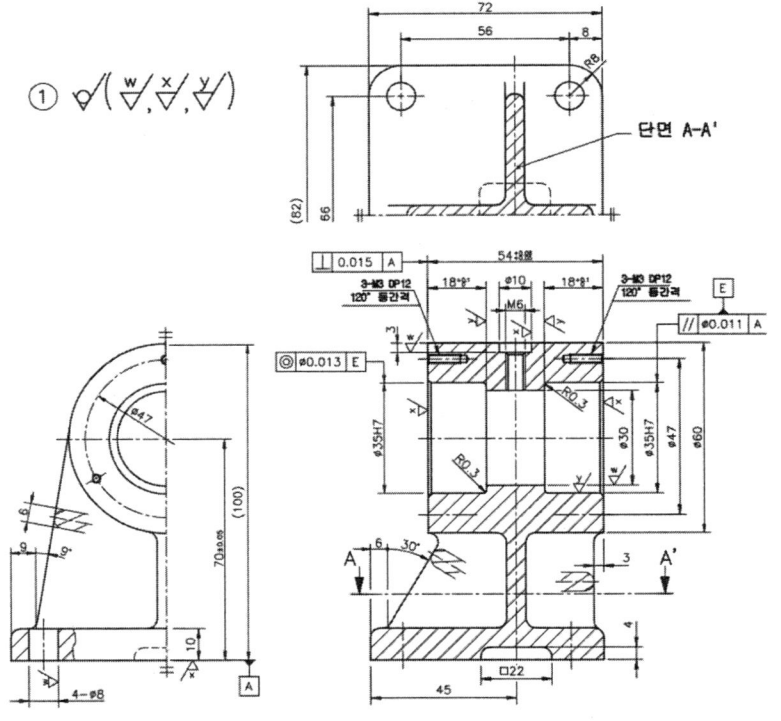

1. 다듬질 기호 해석

품번 ① 몸체 ① ∀(ʷ∀, ˣ∀, ʸ∀)

∀ 는 전체가 제거 가공을 하지 않는 제품인 제품(주물이나 다이캐스팅)에 주로 사용합니다.

(ʷ∀, ˣ∀, ʸ∀) 는 일반 절삭 가공 및 정밀 가공이 요구되는 거칠기입니다.

2. 베어링 해석

도면에 베어링 호칭 번호가 2-6003이라고 기입이 되어 있습니다.
숫자 2는 베어링의 수량을 말하고, 6003은 베어링 호칭 번호를 의미합니다.
※ 깊은 홈 볼 베어링-KS B 2023 규격

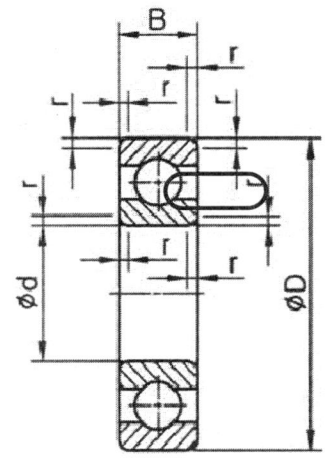

호칭 번호 (60계열)	치수			
	d	D	B	r
6000	10	26	8	0.3
6001	12	28		
6002	15	32	9	
6003	17	35	10	
6004	20	42	12	0.6
6005	25	47		
6006	30	55	13	1
6007	35	62	14	
6008	40	68	15	

베어링 6003을 사용하였으므로 D(외경)= 35가 됩니다.
여기서 공차는 **H7**을 넣어주면 됩니다. H7 공차는 **모든 종류의 하중에 적용**이 되며, 내륜 회전 하중일 경우에 H7 공차가 사용이 됩니다.

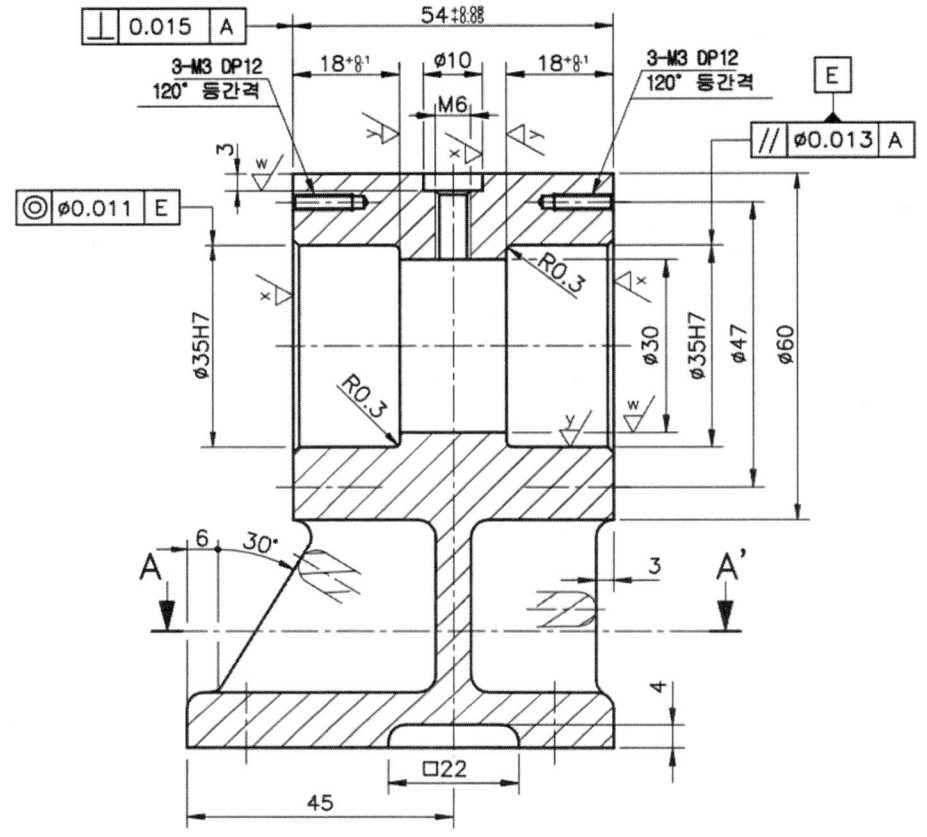

평행도 공차는 평행도를 유지해야 하는 중심 축선의 전체 길이인 54를 보고 공차를 넣어 주면 됩니다. (IT 5급에서 54를 찾고 공차인 **0.013**을 넣어 주면 됩니다)

동심도 공차는 치수 35를 보고 공차를 넣어주면 됩니다. (IT 5급에서 35를 찾고 공차인 **0.011**을 넣어주면 됩니다)

직각도는 데이텀을 기준으로 직각도를 유지해야 하는 직선의 전체 길이인 100을 찾고 공차를 넣어주면 됩니다. (IT 5급에서 100를 찾고 공차인 **0.015**를 넣어주면 됩니다)

단위가 1㎛ = 0.001mm이므로 단위 환산해서 읽어야 됩니다.

치수		IT4	IT5	IT6	IT7
초과	이하	4급	5급	6급	7급
–	3	3	4	6	10
3	6	4	5	8	12
6	10	4	6	9	15
10	18	5	8	11	18
18	30	6	9	13	21
30	50	7	11	16	25
50	80	8	13	19	30
80	120	10	15	22	35
120	180	12	18	25	40
180	250	14	20	29	46
250	315	16	23	32	52
315	400	18	25	36	57
400	500	20	27	40	63

10.2 커버 해석하기

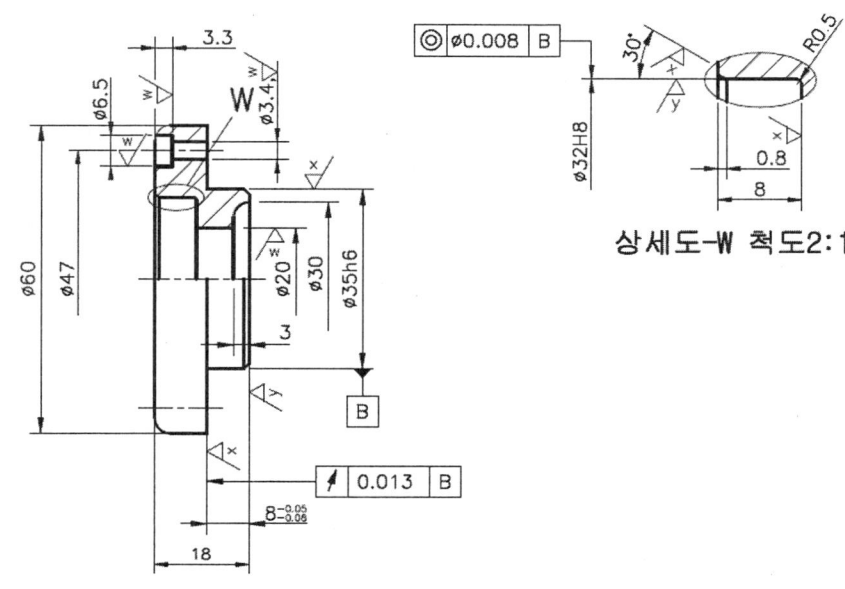

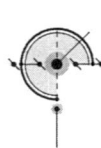

1) 카운트보링 치수 기입 방법 이해하기

6각 구멍 붙이 볼트 자리파기기 아래의 그림을 보고 형상을 그려주면 됩니다. 치수 기입은 나사 호칭 치수를 보고 d',D',H"를 참고해서 그려 주면 됩니다.

나사 호칭(d)	M3	M4	M5	M6	M8	M10	M12	M14	M16
d1	3	4	5	6	8	10	12	14	16
d'	3.4	4.5	5.5	6.6	9	11	14	16	18
D	5.5	7	8.5	10	13	16	18	21	24
D'	6.5	8	9.5	11	14	17.5	20	23	26
H	3	4	5	6	8	10	12	14	16
H'	2.7	3.6	4.6	5.5	7.4	9.2	11	12.8	14.5
H"	3.3	4.4	5.4	6.5	8.6	10.8	13	15.2	17.5

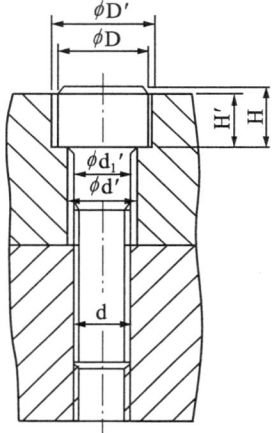 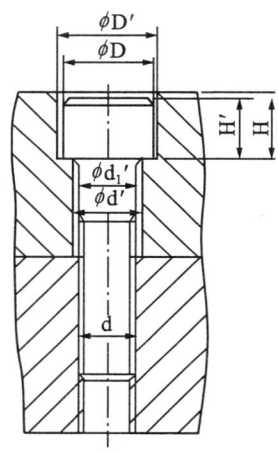

용어 정리
- 카운트보링: 작은 나사머리나 렌치볼트 등이 완전히 묻힐 수 있도록 자리파기를 하는 가공을 말합니다.
- 카운터 싱킹: 접시머리나사의 머리부가 완전히 묻힐 수 있도록 자리파기를 하는 가공을 말합니다.
- 스폿페이싱: 육각볼트, 너트의 머리가 조금만 묻힐 수 있도록 자리파기를 하는 가공을 말합니다.

2) 형상 공차 이해하기

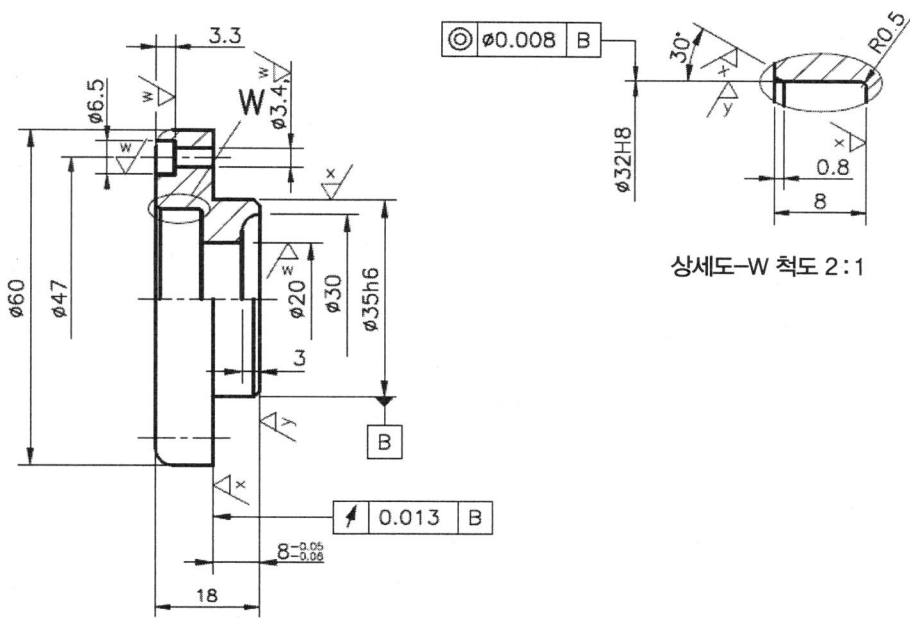

원주 흔들림 (⌁) 공차 값은 해당 축의 외경, 즉 60에 해당되면 치수를 찾고 IT5에 해당되는 공차 0.013을 넣어주면 됩니다.

동심도 공차 (◎) 치수 18을 보고 공차를 넣어주면 됩니다. 즉 IT 5급에서 32를 찾고 공차인 0.008을 넣어주면 됩니다.

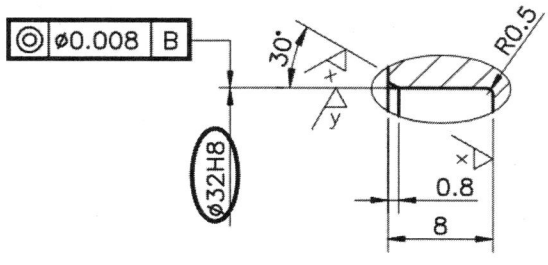

상세도-W 척도 2:1

◎ IT 공차표 - KS B 0401

치수 등급		IT4 4급	IT5 5급	IT6 6급	IT7 7급
초과	이하				
–	3	3	4	6	10
3	6	4	5	8	12
6	10	4	6	9	15
10	18	5	8	11	18
18	30	6	9	13	21
30	50	7	11	16	25
50	80	8	13	19	30
80	120	10	15	22	35
120	180	12	18	25	40
180	250	14	20	29	46
250	315	16	23	32	52
315	400	18	25	36	57
400	500	20	27	40	63

3) 오일 실 치수 기입 방법 이해하기

오일 실 치수 기입은 우선 축(Shaft)의 외경 치수를 보고 D(외경),B(폭) 치수를 선정하면 됩니다. 즉 ∅17치수를 보고 해당되는 **D값(32)과 B값(8)**을 찾아주면 됩니다.

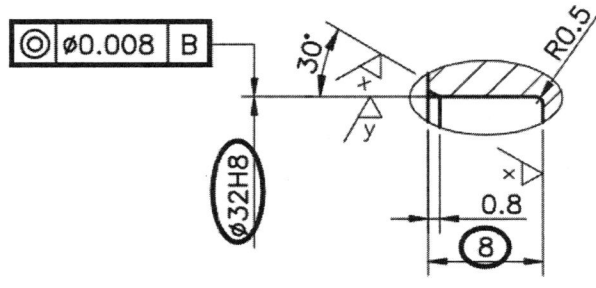

상세도-W 척도 2:1

※ 오일 실-KS B 2804

호칭 안지름 d	D	B
7	18	7
	20	
8	18	7
	22	
9	20	7
	22	
10	20	7
	25	
11	22	7
	25	
12	22	7
	25	
*13	25	7
	28	
14	25	7
	28	
15	25	7
	30	
16	28	7
	30	
17	30	8
	32	
18	30	8
	35	

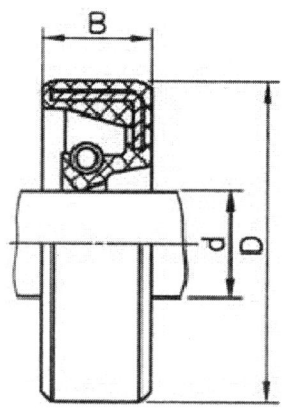

10.3 스퍼 기어 해석하기

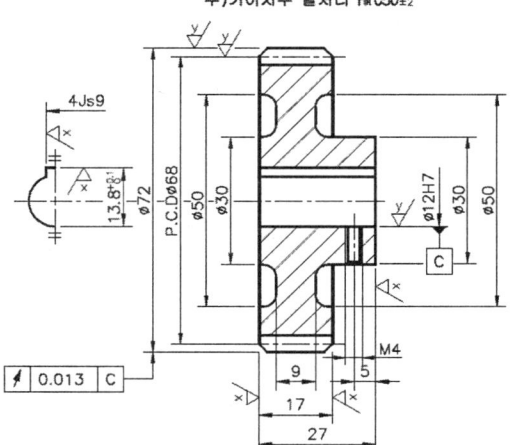

스퍼 기어	
기어치형	표준
공구 치형	보통이
공구 모듈	2
공구 압력각	20°
잇수	34
피치원 지름	⌀68
다듬질 방법	호브 절삭
정밀도	KS B 1405, 3급

1) 스퍼 기어 계산식

피치원 지름(P.C.D) = M × Z

이끝원 지름(D) = 외접 기어 D = PCD + 2M

치저원 지름: PCD − 2.5 × M

M: 모듈, Z: 잇수

스퍼 기어		
기어치형		표준
공구	치형	보통이
	모듈	2
	압력각	20°
잇수		34
피치원 지름		φ68
다듬질 방법		호브 절삭
정밀도		KS B 1405, 3급

이 공식을 이용해서 계산해 봅시다.

M = 2, Z = 34, PCD = 2 × 34 = 68, D = 68 + (2 × 2) = 72

치저원 지름 = 68 − 2 × 2.5 = 63

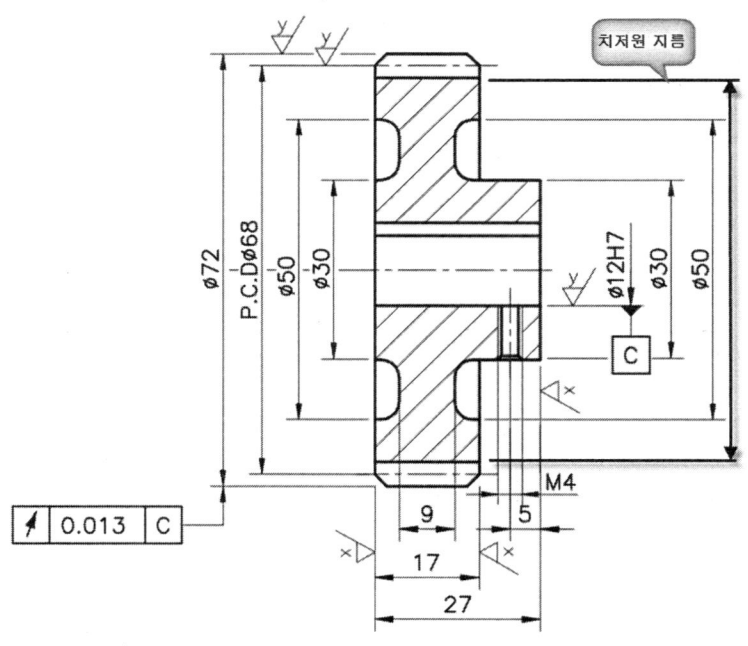

2) 키(KEY) 치수 기입하는 방법

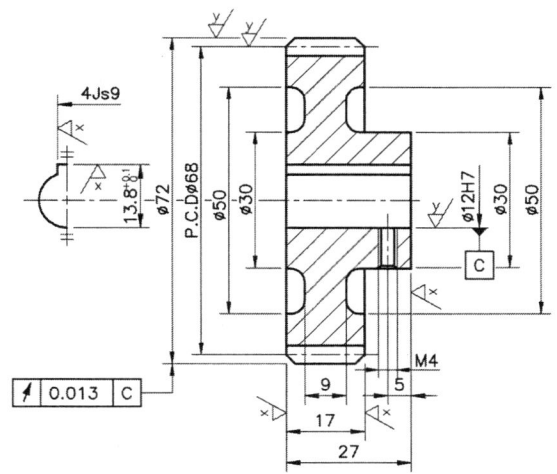

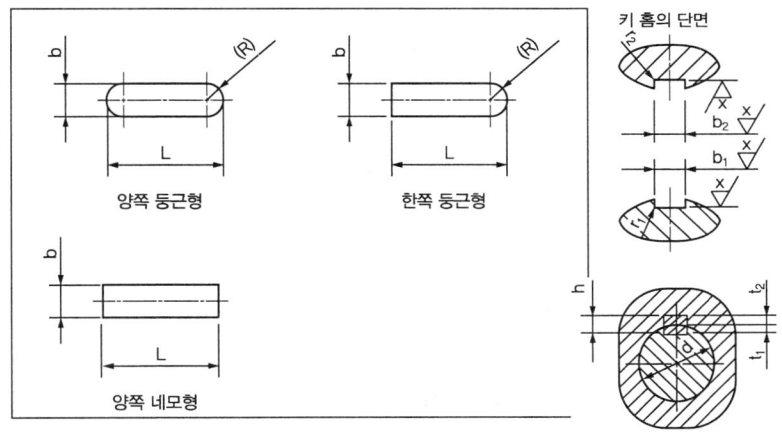

b_1 및 b_2의 기준 치수	키 홈의 치수				t_1의 기준 치수	t_2의 기준 치수	t_1 및 t_2의 허용차	적용하는 축지름 d(초과~이하)
	활동형		보통형					
	b_1 허용차	b_2 허용차	b_1 허용차	b_2 허용차				
2	H9	D10	N9 축	JS9 구멍	1.2	1.0	+0.1 0	6~8
3					1.8	1.4		8~10
4					2.5	1.8		10~12
5					3.0	2.3		12~17
6					3.5	2.8		17~22
7					4.0	3.3	+0.2 0	20~25
8					4.0	3.3		22~30
10					5.0	3.3		30~38

축 지름 치수를 알고 나서 어느 부분에 속하는지 파악을 합니다. 표를 참고하여 b_1, t_1, t_2, t_1 및 t_2의 허용 공차, b_1, b_2의 허용차를 보고 기입을 하면 됩니다. 여기서는 축 지름이 ∅12이므로 우선 12가 속하는 부분을 찾습니다. 그리고 $12 + t_2 = 12 + 1.8 =$ 13.8이라는 치수가 구해집니다. 공차는 표에 나오는 공차 $^{+0.1}_{0}$ 을 넣어 주면 됩니다. b_1 치수를 표에 나와 있는 4를 넣어주면 됩니다. 공차는 구멍인 경우는 js9를 넣어주면 됩니다.

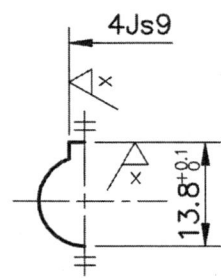

3) 원주 흔들림도 (↗) 공차 값은 해당 축의 외경, 즉 ⌀20에 해당되면 치수를 찾고 IT5에 해당되는 공차 0.013을 넣어주면 됩니다.

치수	등급	IT4	IT5	IT6	IT7
초과	이하	4급	5급	6급	7급
–	3	3	4	6	10
3	6	4	5	8	12
6	10	4	6	9	15
10	18	5	8	11	18
18	30	6	9	13	21
30	50	7	11	16	25
50	80	8	13	19	30
80	120	10	15	22	35
120	180	12	18	25	40
180	250	14	20	29	46
250	315	16	23	32	52
315	400	18	25	36	57
400	500	20	27	40	63

10.4 축 해석하기

축에는 둥근 키가 들어가 있고 베어링이 체결이 되므로 치수 기입 시 주의해서 작업을 해야 합니다.

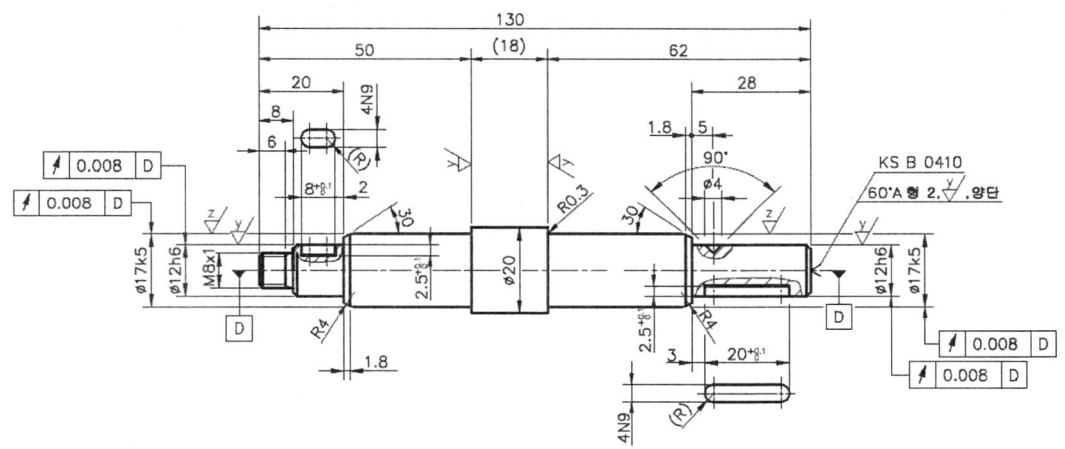

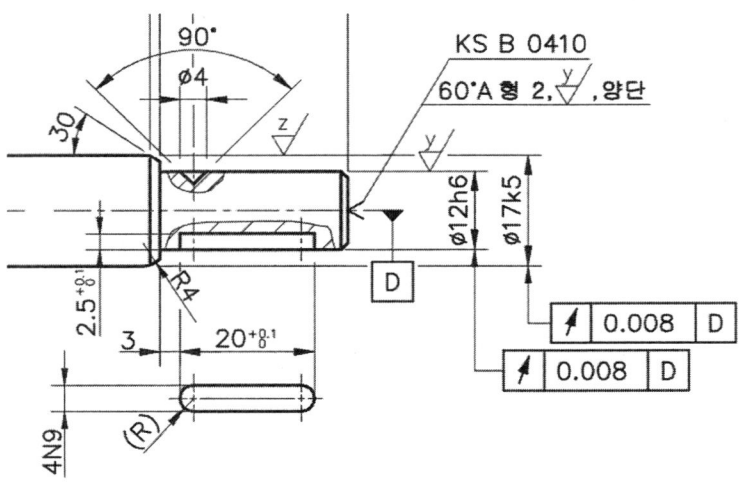

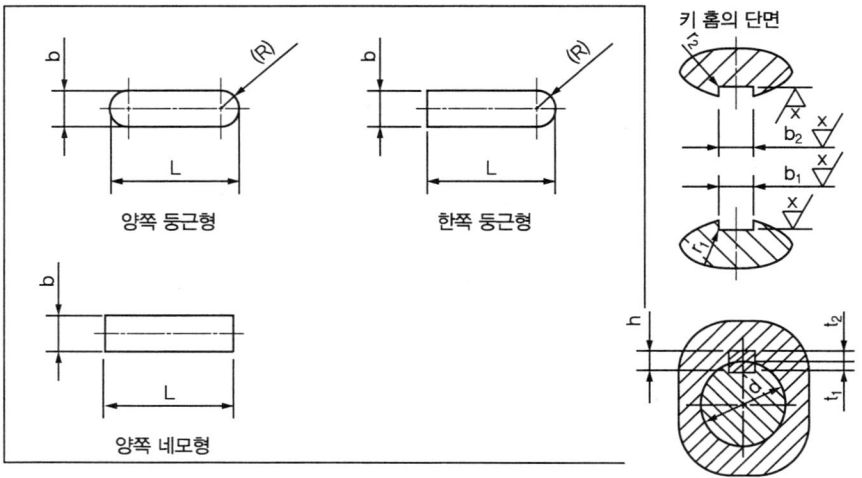

b_1 및 b_2의 기준 치수	키 홈의 치수							적용하는 축지름 d(초과~이하)
	활동형		보통형		t_1의 기준 치수	t_2의 기준 치수	t_1 및 t_2의 허용차	
	b_1 허용차	b_2 허용차	b_1 허용차	b_2 허용차				
2	H9	D10	N9 축	JS9 구멍	1.2	1.0	$+0.1$ 0	6~8
3					1.8	1.4		8~10
4					2.5	1.8		10~12
5					3.0	2.3		12~17
6					3.5	2.8		17~22
7					4.0	3.3	$+0.2$ 0	20~25
8					4.0	3.3		22~30
10					5.0	3.3		30~38

1) 키 치수 기입 방법

축 지름 치수를 알고 나서 어느 부분에 속하는지를 표를 보고 파악합니다.

b_1, t_1, t_2, t_1 및 t_2의 허용 공차, b_1, b_2의 허용차를 보고 기입하면 됩니다.

여기서는 축 지름이 ∅12이므로 우선 12가 속하는 부분을 찾습니다.

b_1=4, t_1=2.5 t_1과 t_2의 공차는 표에 나오는 공차 $\begin{smallmatrix}+0.1\\0\end{smallmatrix}$ 을 넣어주면 됩니다.

b_1 치수를 표에 나와 있는 4를 넣어주면 된다. 공차는 축인 경우는 N9를 넣어주면 됩니다.

2) 원주 흔들림도 치수 기입

원주 흔들림 공차는 해당 축의 외경, 12에 해당되는 것을 찾은 후 IT5에 해당하는 공차 0.008을 넣어주면 됩니다.

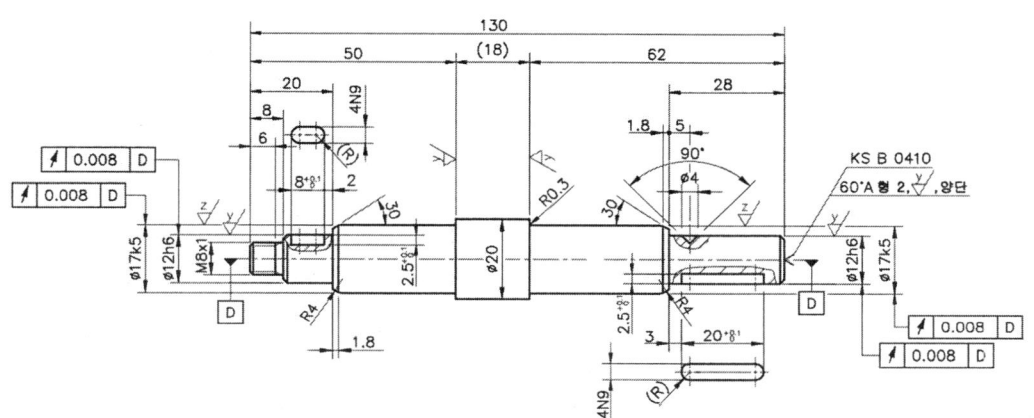

◉ IT 공차: KS B 0401

치수	등급	IT4 4급	IT5 5급	IT6 6급	IT7 7급
초과	이하				
–	3	3	4	6	10
3	6	4	5	8	12
6	10	4	6	9	15
10	18	5	8	11	18
18	30	6	9	13	21
30	50	7	11	16	25
50	80	8	13	19	30
80	120	10	15	22	35
120	180	12	18	25	40
180	250	14	20	29	46
250	315	16	23	32	52
315	400	18	25	36	57
400	500	20	27	40	63

Chapter

기타

11.1 표면 거칠기
11.2 AutoCAD 기능키
11.3 AutoCAD 단축 명령어
11.4 DIM 변수(치수 변수의 종류와 역할)

11.1 표면 거칠기

명칭	표면 거칠기 기호	표시 및 가공 방법
	∇ (물결)	• 기계 가공 및 제거 가공을 하지 않는 부분 • 주물, 압연, 단조로 공작물을 만들 경우, 표면을 그대로 두는 경우 • 다른 공작물과 연결 및 닿지 않는 경우, 대체로 다른 공작물에 영향이 없는 곳
거친 다듬질	w∇	• 밀링, 선반, 드릴과 같은 기계 가공으로 가공 흔적이 남을 정도의 거친면 • 끼워 맞춤이 없는 가공면과 기계 가공부에 표시
중 다듬질	x∇	• 기계 가공 후 연삭 가공 등으로 가공 흔적이 희미하게 남을 정도의 보통면 • 서로 간에 운동은 하지 않고 공작물과 다른 공작물이 닿아 붙어 있는 면에 사용 • 본체와 커버 사이, 축과 회전체의 끼워 맞춤 부분,
상 다듬질	y∇	• 공작물 면을 두 번 가공하여 공작물과 다른 공작물 간에 끼워 맞춤 후 서로 마찰 운동하는 부분 • 가공 흔적이 거의 남지 않는 극히 깨끗하고 정밀한 면 • 베어링과 같은 정밀 가공된 축계 기계요소 • 웜과 웜 기어 및 키와 키 홈 부분
정밀 다듬질	z∇	• 공작물을 3번 이상 가공하게 되며, 서로 간의 마찰이 일어나는 아주 중요한 부분 • 각종 게이지 류 측정면, 유압 실린더의 안지름 면 • 내연기관의 피스톤과 실린더 접촉면 및 베어링 볼 및 롤러 외면 • 마찰로 인한 열을 줄임으로써 변형이 적어야 하는 면에 표시

11.2 AutoCAD 기능키

기능키	설명
F1	도움말
F2	텍스트 명령창 ON/OFF
F3	객체스냅 ON/OFF
F4	태블릿 ON/OFF

F5	아이소메트릭 모드 뷰 Top/Right/Left
F6	좌표계 ON/OFF
F7	그리드 ON/OFF
F8	직교 모드 ON/OFF
F9	스냅 ON/OFF
F10	극좌표 ON/OFF
F11	Object Snap Tracking ON/OFF
Ctrl + A	직선작도
Ctrl + B	스냅 ON/OFF
Ctrl + C	클립보드에 복사
Ctrl + D	좌표계 ON/OFF
Ctrl + E	등각투영 뷰 변환
Ctrl + F	스냅 ON/OFF
Ctrl + G	그리드 ON/OFF
Ctrl + J	마지막 명령의 실행
Ctrl + K	하이퍼링크 삽입
Ctrl + L	직교 기능 ON/OFF
Ctrl + N	새로운 도면 열기
Ctrl + O	기존의 도면 열기
Ctrl + P	인쇄
Ctrl + Q	파일이나 블록 삽입
Ctrl + R	다음 뷰포트 활성화
Ctrl + S	저장
Ctrl + T	태블릿 ON/OFF
Ctrl + V	클립보드의 내용을 현 도면에 삽입
Ctrl + X	객체를 잘라내어 클립보드에 복사
Ctrl + Y	역 취소
Ctrl + Z	취소
Ctrl + 1	속성 편집하기
Ctrl + 2	디자인 센터
Ctrl + 6	데이터베이스 연결
Alt + F8	Macros
Alt + F11	비주얼베이직 편집기

AutoCAD 단축 명령어

단축키	명령어	설명
A	Arc	호 그리기
Aa	Area	면적 계산
Al	Align	정렬하기
Ar	Array	배열 복사
At	Ddattdef	속성 정의
Av	Dsviewer	공중 뷰
B	Bmake	블록 만들기
—B	Block	블록 정의
Bh	Bhatch	해칭하기
Br	Break	끊어내기
C	Circle	원 그리기
Ch	Ddchprop	객체 특성 설정
—Ch	Change	객체 특성을 변경
Cha	Chamfer	모따기 하기
Co,Cp	Copy	복사하기
Col	Ddcolor	색상 설정
D	Ddim	치수스타일 설정
Dal	Dimaligned	정렬 치수 기입
Dan	Dimangular	각 치수 기입
Dba	Dimbaseline	기준선 치수 기입
Dce	Dimcenter	원, 호 중심 표식
Dco	Dimcontinue	연속 치수 기입
Ddi	Dimdiameter	지름 치수 기입
Ded	Dimedit	치수 편집
Di	Dist	각도와 거리 측정
Div	Divide	점 분할
Dli	Dimlinear	선형 치수 기입
Do	Donut	도넛 그리기
Dra	Dimradius	반지름 치수 기입

단축키	명령어	설명
Dst	Dimstyle	치수스타일 설정
Dt	Dtext	화면에 표시하면서 문자 쓰기
E	Erase	객체 지우기
Ed	Ddedit	문자 편집
El	Ellipse	타원 그리기
Ex	Extend	객체 연장
Exit	Quit	CAD 종료
F	Fillet	모깎기
Fi	Filter	객체 특성에 따라 선택
G	Group	그룹 설정
Gr	Ddgrips	그림 제어 대화상자
H	Bhatch	해칭하기
-H	Hatch	경계 영역 해치형으로 채움
He	Hatchedit	기존 해치 편집
Hi	Hide	은선 제거
I	Ddinsert	블록 삽입 대화상자
-I	Insert	블록 삽입
Im	Image	이미지 파일 CAD에 도입
Imp	Import	다양한 형식의 파일 도입
L	Line	직선 그리기
La	Layer	레이어 설정
Le	Leader	지시선 그리기
Len	Lengthen	객체의 길이, 사이각 변경
Li	List	선택한 객체의 정보 표시
Lt	Linetype	선 종류를 설정
LTS	Ltscale	은선, 1점 쇄선 스케일
M	Move	객체 이동
Me	Measure	지정한 개수로 나누기
Mi	Mirror	대칭 복사
Ml	Mline	다중 평행선 그리기
Mo	Ddmodify	도면 요소 특성 제어 대화상자

단축키	명령어	설명
Ms	Mspace	종이 영역에서 모델 영역으로 전환
Mt	Mtext	다중 행 문자 쓰기
O	Offset	간격띄우기
Os	Ddosnap	객체 스냅 설정값
P	Pan	도면을 화면 이동
Pl	Pline	폴리선 그리기
Po	Point	점 생성
Pol	Polygon	정다각형 그리기
Pr	Preferences	CAD 환경 설정
Pre	Preview	인쇄 미리보기
Ps	Pspace	모델 영역에서 종이 영역으로 전환
Pu	Purge	파일 크기 줄이기
R	Redraw	다시 그리기
Re	Regen	재생성, 다시 그리기
Ro	Rotate	회전하기
S	Stretch	객체 신축
Sc	Scale	객체 크기 변경
Se	Ddselect	선택 모드 설정 대화상자
Spl	Spline	스플라인 곡선 편집
St	Style	문자 유형을 조절
T	Mtext	다중행 문자 쓰기
To	Toolbar	도구 막대 대화상자
Tr	Trim	모따기
V	Ddview	화면 설정하기
Vp	Ddvpoint	3차원 관찰점 설정 대화상자
W	Wblock	도면의 일부분을 파일 기록
X	Explode	블록으로 묶인 요소 분해
Xl	Xline	무한선 그리기
Z	Zoom	도면 표시 방법 제어

11.4 DIM 변수(치수 변수의 종류와 역할)

치수 변수명	설명
DIMSCALE	치수에 대한 전체적인 크기를 조절
DIMTAD	치수 문자의 위치를 치수선 위로 이동
DIMTIH	치수 문자의 각도를 치수선과 동일하게 한다.
DIMTIX	치수 문자를 항상 치수보조선의 안쪽에 위치시킨다.
DIMEXO	치수보조선이 물체와 떨어진 거리
DIMEXE	치수보조선이 치수선 중심에서 바깥쪽으로 연장된 거리
DIMTOH	치수보조선 밖의 치수를 치수선과 평행하게 할 것인지 조절
DIMASZ	화살표의 크기를 정한다.
DIMTXT	치수 문자의 크기를 정한다.
DIMLFAC	치수 문자값에 이 값을 곱한다.
DIMGAP	치수 문자와 치수선 사이의 거리를 조절
DIMTOFL	치수보조선 사이에 지시선 기입을 조절
DIMTVP	치수 문자와 치수선 사이의 거리를 조절
DIMDLI	기준 치수 기입 시 치수선들 사이의 간격을 조절
DIMTSZ	화살표 대신 지정한 길이만큼 사선을 그린다.
DIMZIN	소수점 이하 자리의 0표시를 조절
DIMUPT	치수 문자의 위치가 조절된다.
DIMBLK	치수선 끝을 화살표 대신 원으로 표시
DIMBLK1 DIMBLK2	첫 번째 화살표를 점으로 표시 두 번째 화살표를 점으로 표시
DIMSD1 DIMSD2	첫 번째 치수선의 표시 여부를 결정 두 번째 치수선의 표시 여부를 결정
DIMSE1 DIMSE2	첫 번째 치수보조선의 표시 여부를 결정 두 번째 치수보조선의 표시 여부를 결정
DIMTOL	허용 오차의 표시 여부를 결정한다.
DIMTZIN	허용 오차의 소수점 이하 자리수의 0을 삭제
DIMTFAC	허용 오차의 크기를 조절한다.
DIMTP DIMTM	+ 허용 오차 값을 부여 – 허용 오차 값을 부여
DIMCEN	원이나 호의 중심표시 마크의 크기를 조절

Chapter

실습 예제

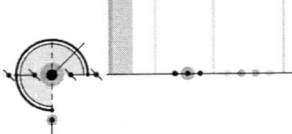

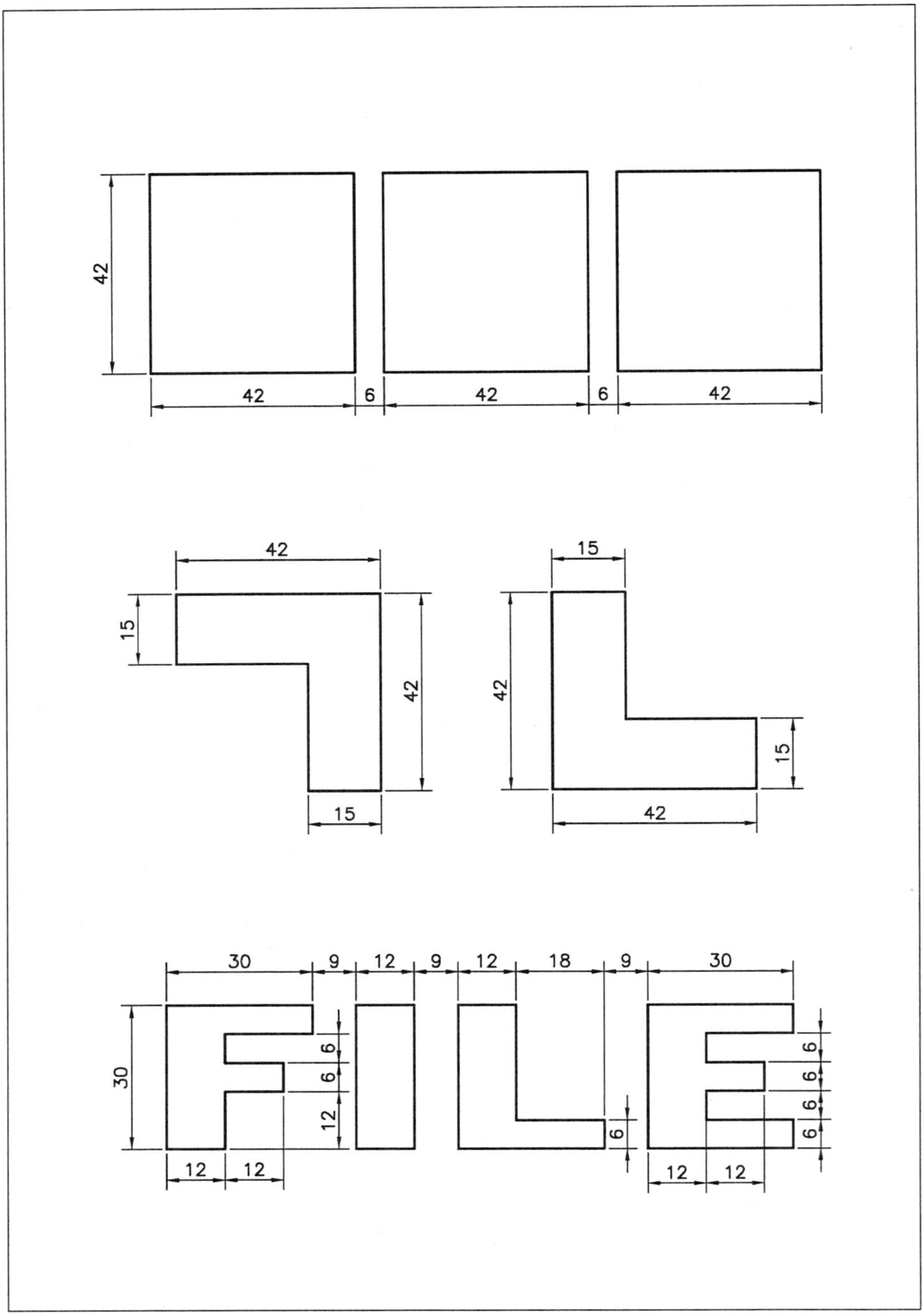
42
42 6 42 6 42
42 15 42 15
15 15 42 42
30 9 12 9 12 18 9 30
30 6 6 12 6 6 6 6 6
12 12 12 12

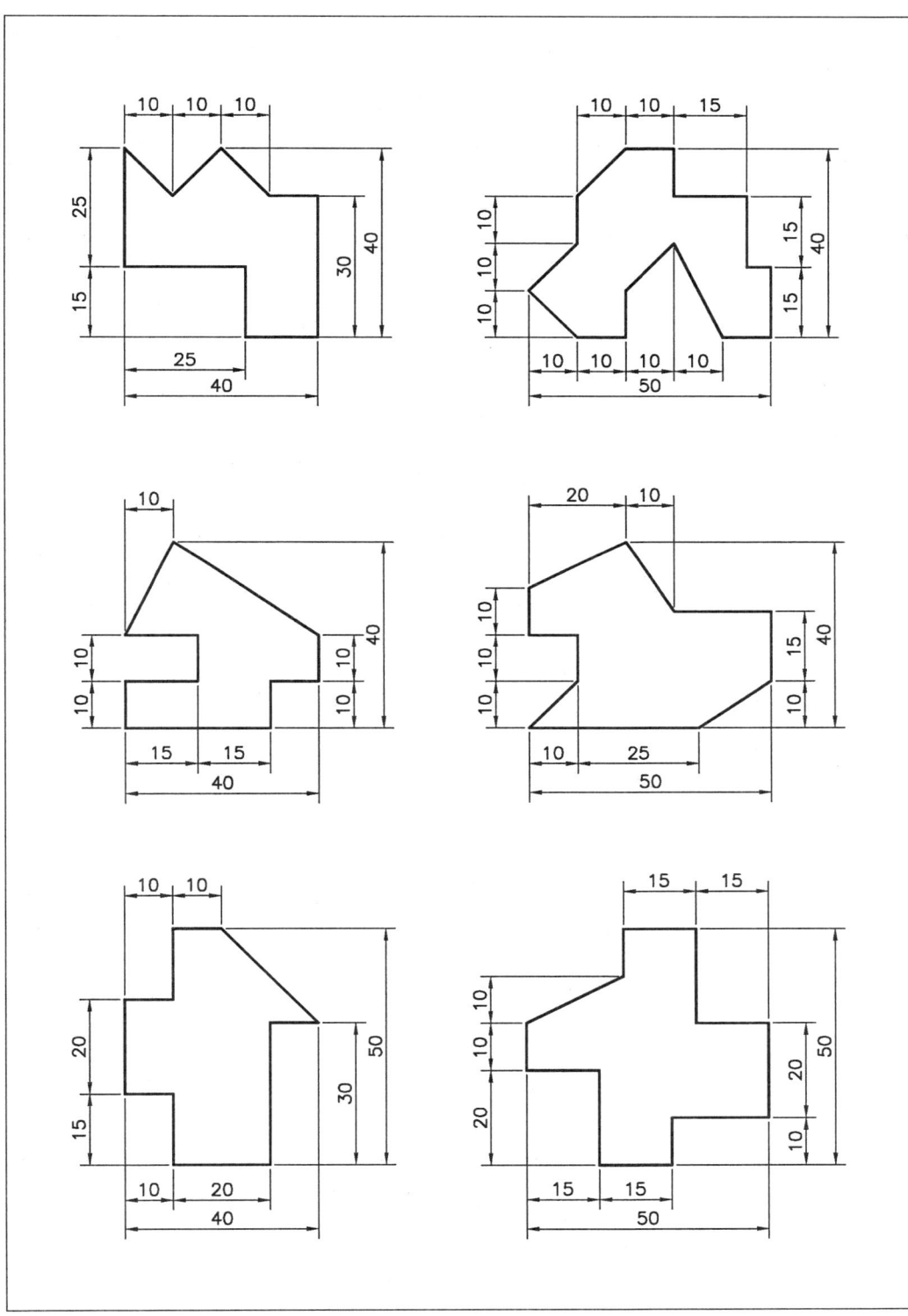

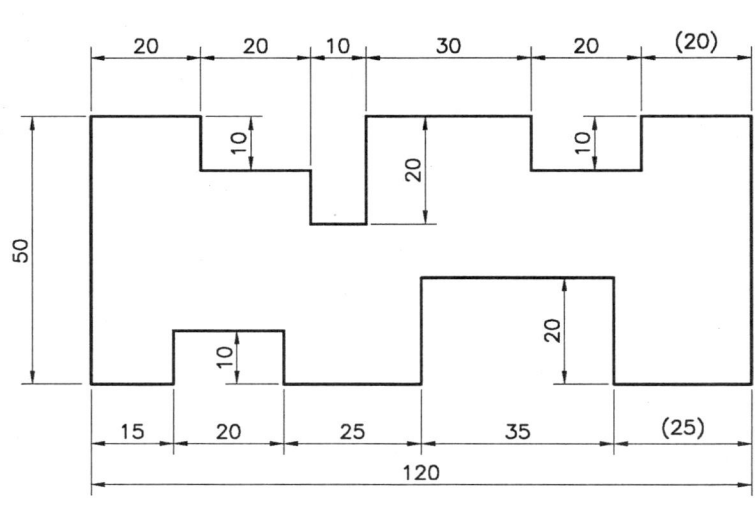

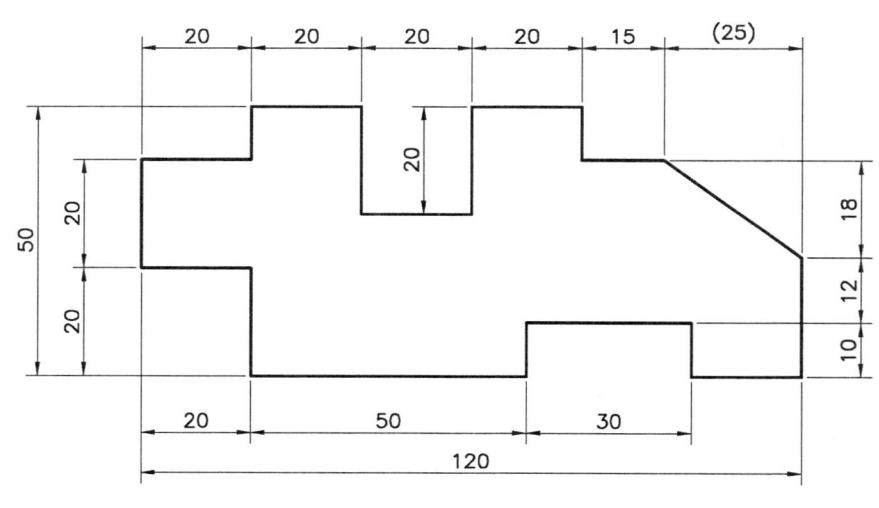

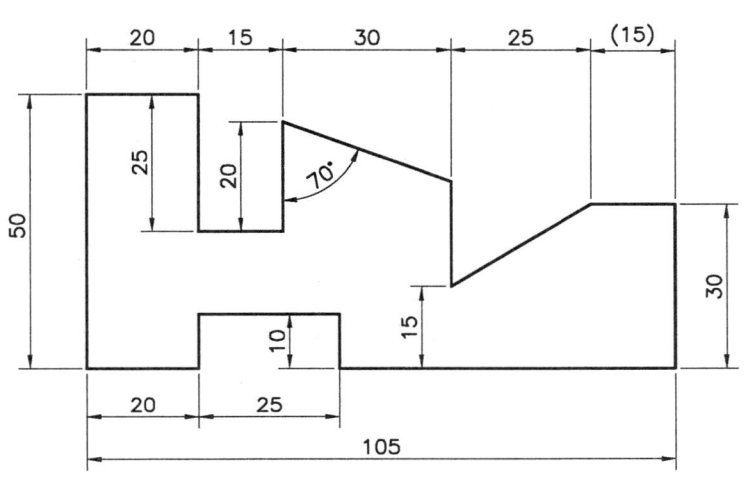
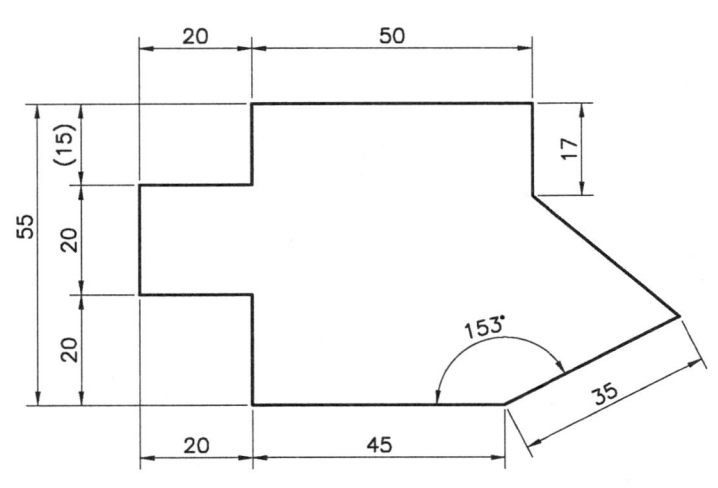

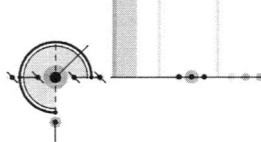

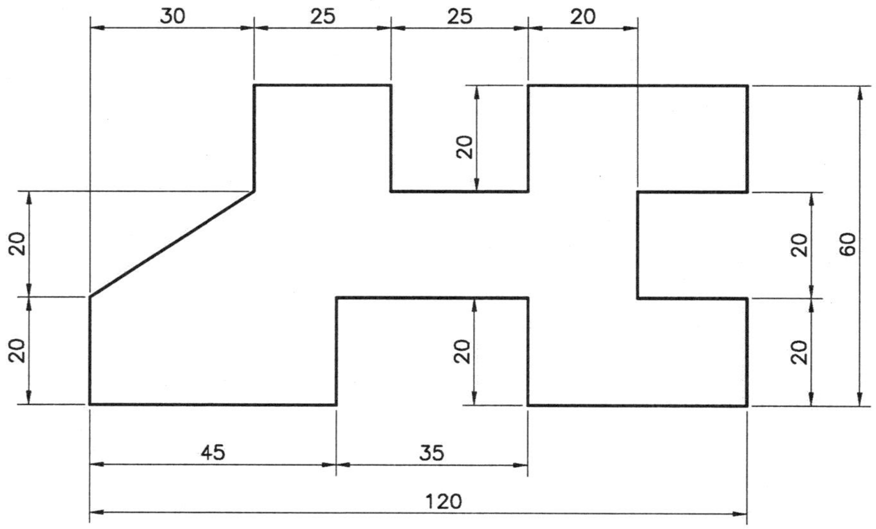
30
25
25
20
20
20
20
20
60
20
20
45
35
120

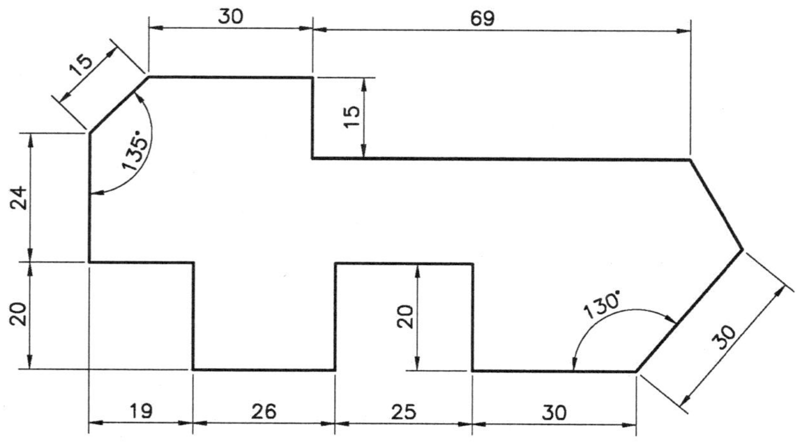
30
69
15
15
135°
24
20
20
130°
30
19
26
25
30

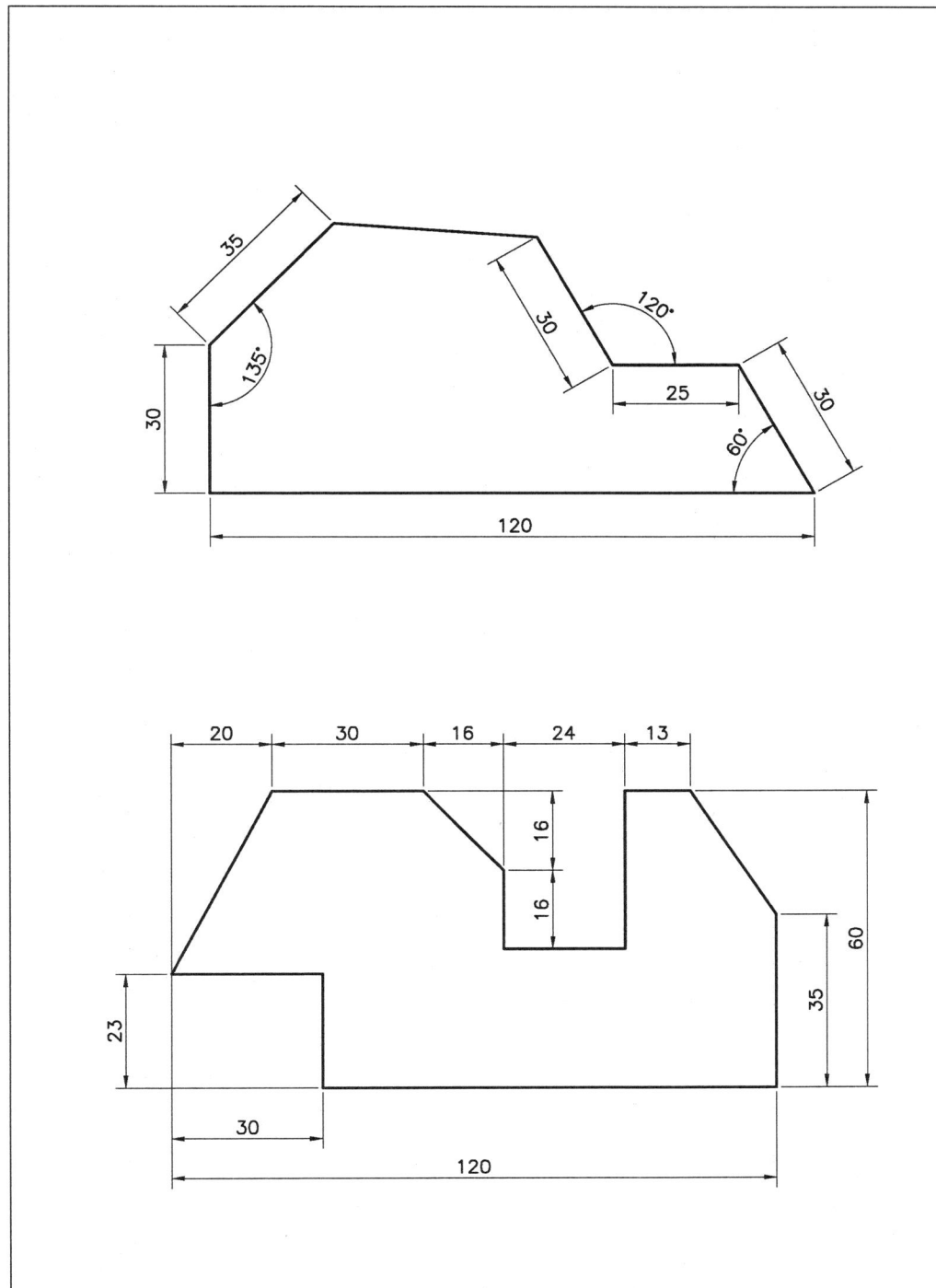

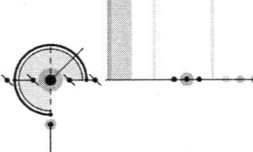

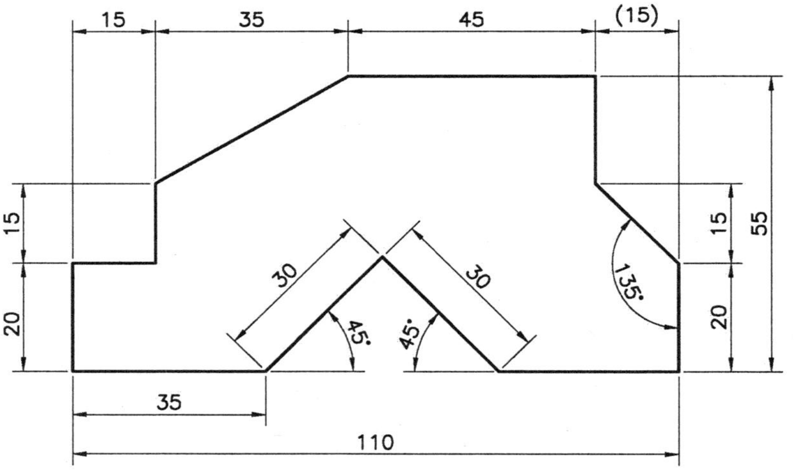
15
35
45
(15)
15
20
30
30
45°
45°
135°
15
20
55
35
110

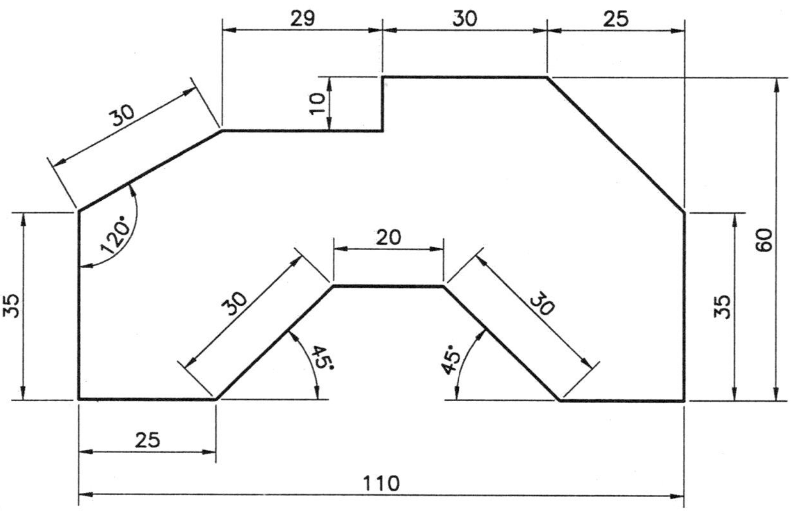
29
30
25
30
10
120°
20
30
30
45°
45°
35
35
60
25
110

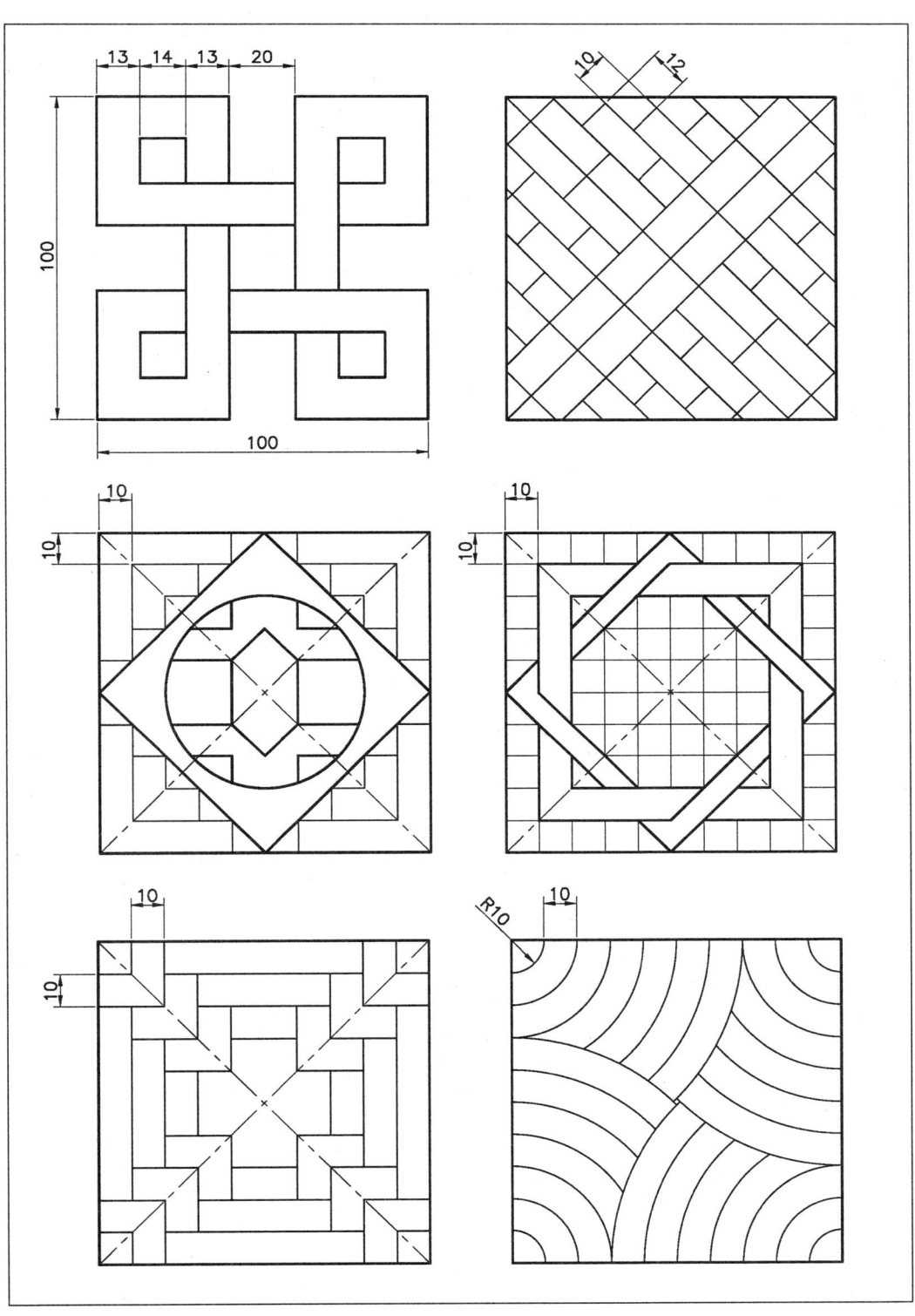

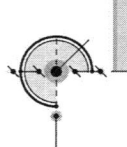

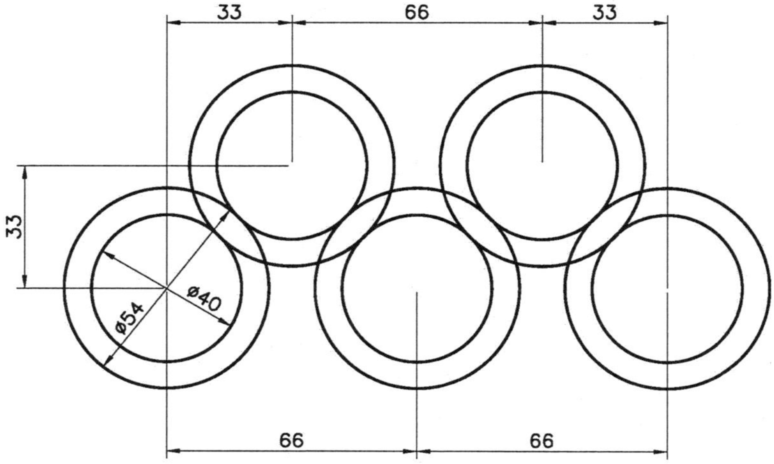
33
66
33
33
ø40
ø54
66
66

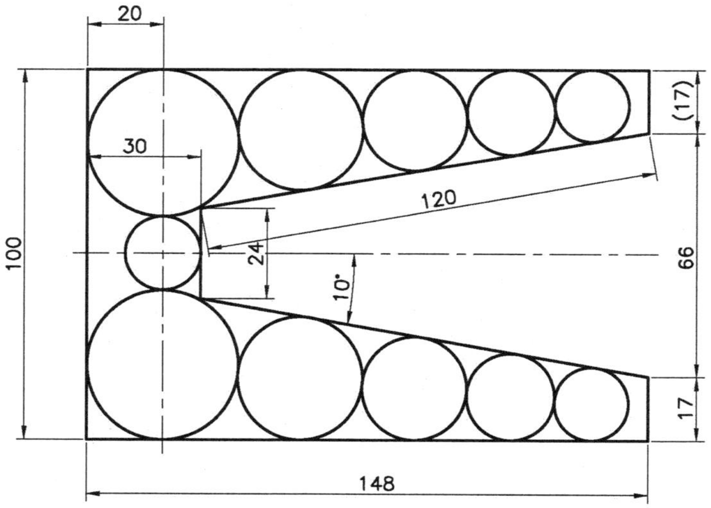
20
30
(17)
120
100
24
10°
66
17
148

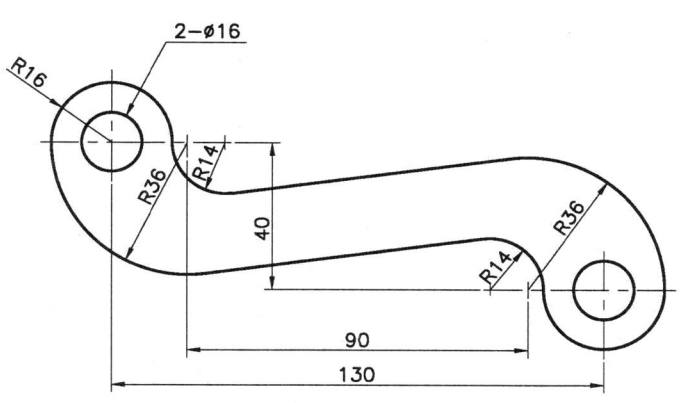
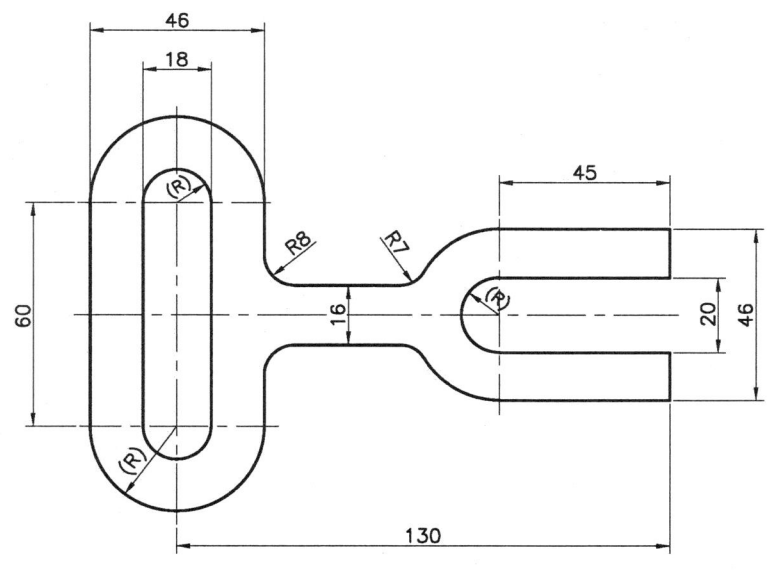

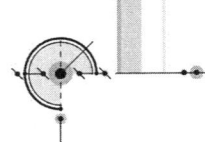

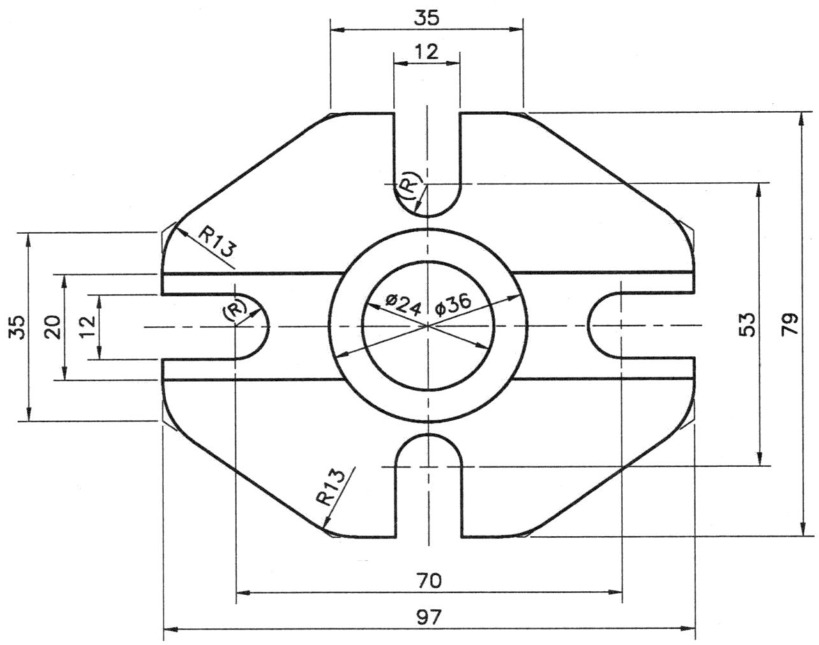
35
12
(R)
R13
(R)
ø24
ø36
35
20
12
53
79
R13
70
97

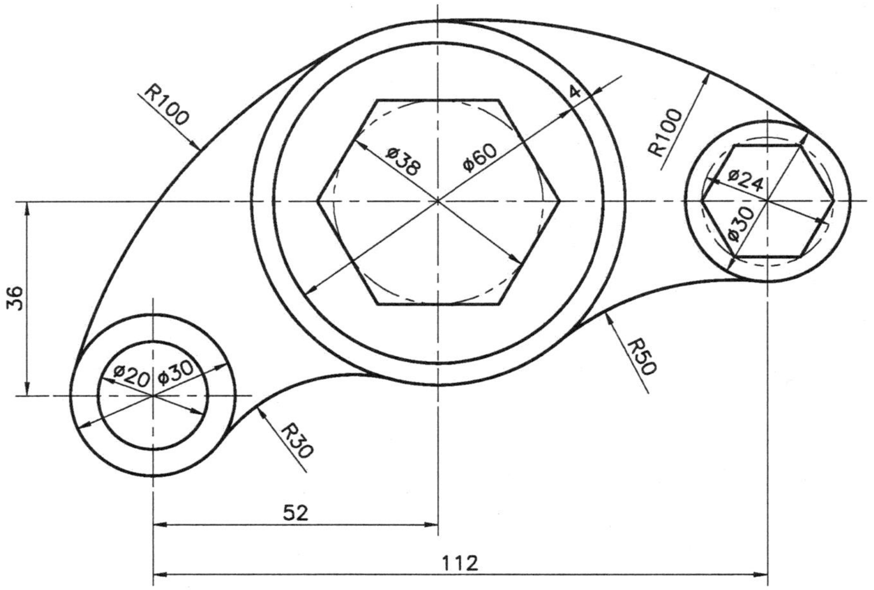
R100
4
ø38
ø60
R100
ø24
ø30
36
ø20
ø30
R50
R30
52
112

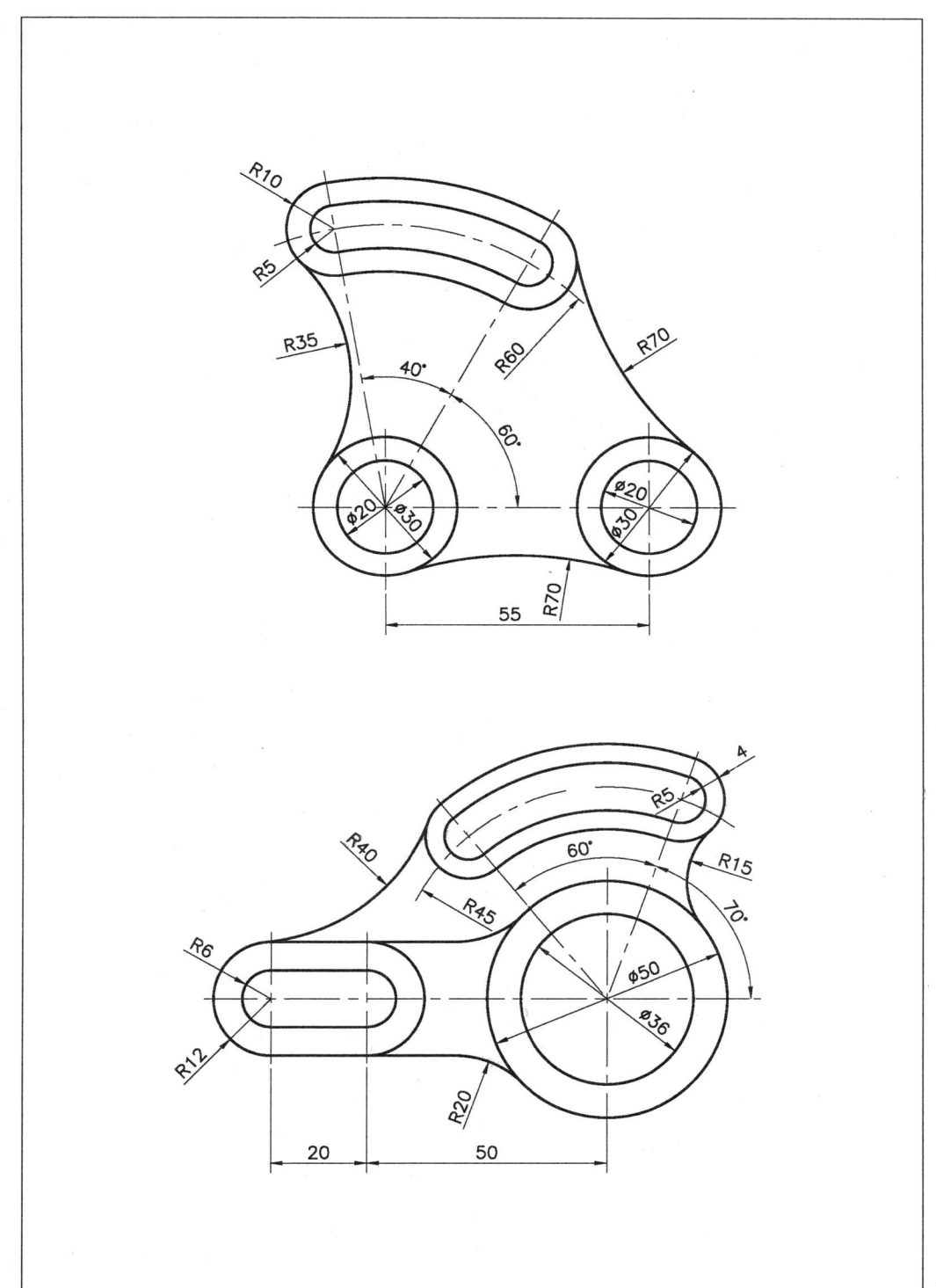

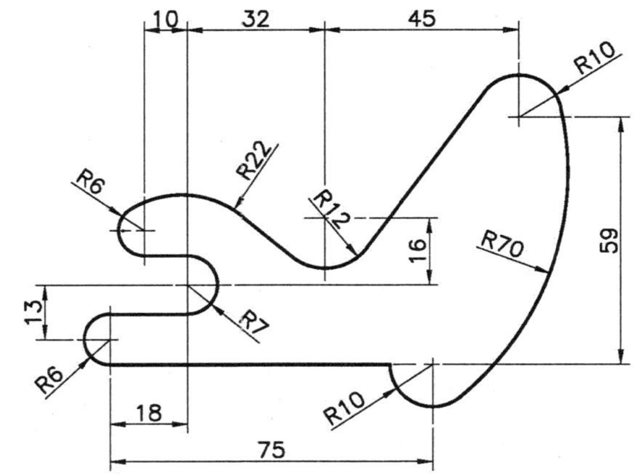
10
32
45
R10
R22
R6
R12
16
59
R70
13
R7
R6
R10
18
75

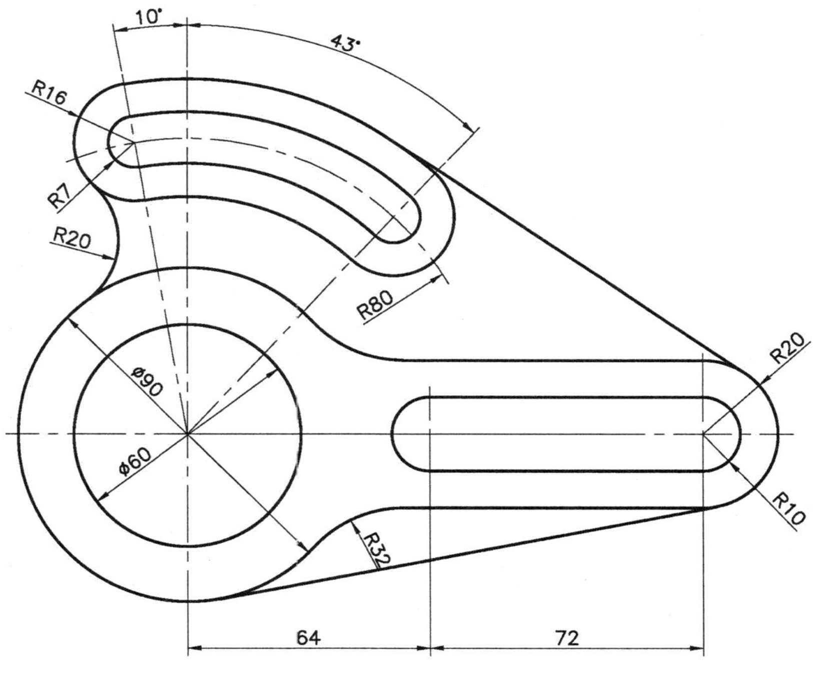
10°
43°
R16
R7
R20
R80
R20
ø90
ø60
R10
R32
64
72

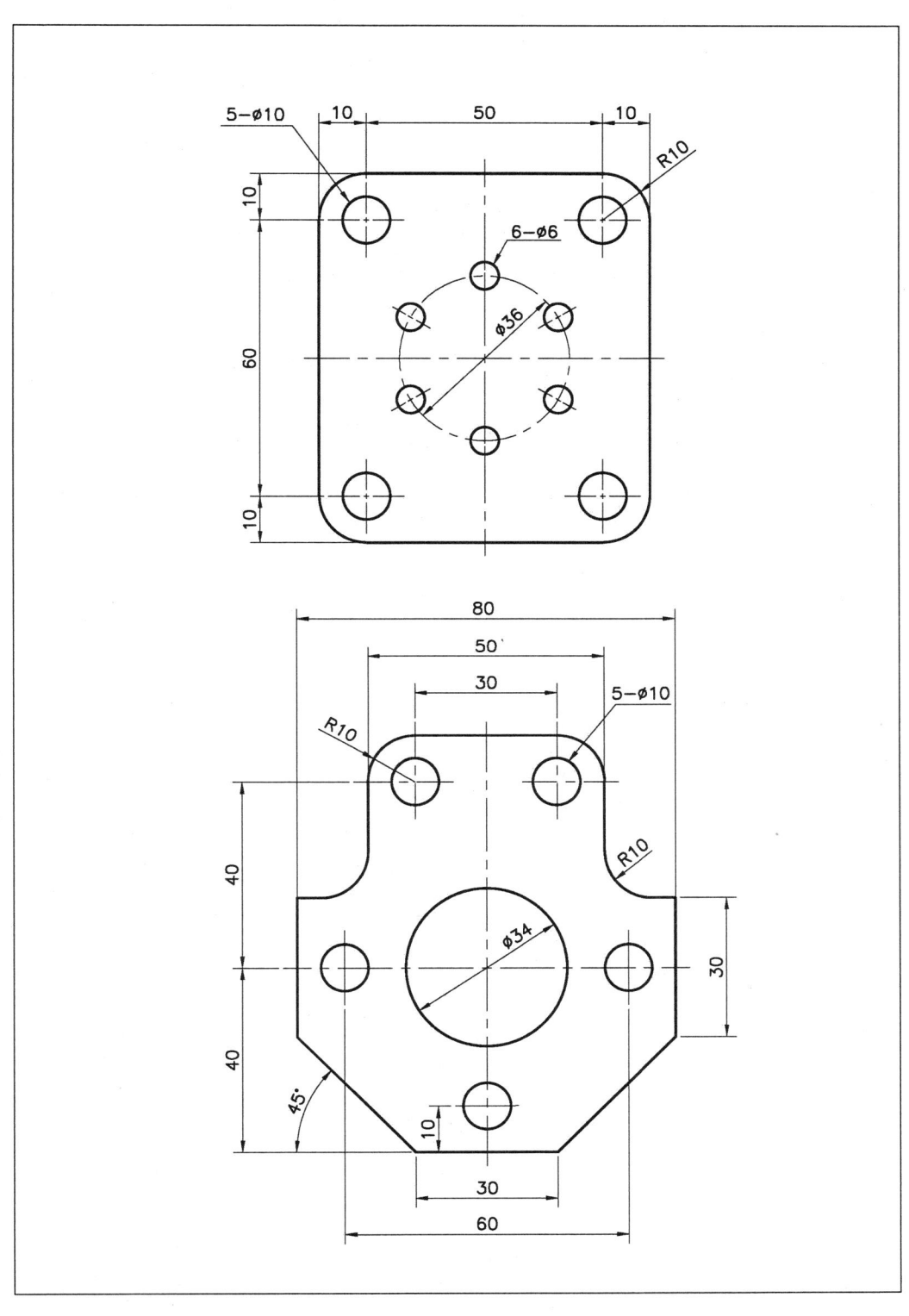

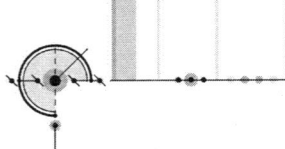

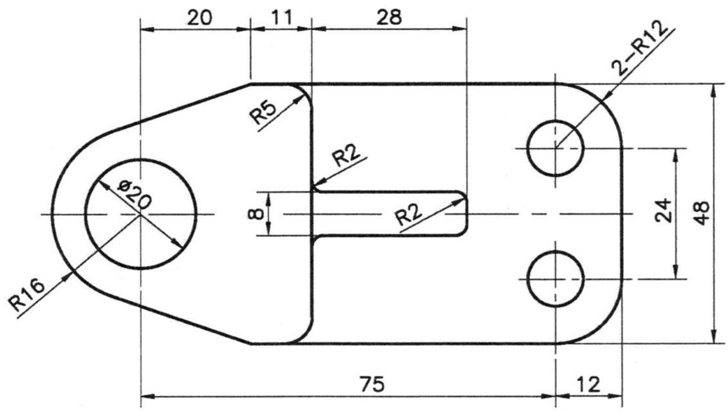
20
11
28
2-R12
R5
R2
ø20
8
R2
24
48
R16
75
12

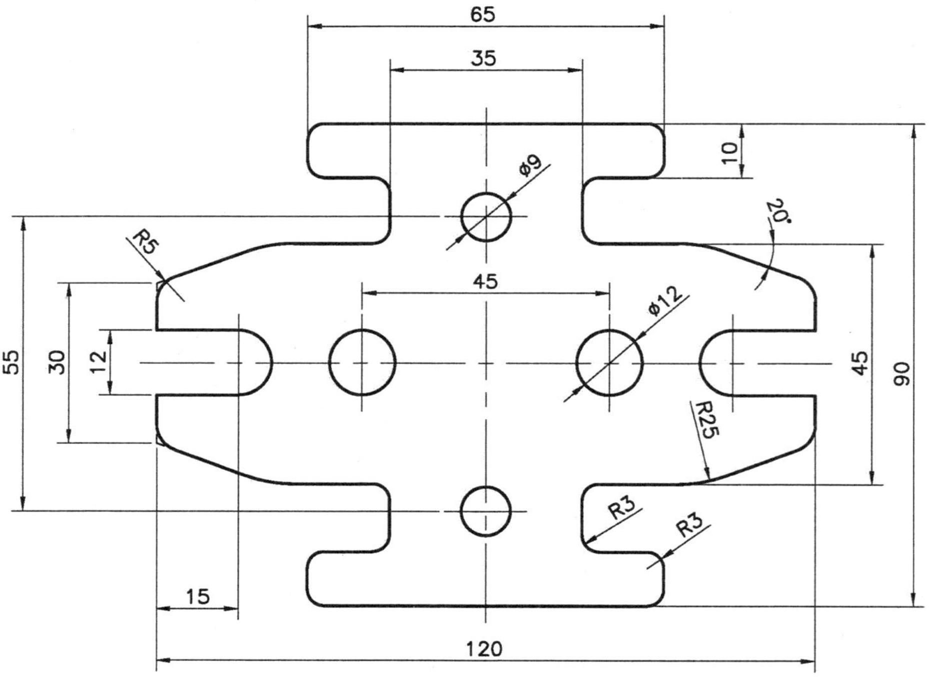
65
35
10
ø9
20°
R5
45
ø12
55
30
12
45
90
R25
R3
R3
15
120

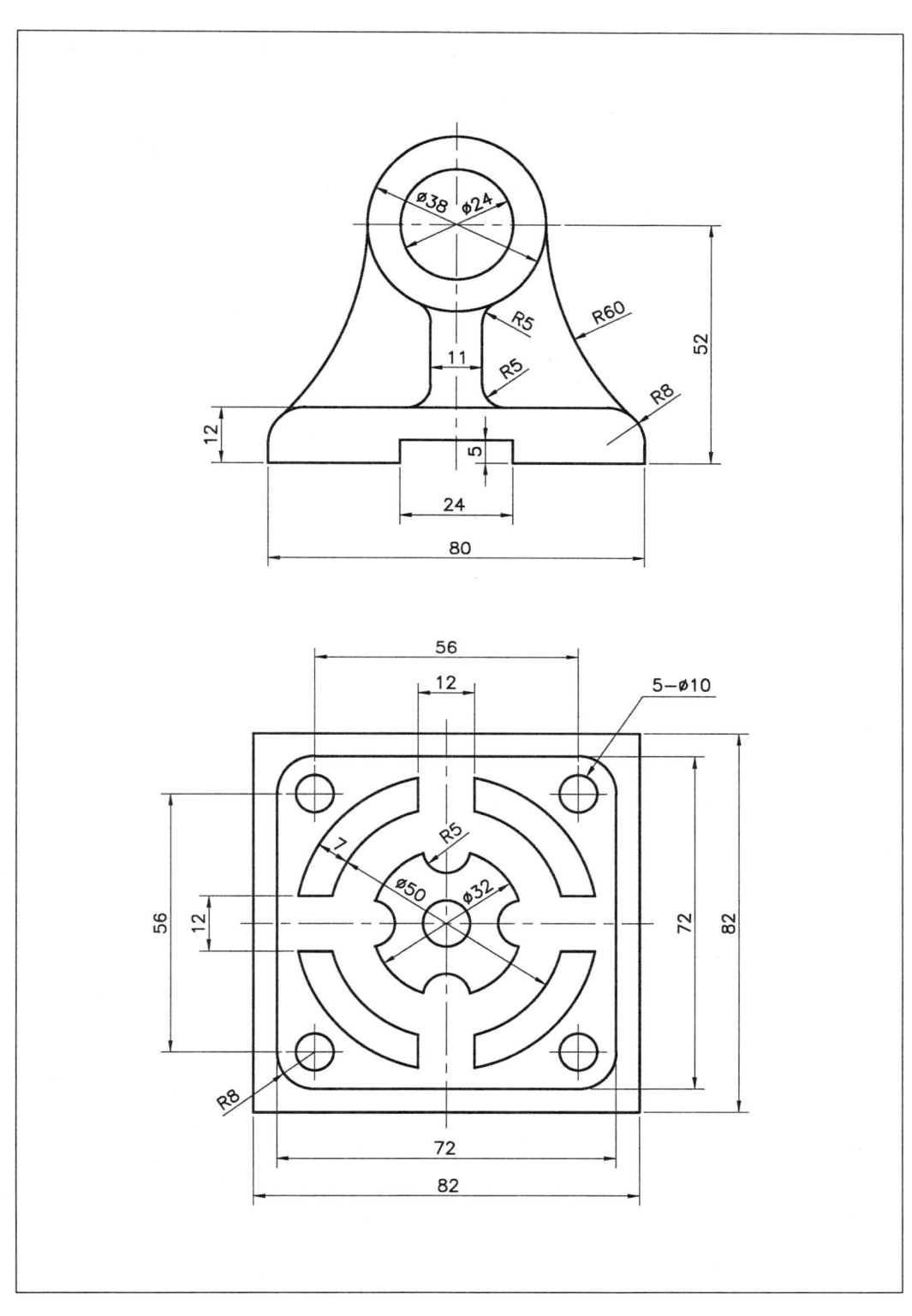

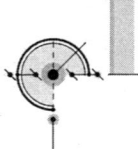

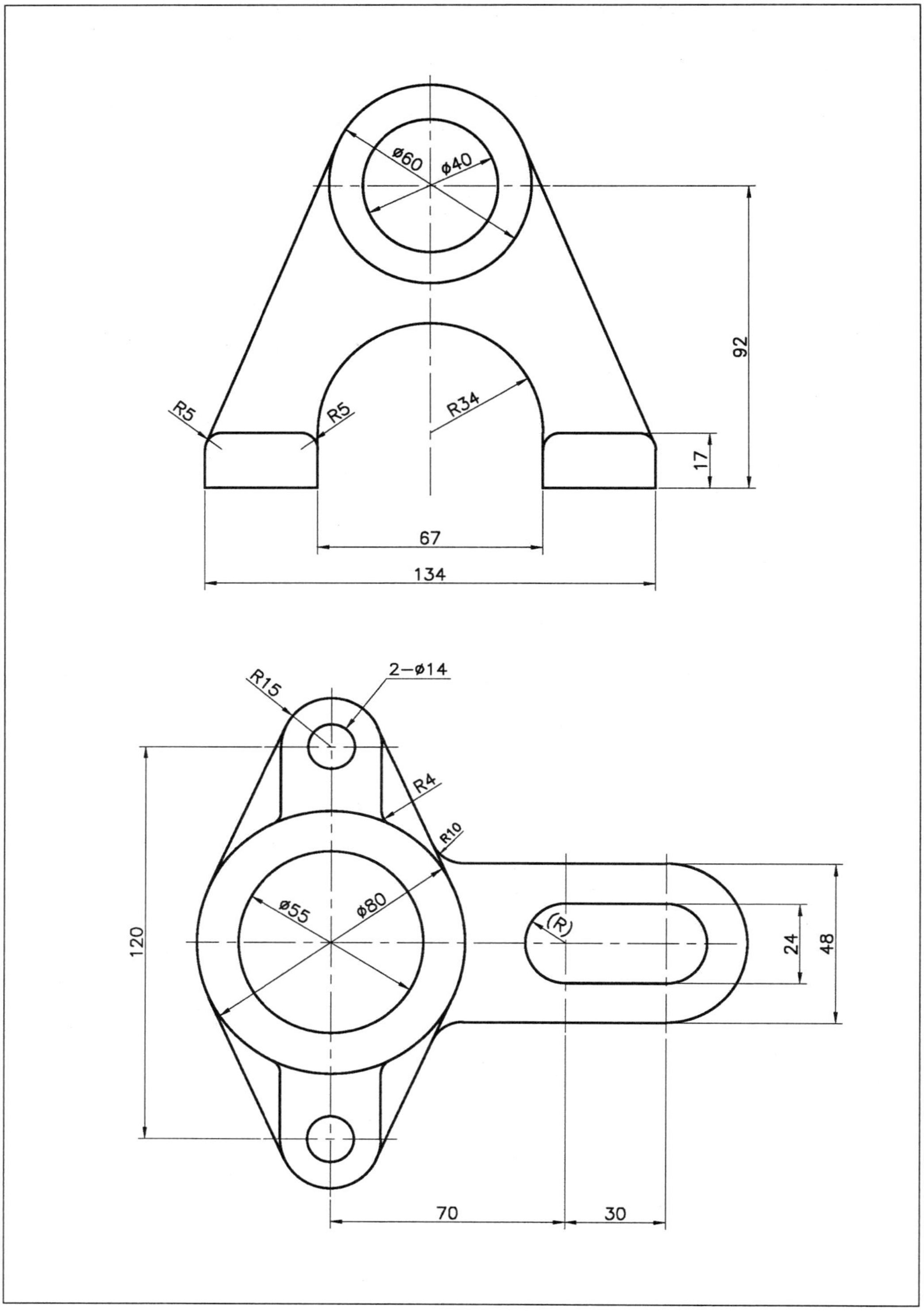

Ø60
Ø40
92
R5
R5
R34
17
67
134
R15
2-Ø14
R4
R10
120
Ø55
Ø80
(R)
24
48
70
30

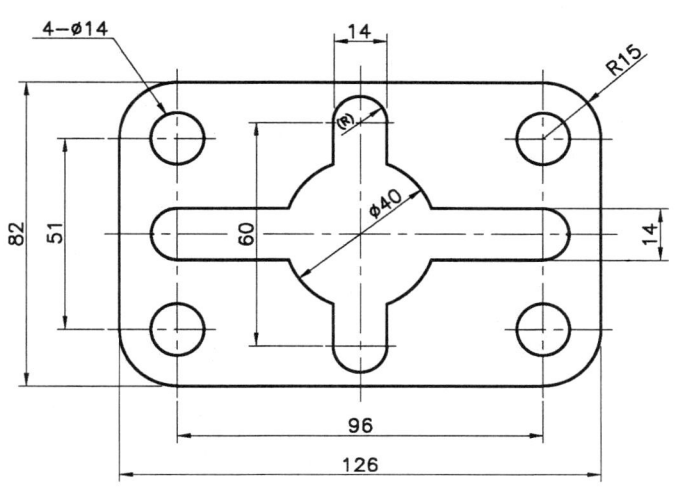
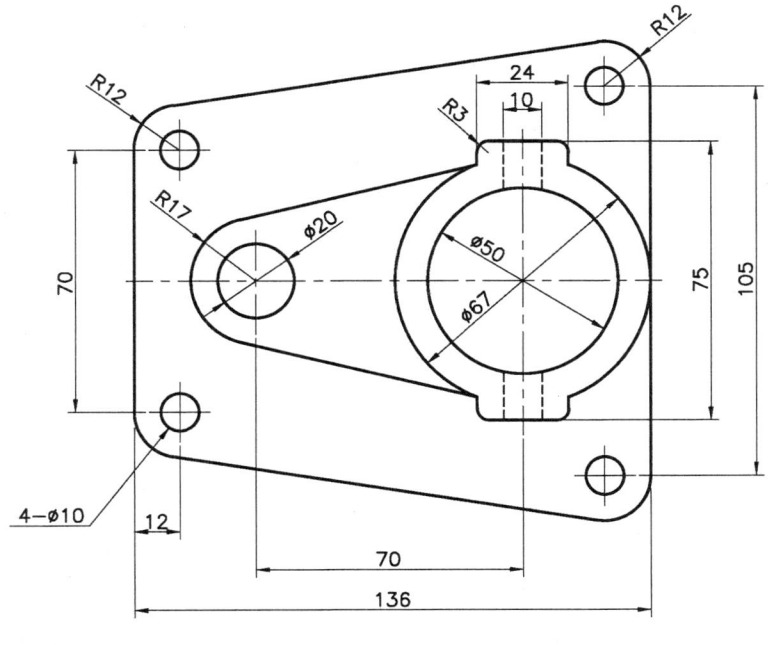

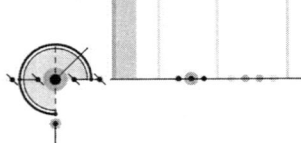

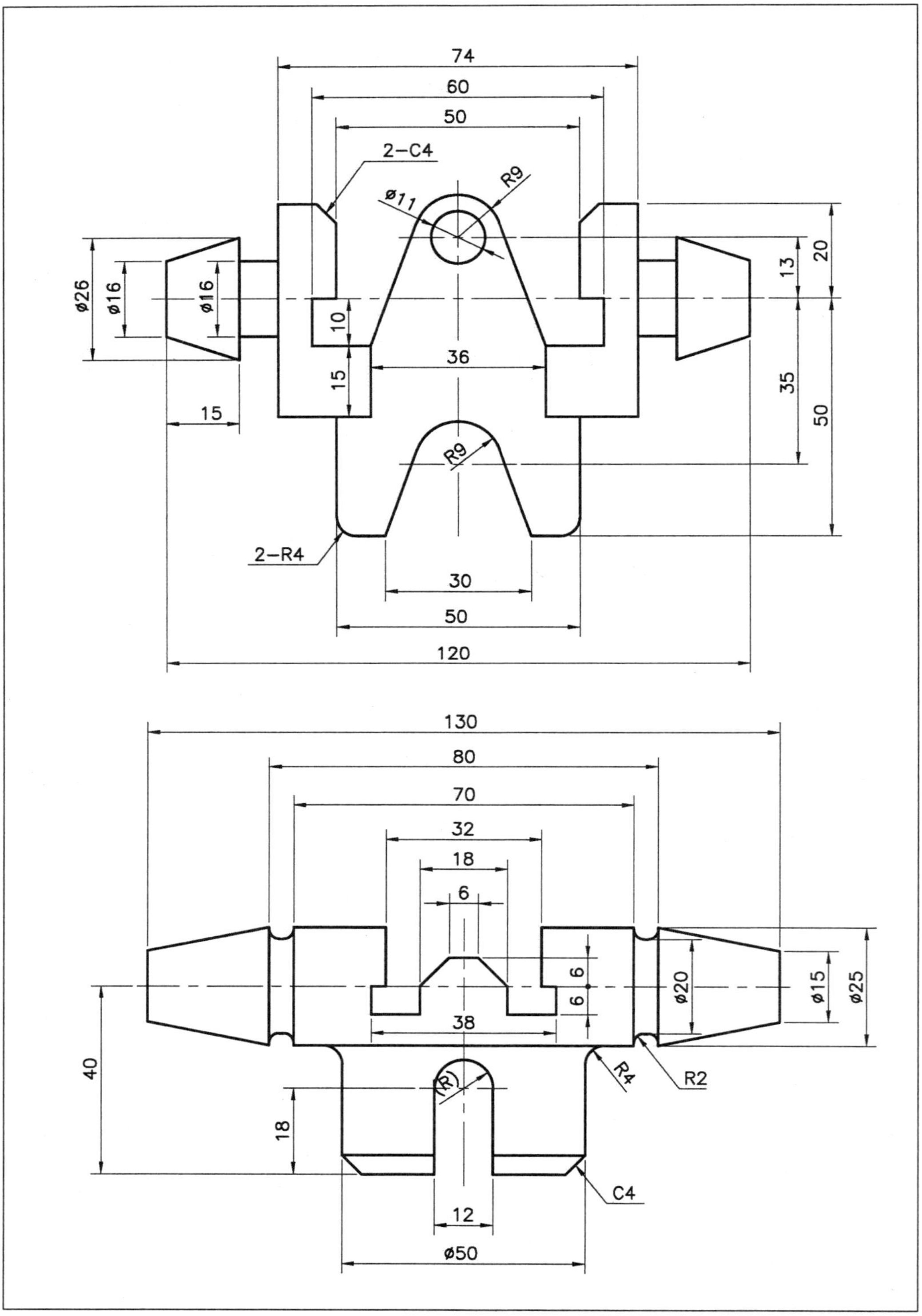
74
60
50
2-C4
R9
ø11
ø26
ø16
ø16
10
15
36
15
R9
2-R4
30
50
120
20
13
35
50
130
80
70
32
18
6
6
6
38
ø20
ø15
ø25
40
(R)
R4
R2
18
C4
12
ø50

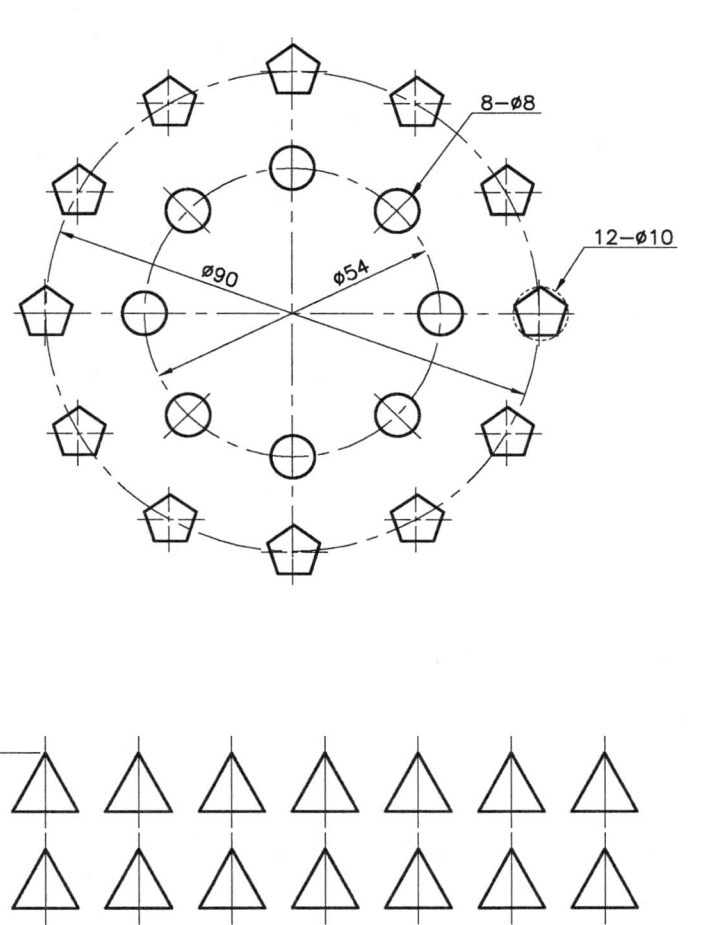

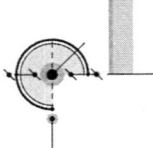

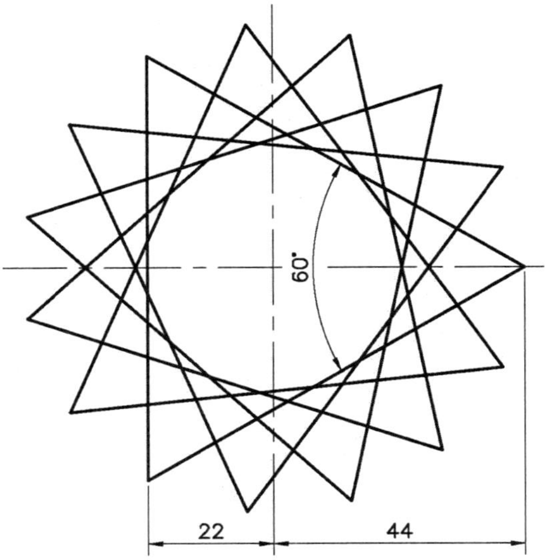

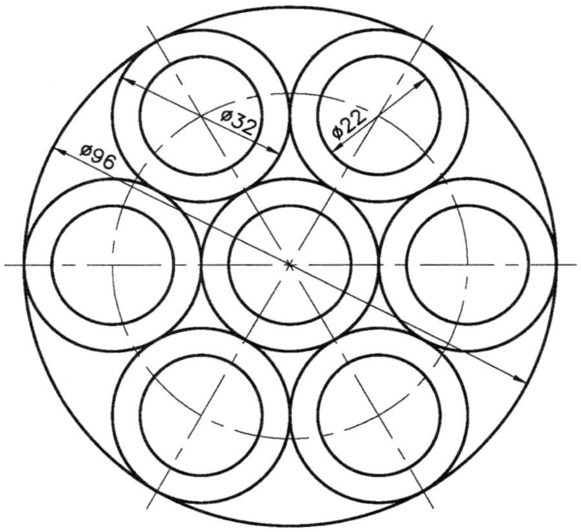

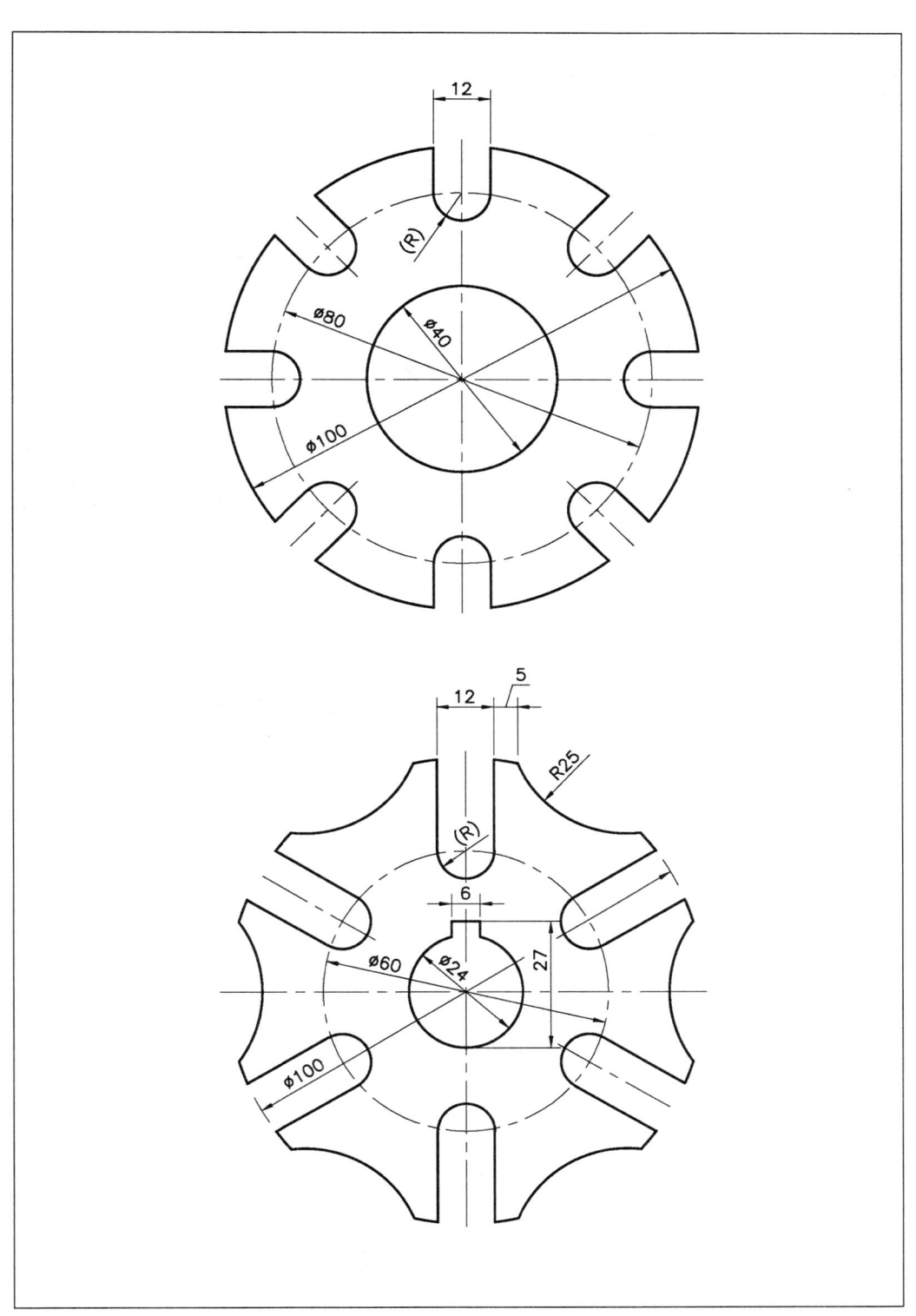

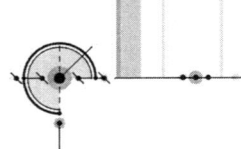

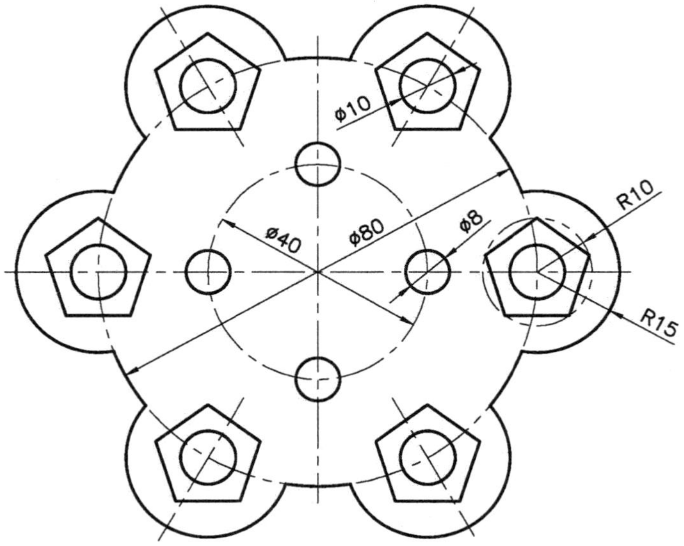
ø10
R10
ø40
ø80
ø8
R15

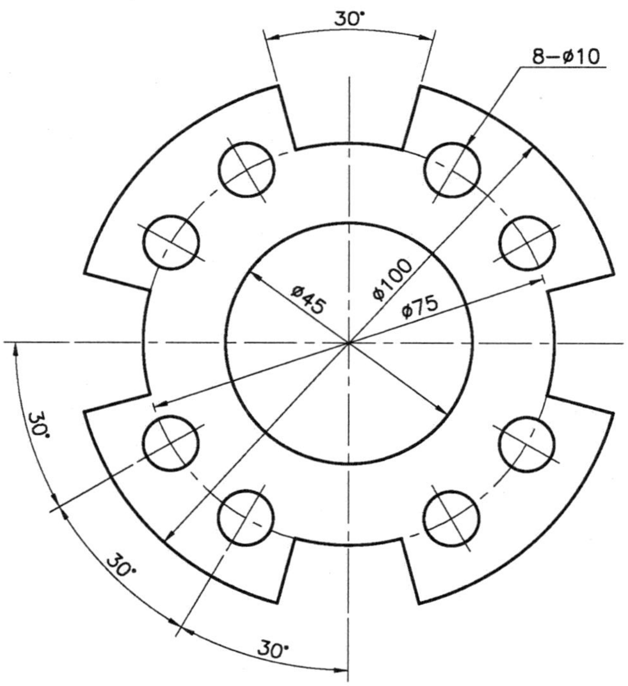
30°
8-ø10
ø45
ø100
ø75
30°
30°
30°

37°
19°
R9
R3
R5
26
ø96
ø38
R5
R9
6–ø5

90°
15°
ø6
ø30
ø50
ø10
ø90
ø100

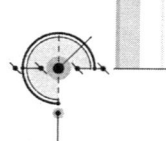

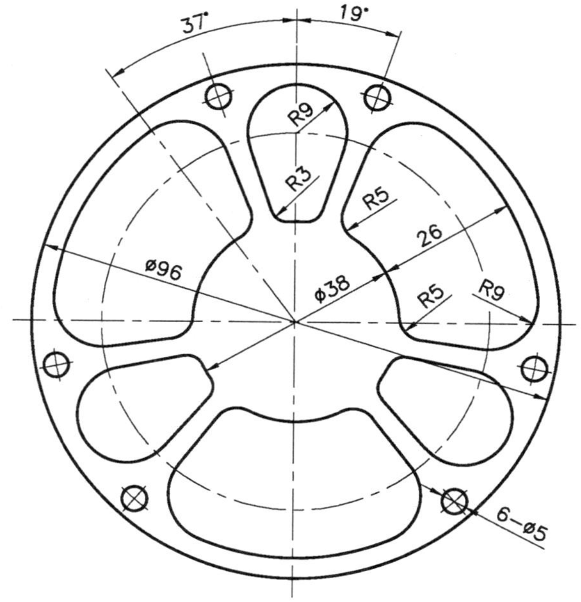

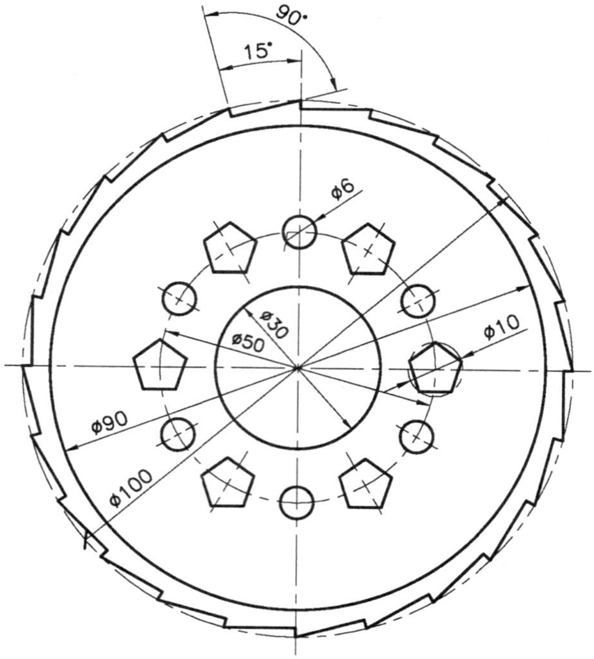

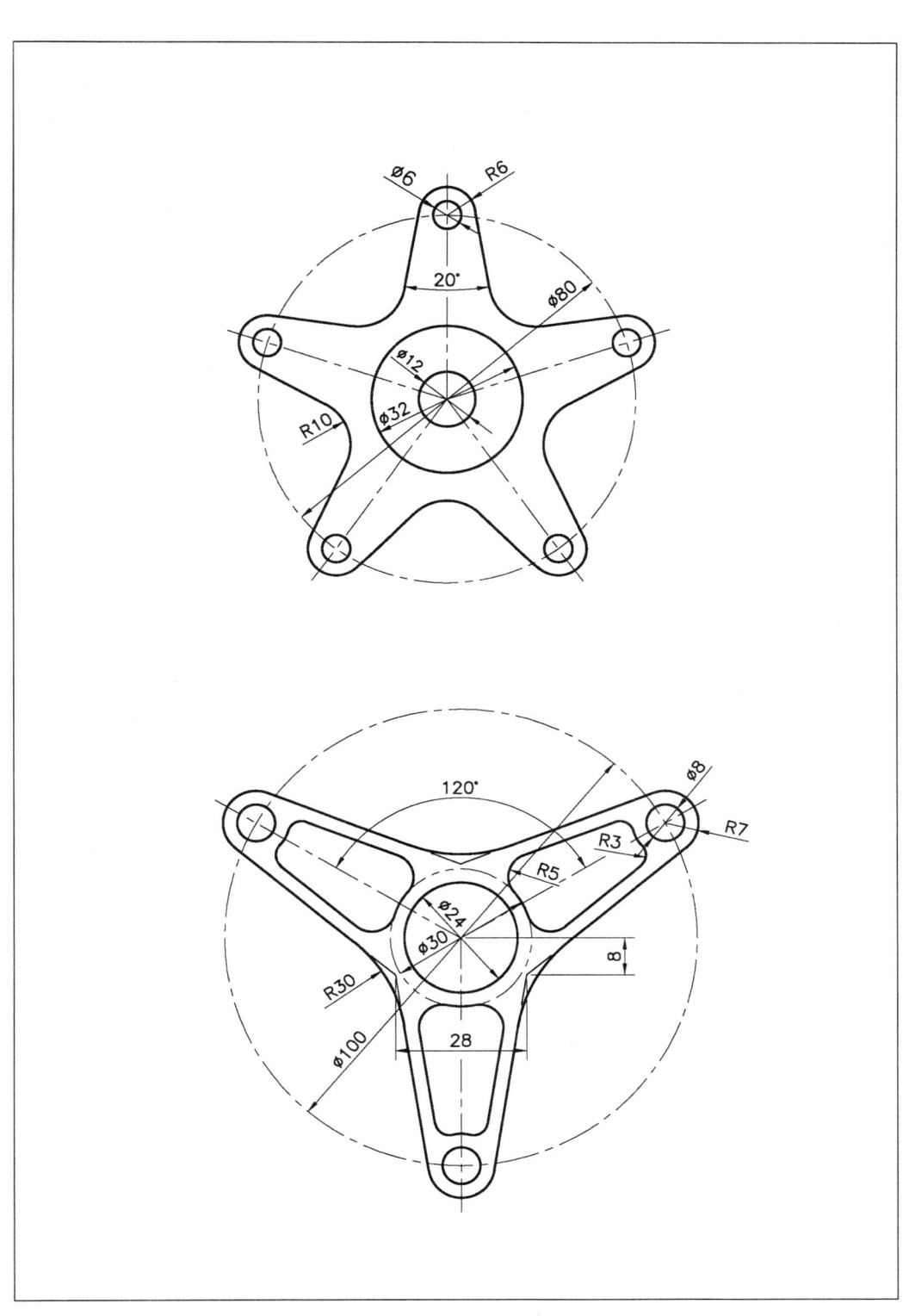

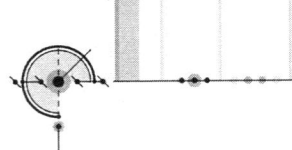

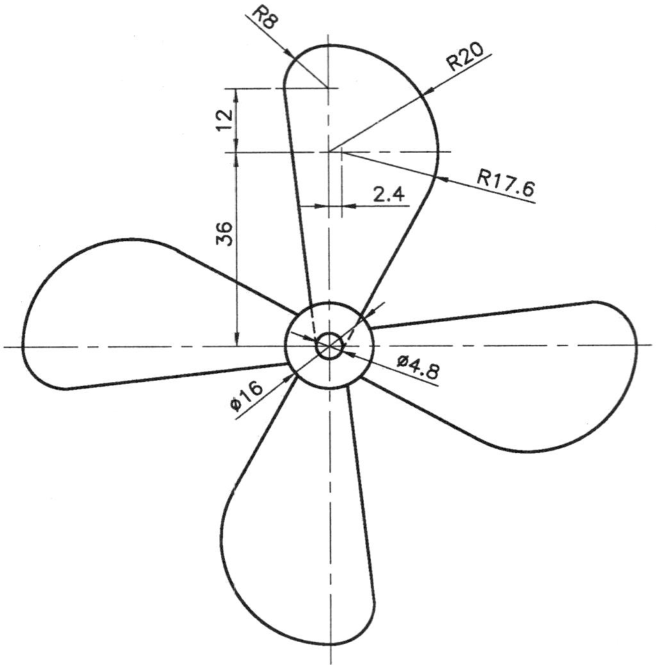
R8
R20
12
36
2.4
R17.6
ø4.8
ø16

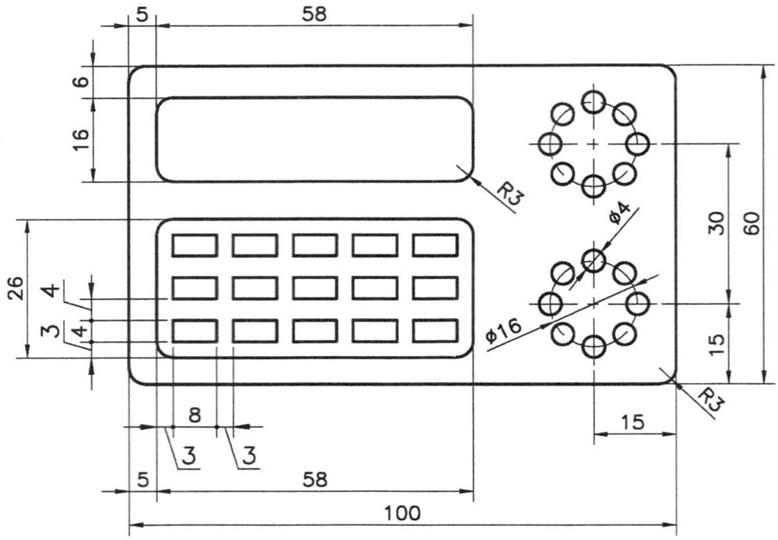
5
58
6
16
R3
26
4
3
4
ø4
30
60
ø16
15
R3
8
3
3
15
5
58
100

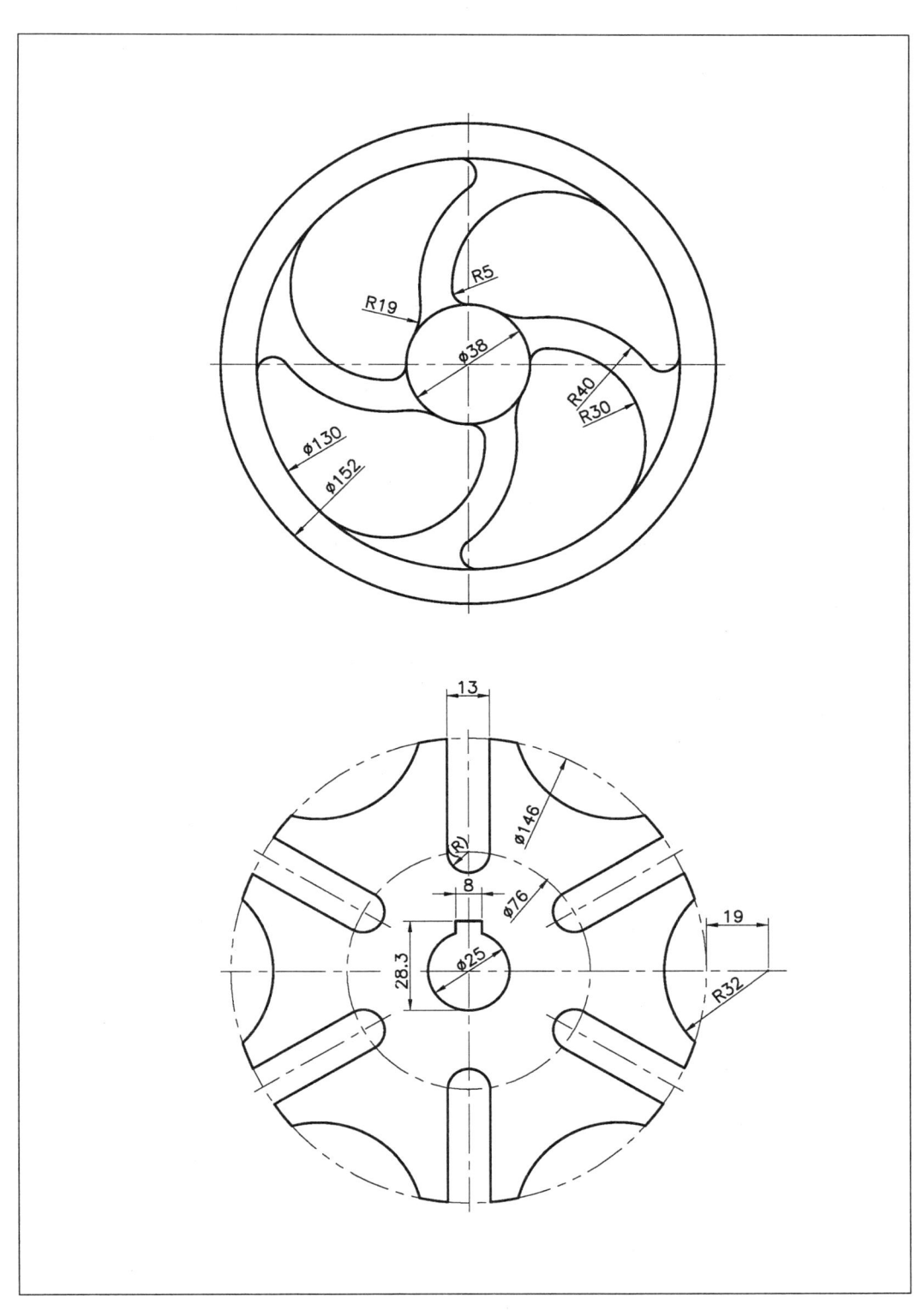

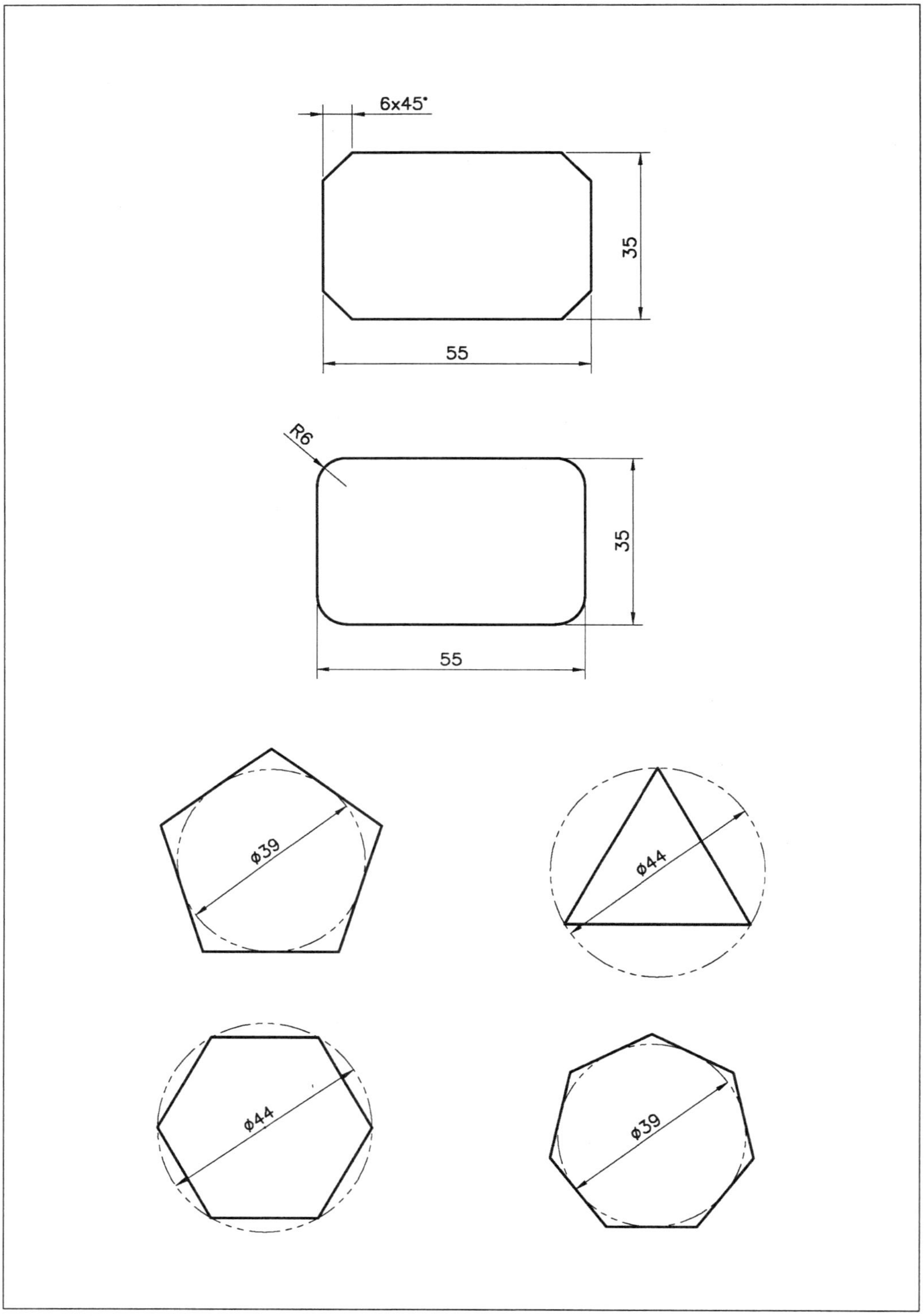
6x45°
35
55
R6
35
55
ϕ39
ϕ44
ϕ44
ϕ39

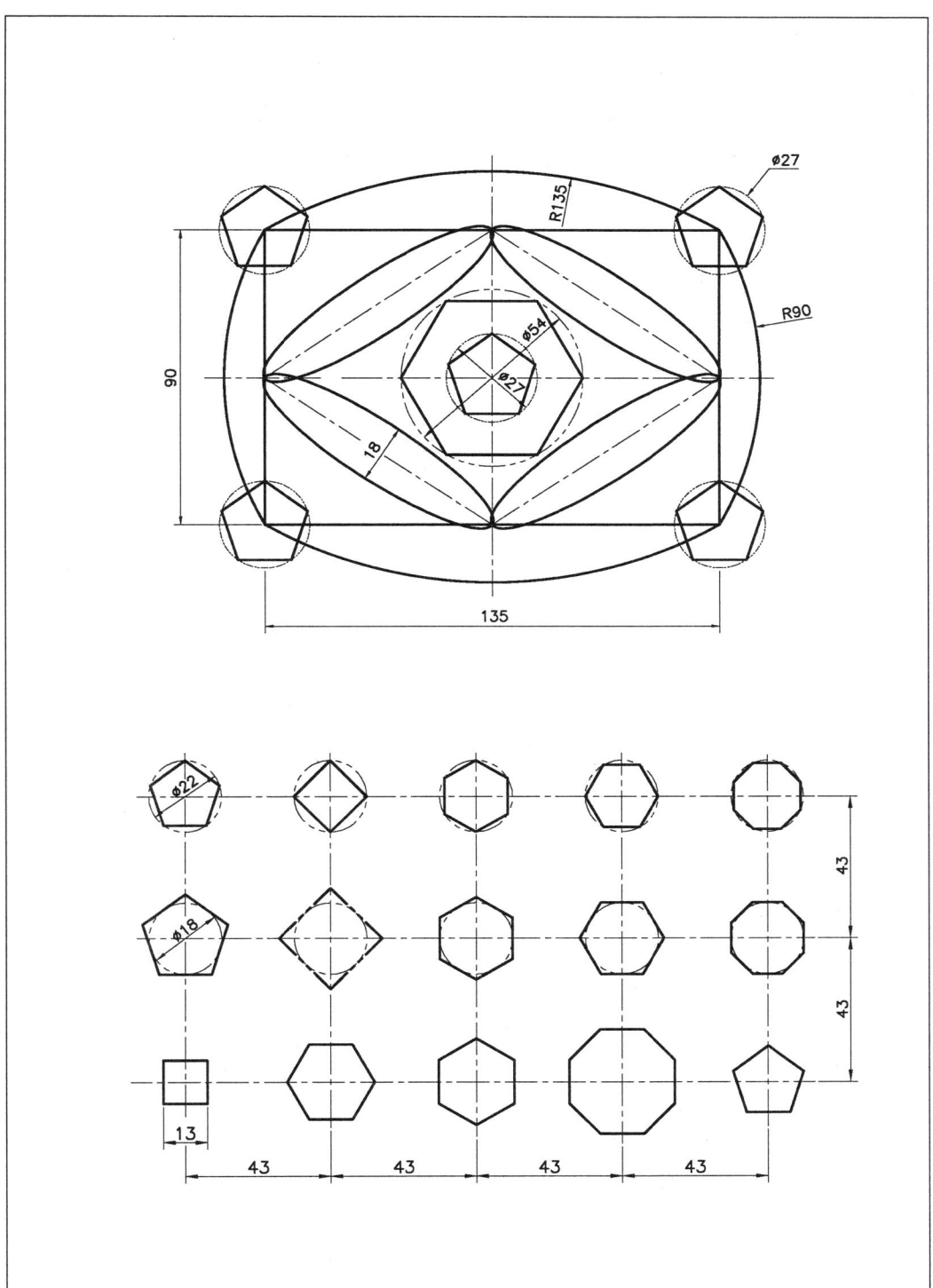

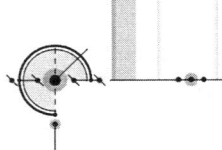

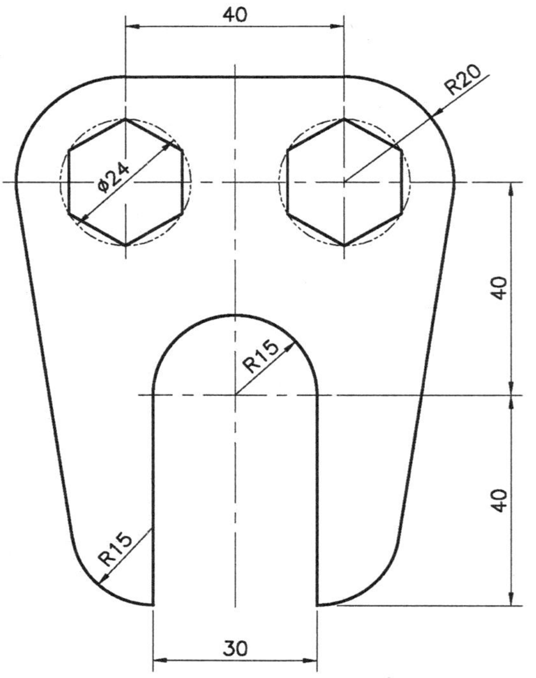
40
R20
ø24
40
R15
40
R15
30

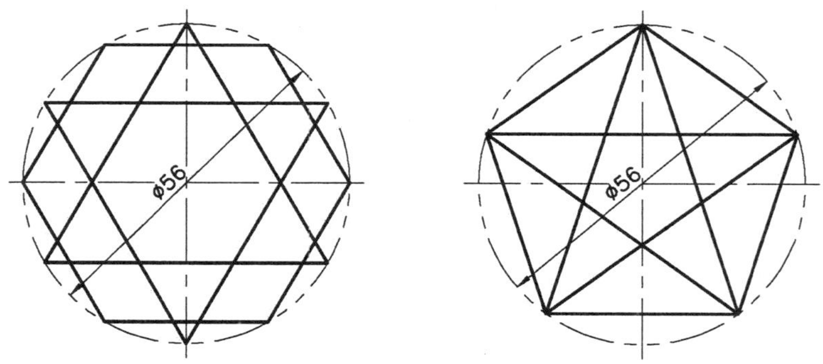
ø56
ø56

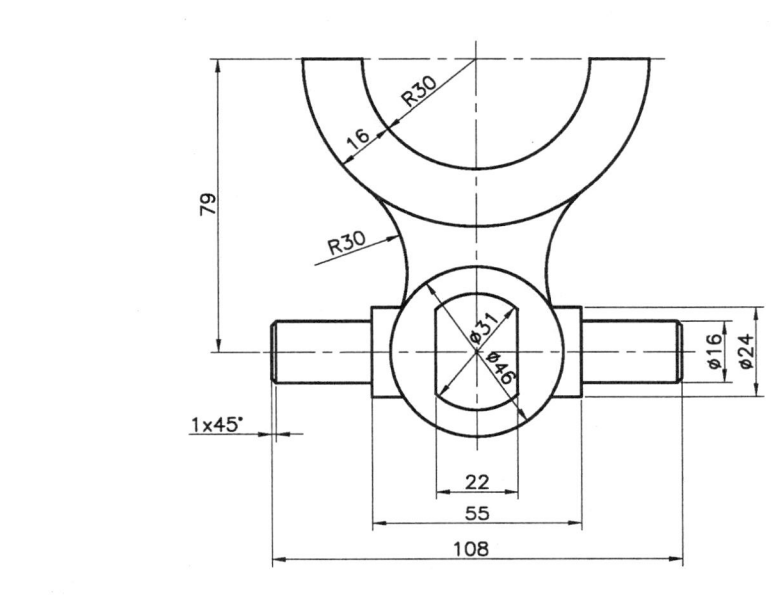

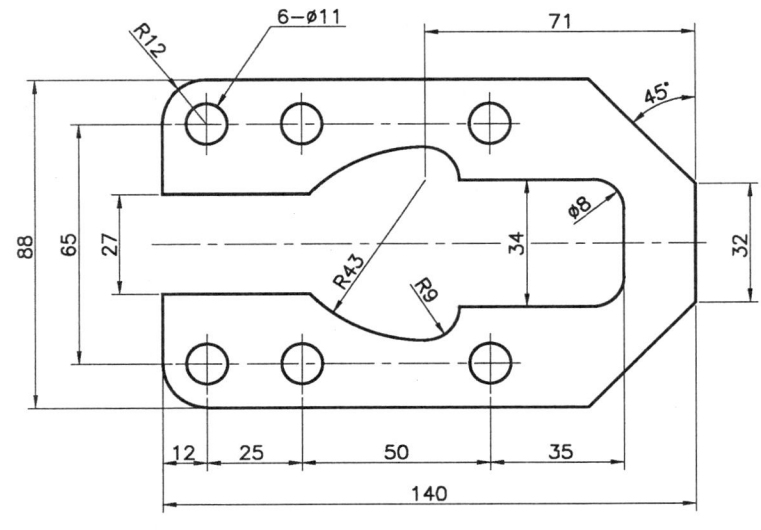

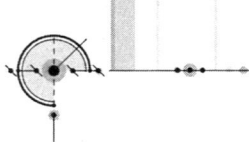

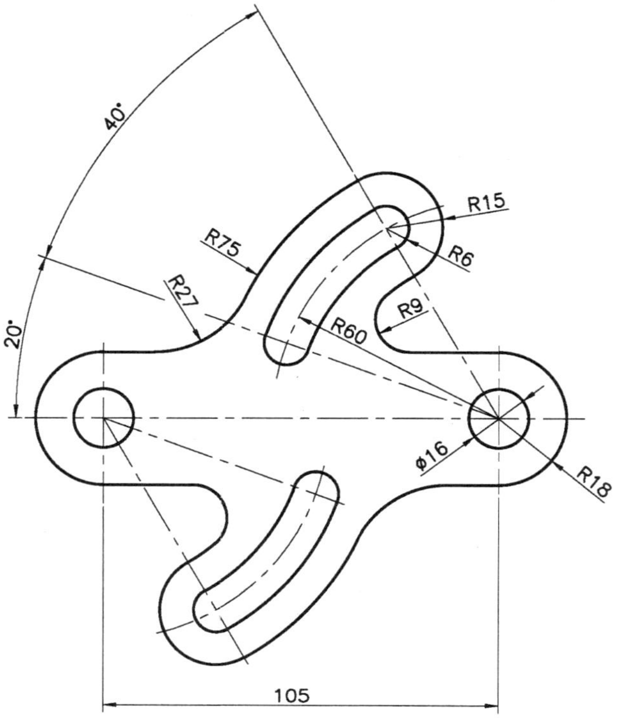
40°
20°
R75
R27
R15
R6
R9
R60
ø16
R18
105

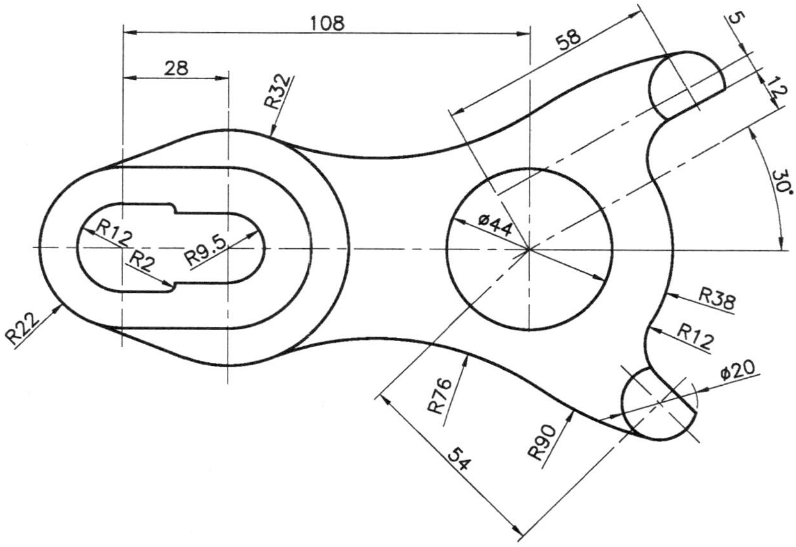
108
28
R32
58
5
12
30°
R12
R2
R9.5
ø44
R22
R38
R12
ø20
R76
R90
54

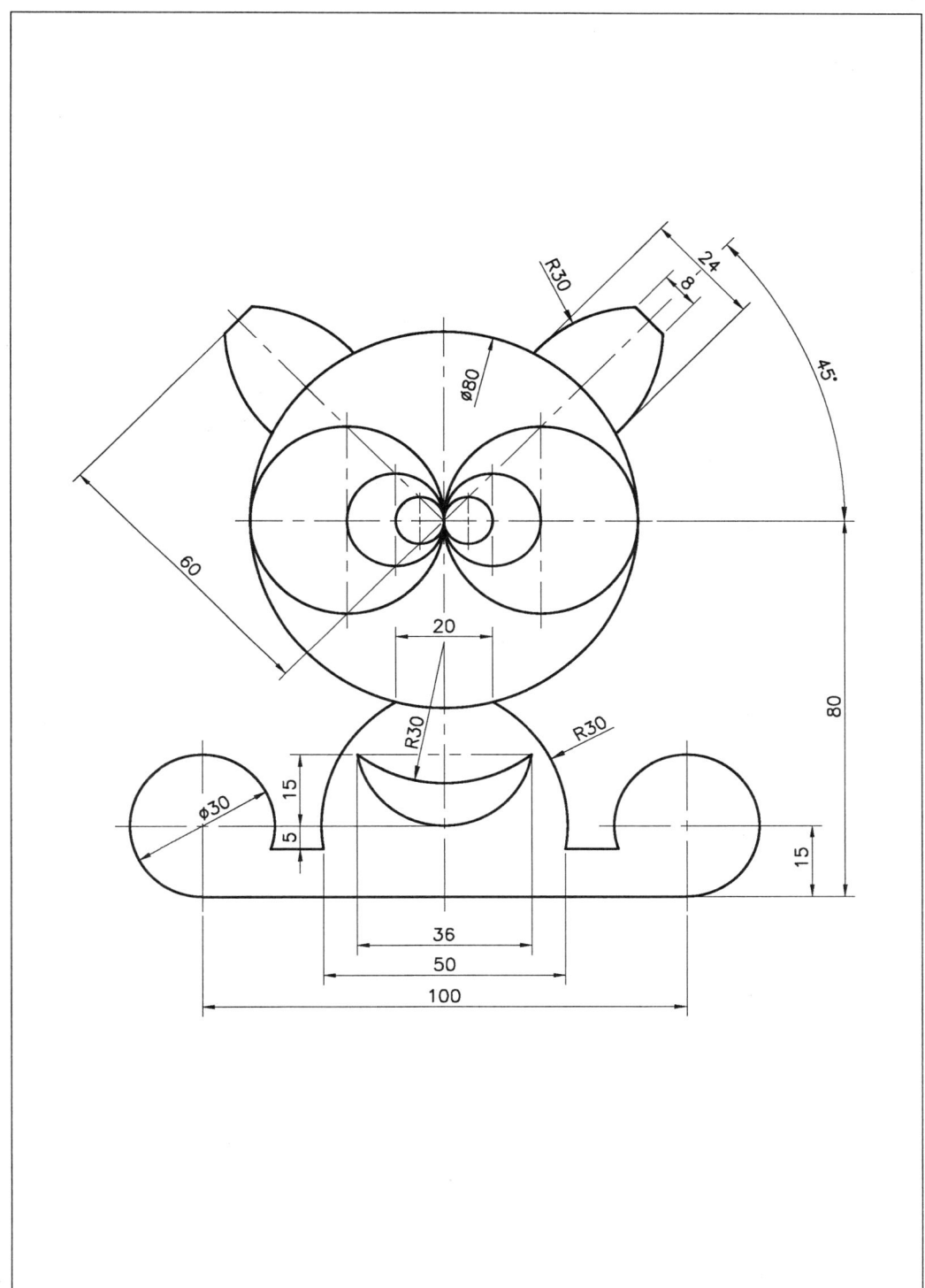

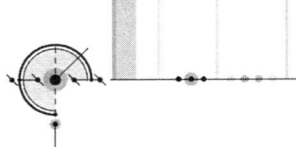

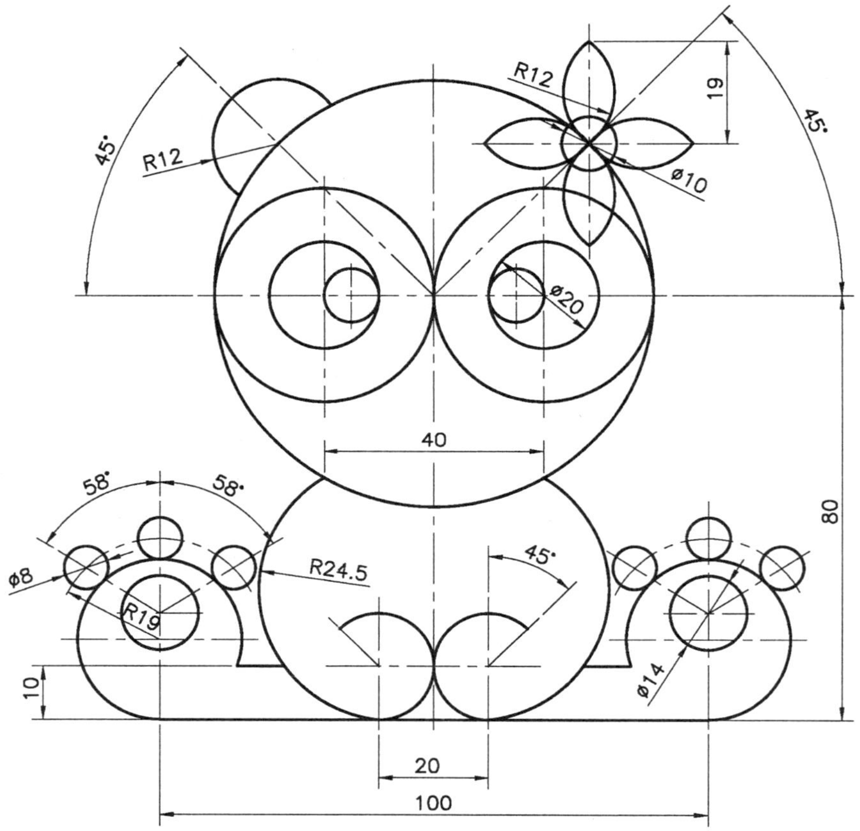
45°
R12
R12
19
45°
ø10
ø20
40
80
58°
58°
ø8
R19
R24.5
45°
ø14
10
20
100

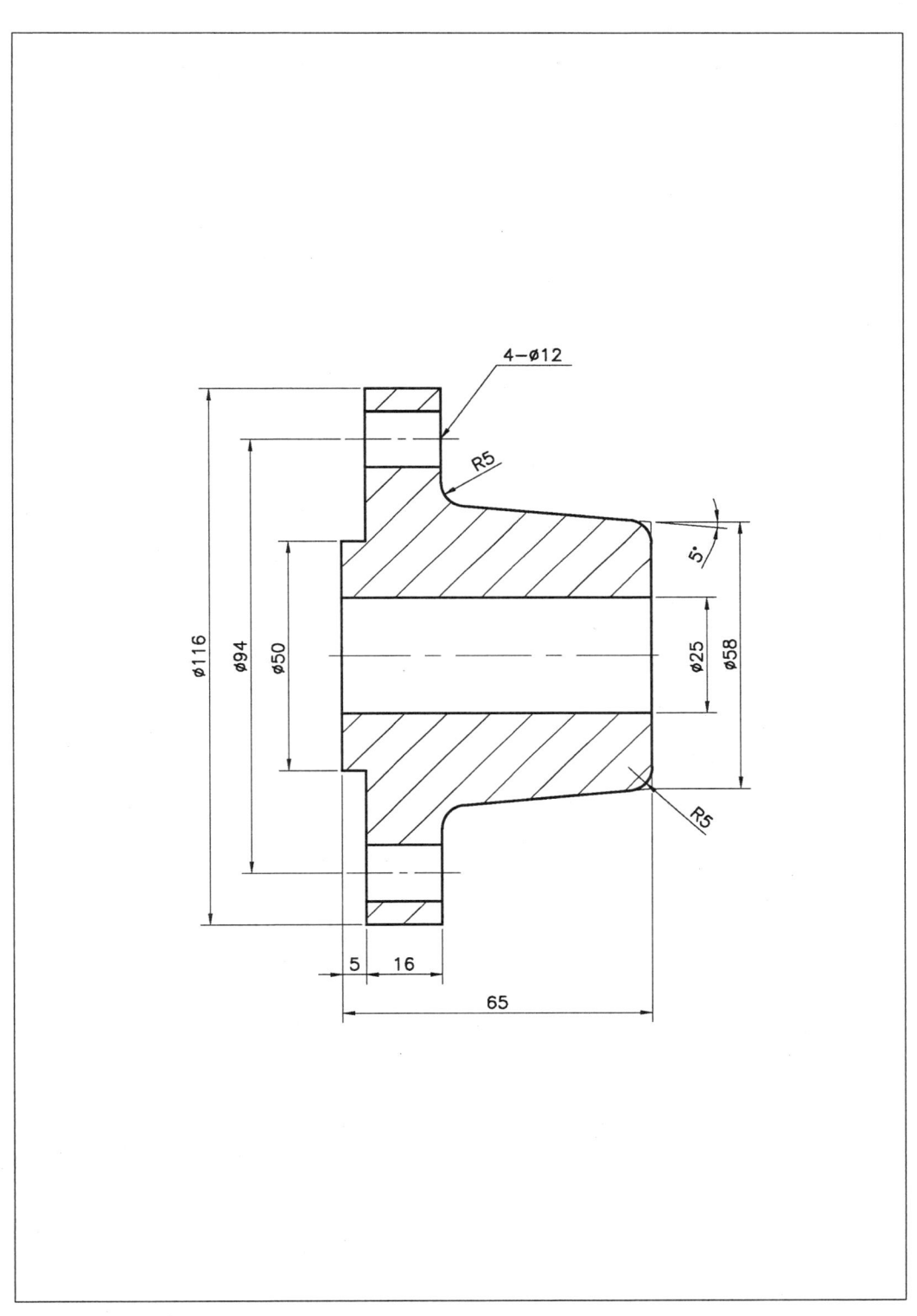

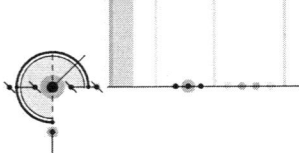

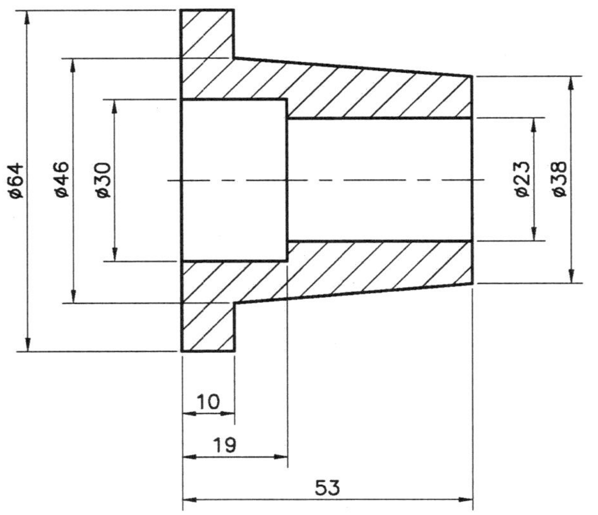
ø64
ø46
ø30
ø23
ø38
10
19
53

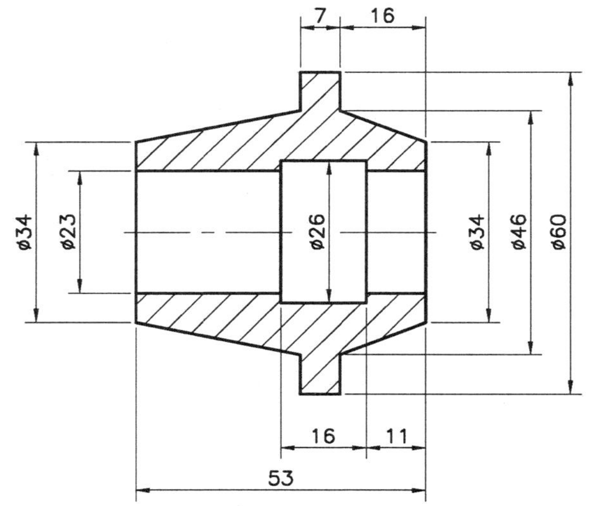
7
16
ø34
ø23
ø26
ø34
ø46
ø60
16
11
53

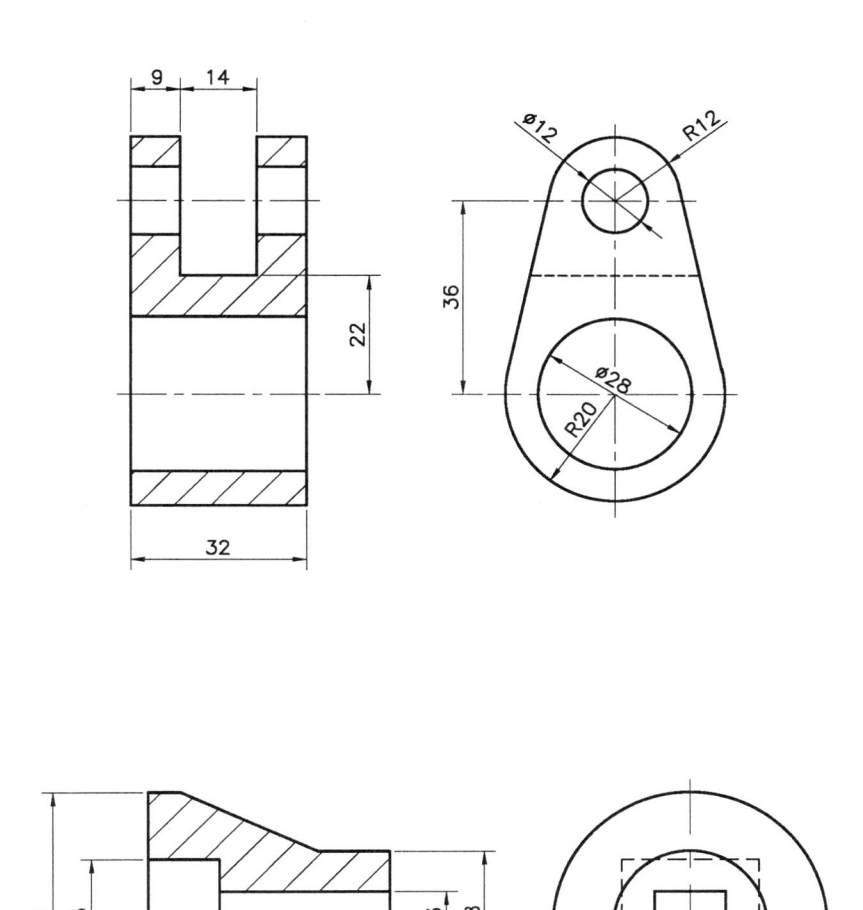

115
65
4
R4
ø30
ø45
50
R4
ø30
ø45
R40
8
55
R4
R3
10
R4
10
30°
90
130

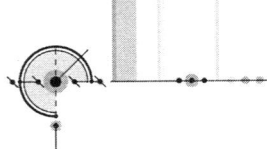

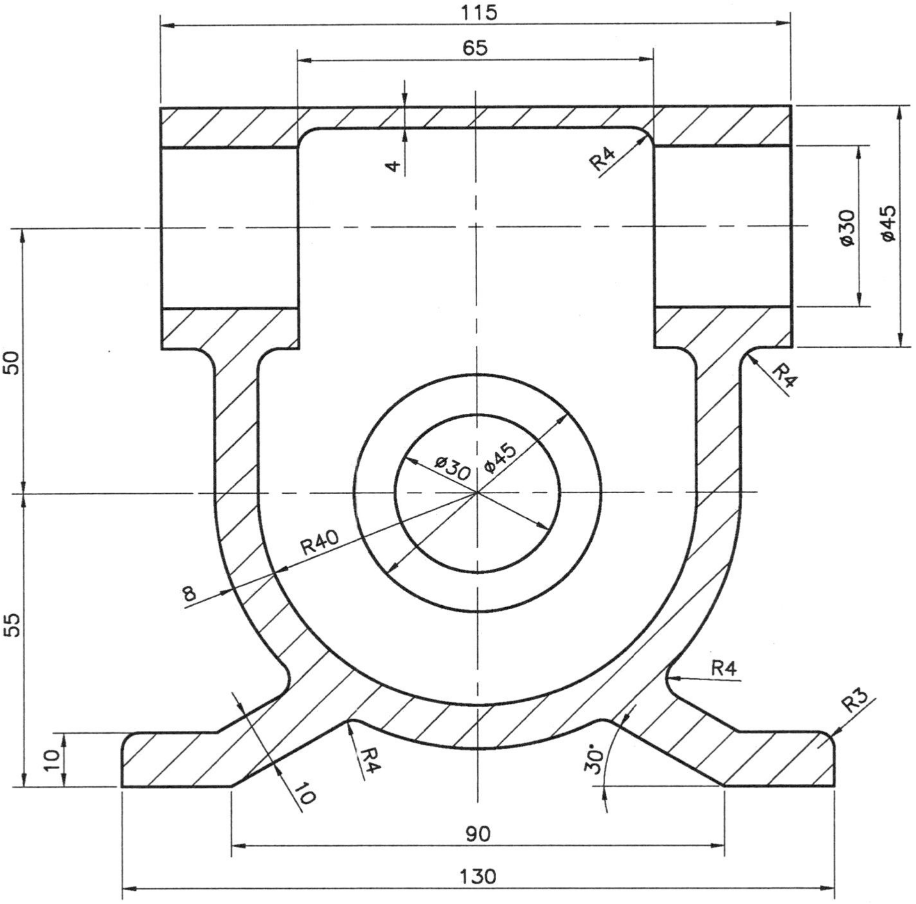

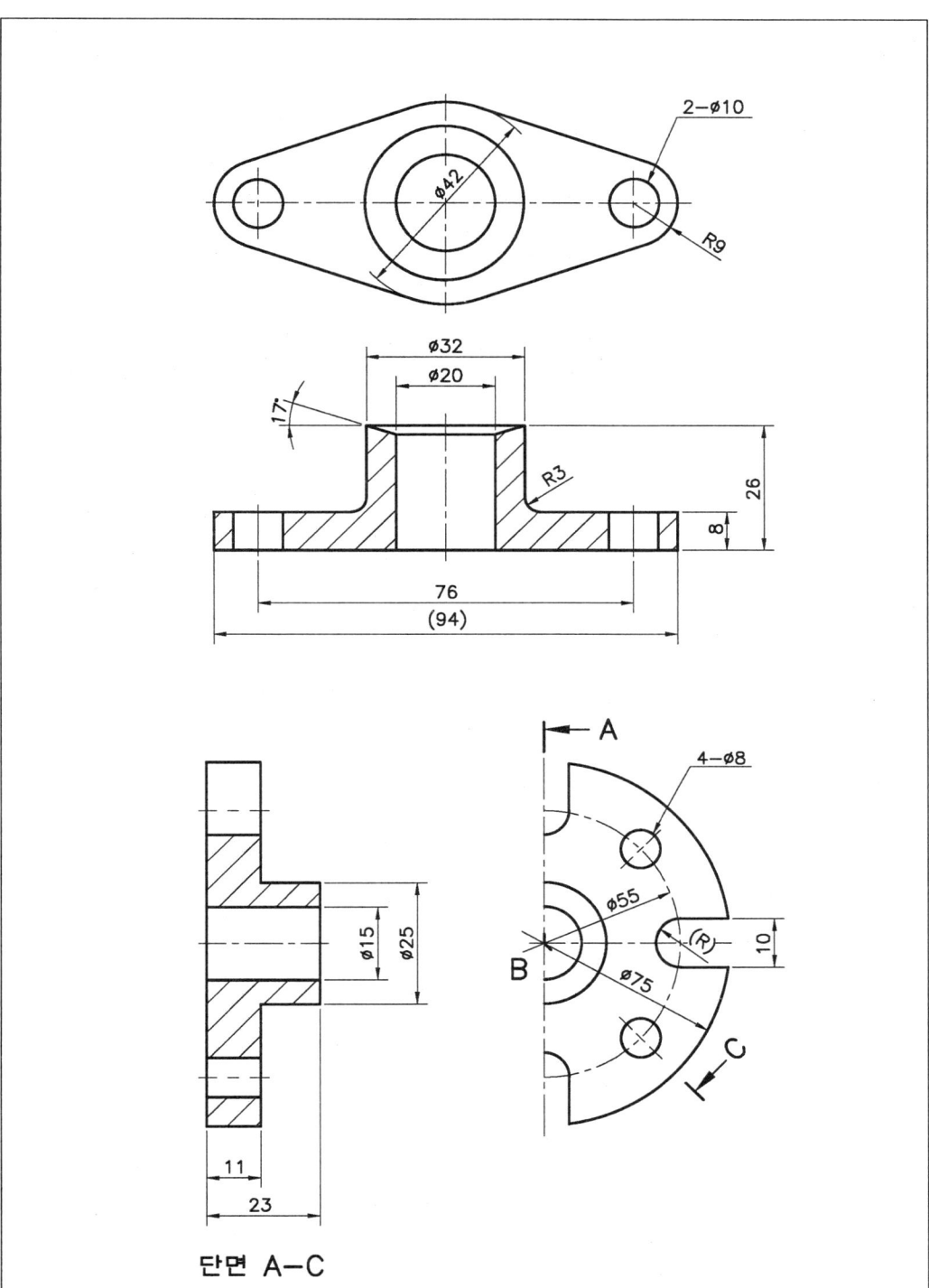

단면 A-C

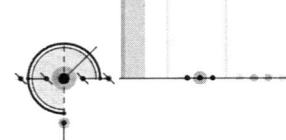

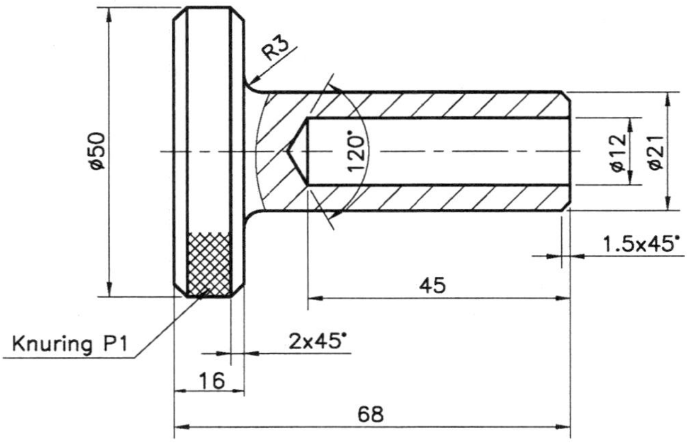
R3
ø50
120°
ø12
ø21
1.5x45°
45
Knuring P1
2x45°
16
68

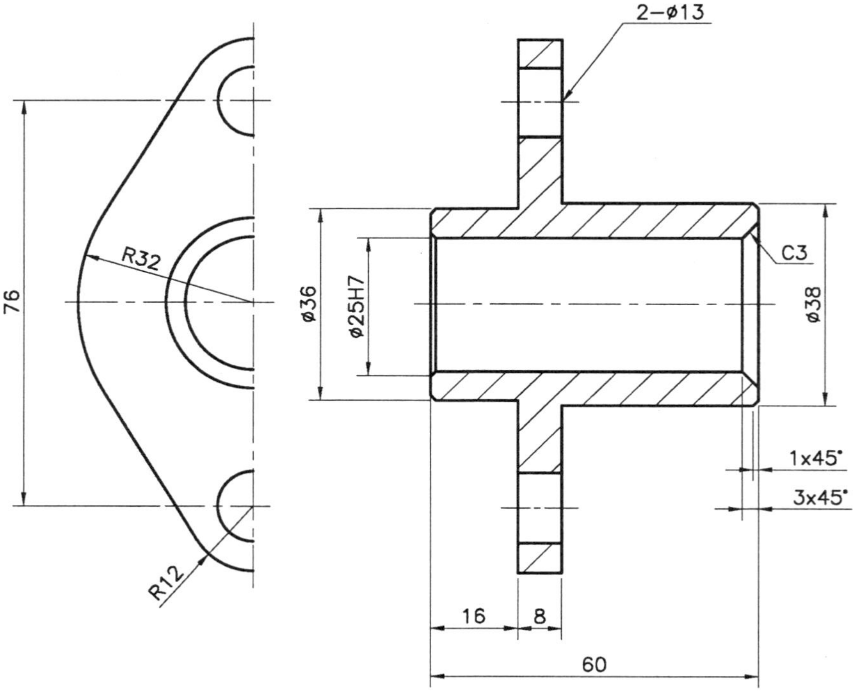
2–ø13
76
R32
R12
ø36
ø25H7
C3
ø38
1x45°
3x45°
16
8
60

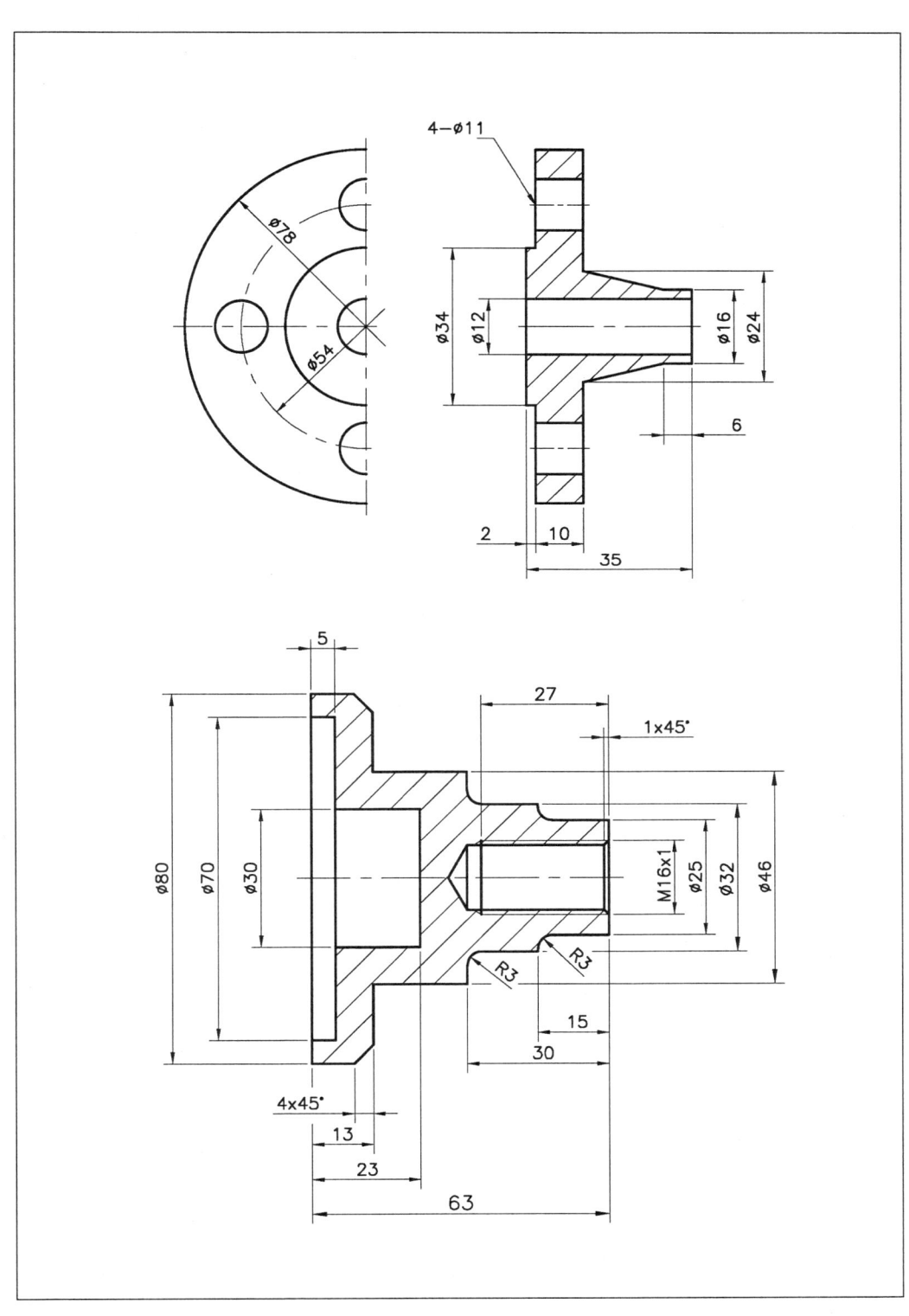

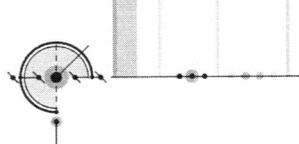

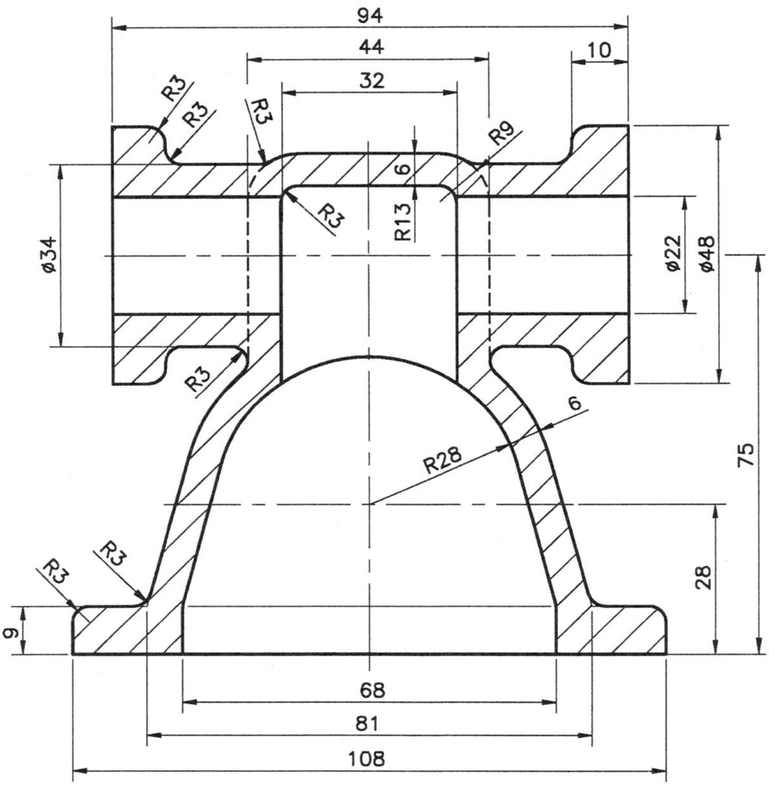
94
44
10
32
R3
R3
R3
R9
6
R3
R13
ø34
ø22
ø48
R3
6
R28
75
R3
R3
28
9
68
81
108

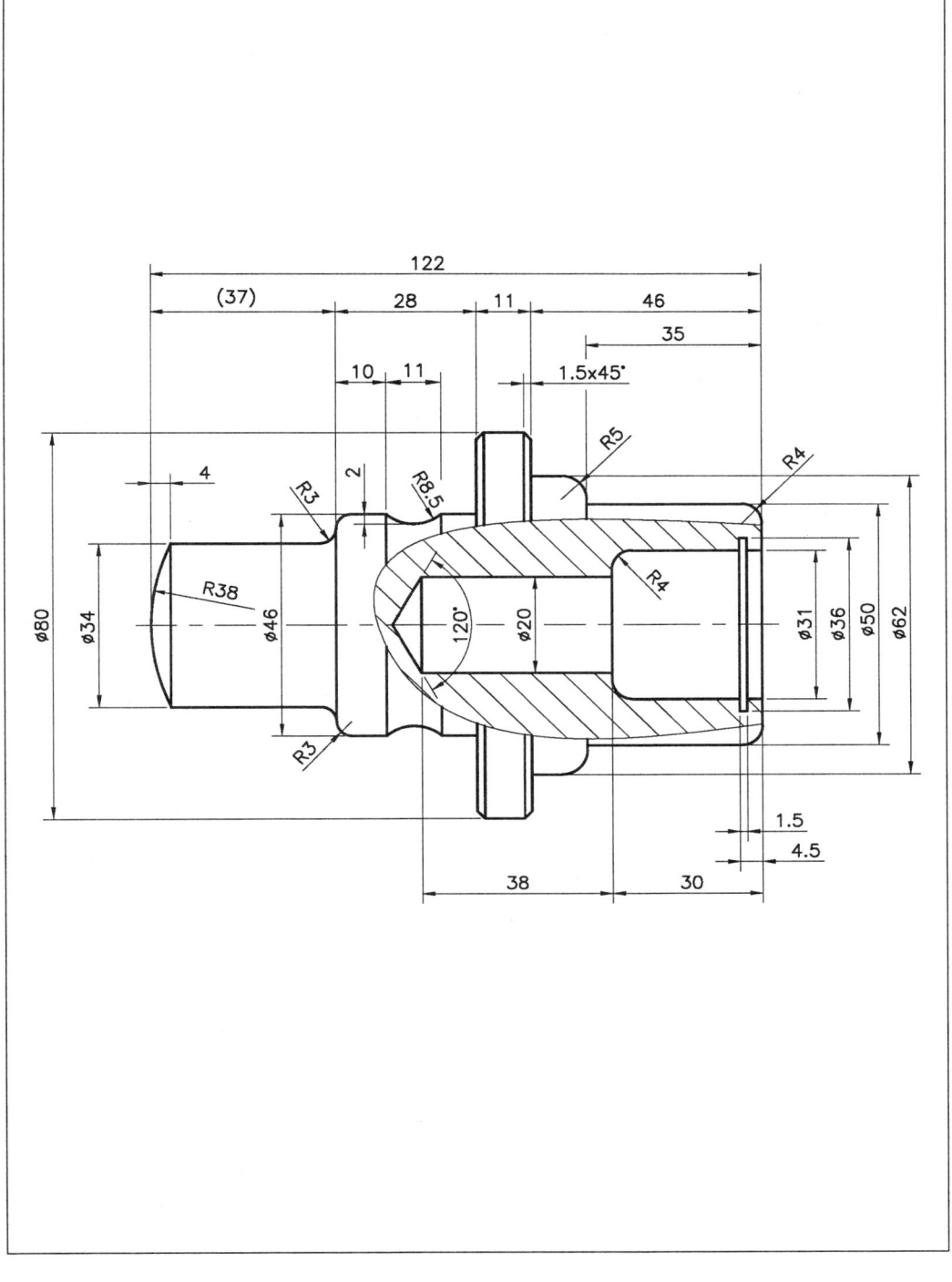

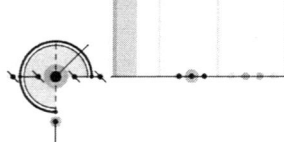

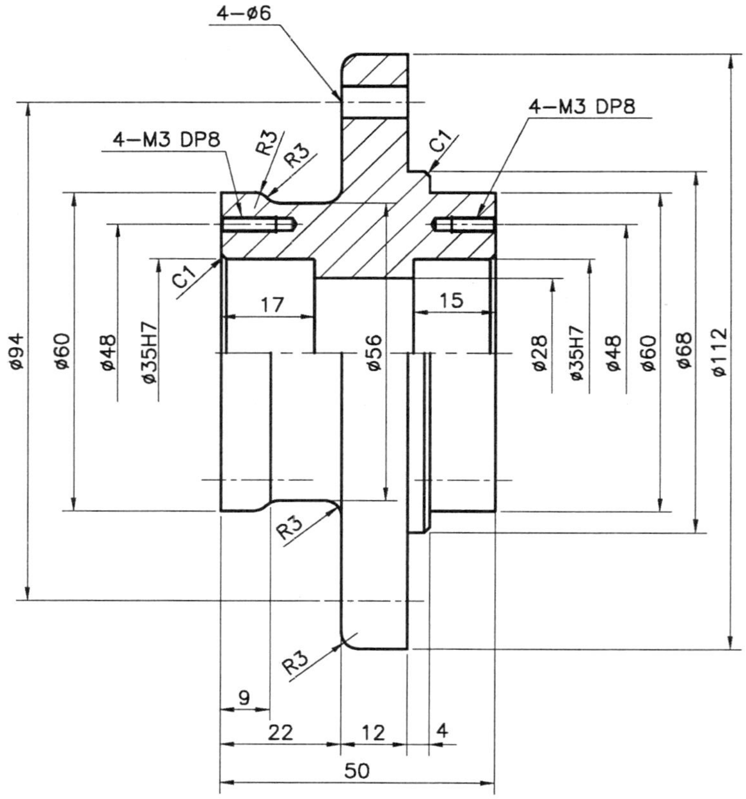
4-ø6
4-M3 DP8
4-M3 DP8
R3
R3
C1
C1
R3
R3
17
15
ø94
ø60
ø48
ø35H7
ø56
ø28
ø35H7
ø48
ø60
ø68
ø112
9
22
12
4
50

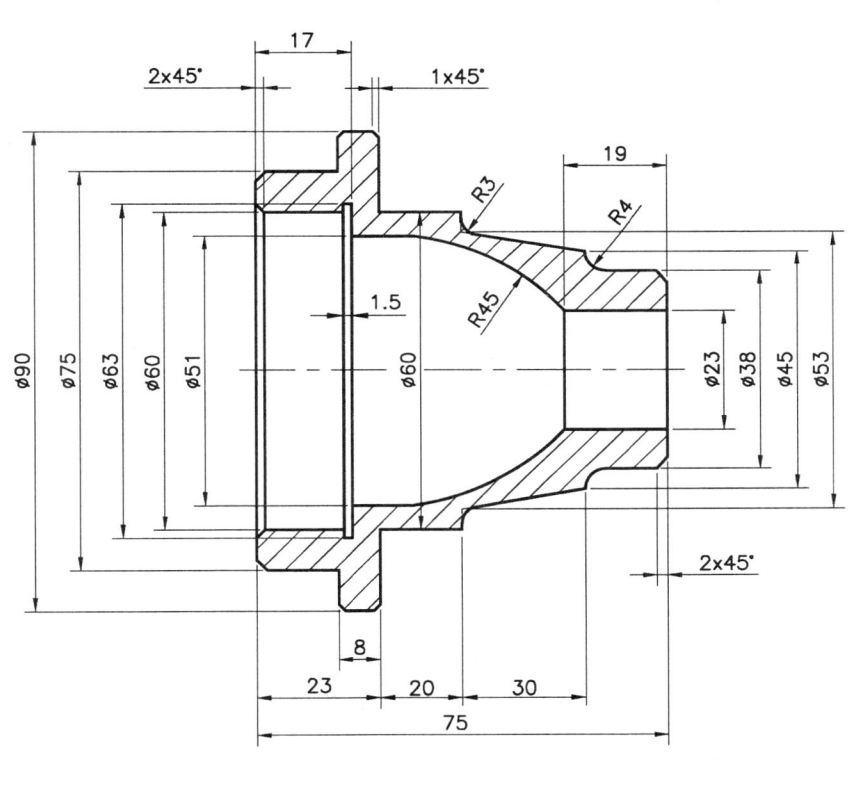

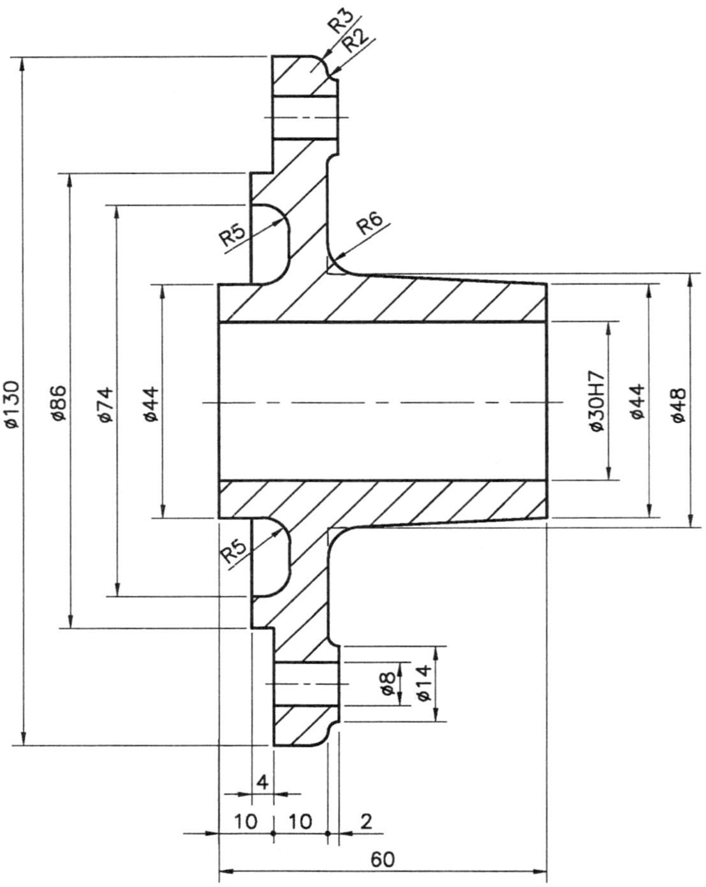
R3
R2
R5
R6
R5
ø130
ø86
ø74
ø44
ø30H7
ø44
ø48
ø8
ø14
4
10
10
2
60

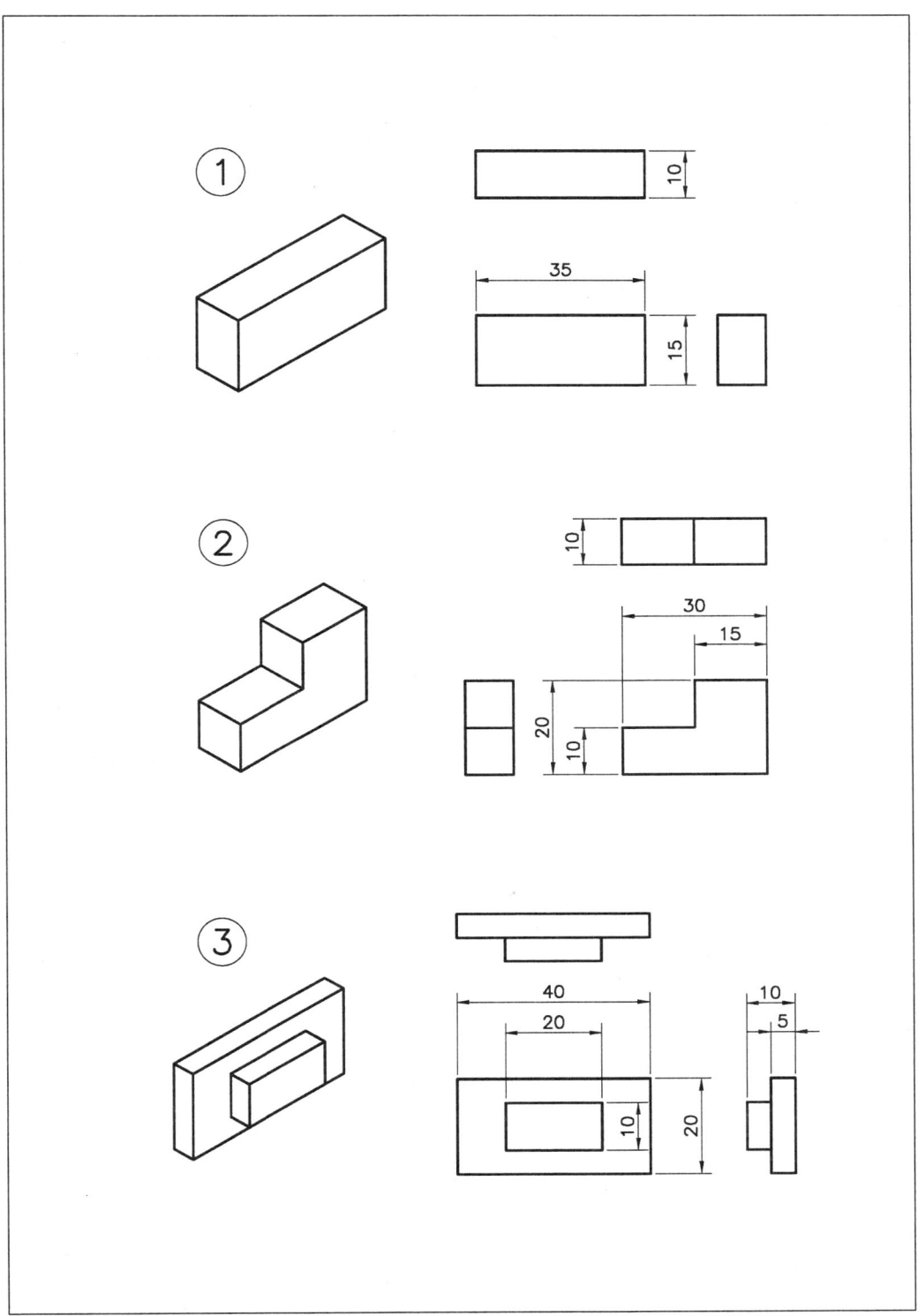

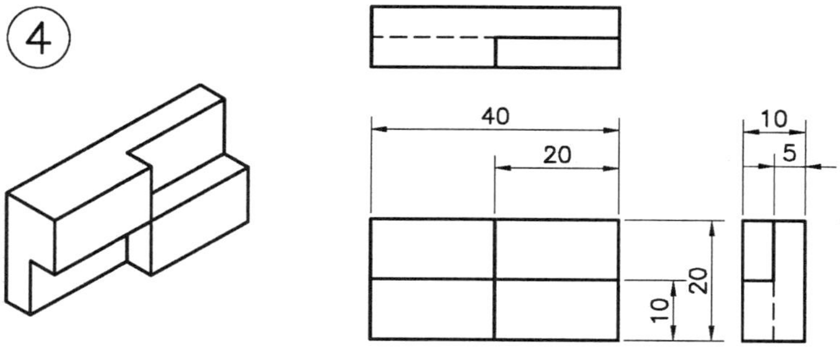

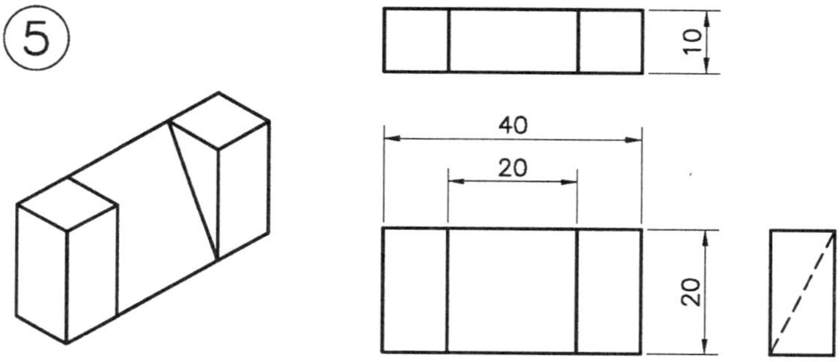

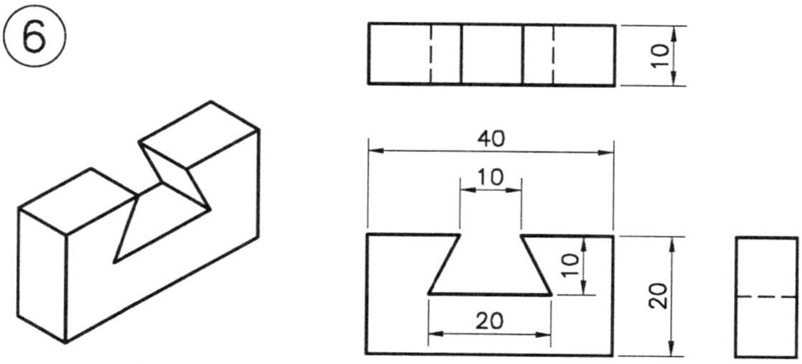

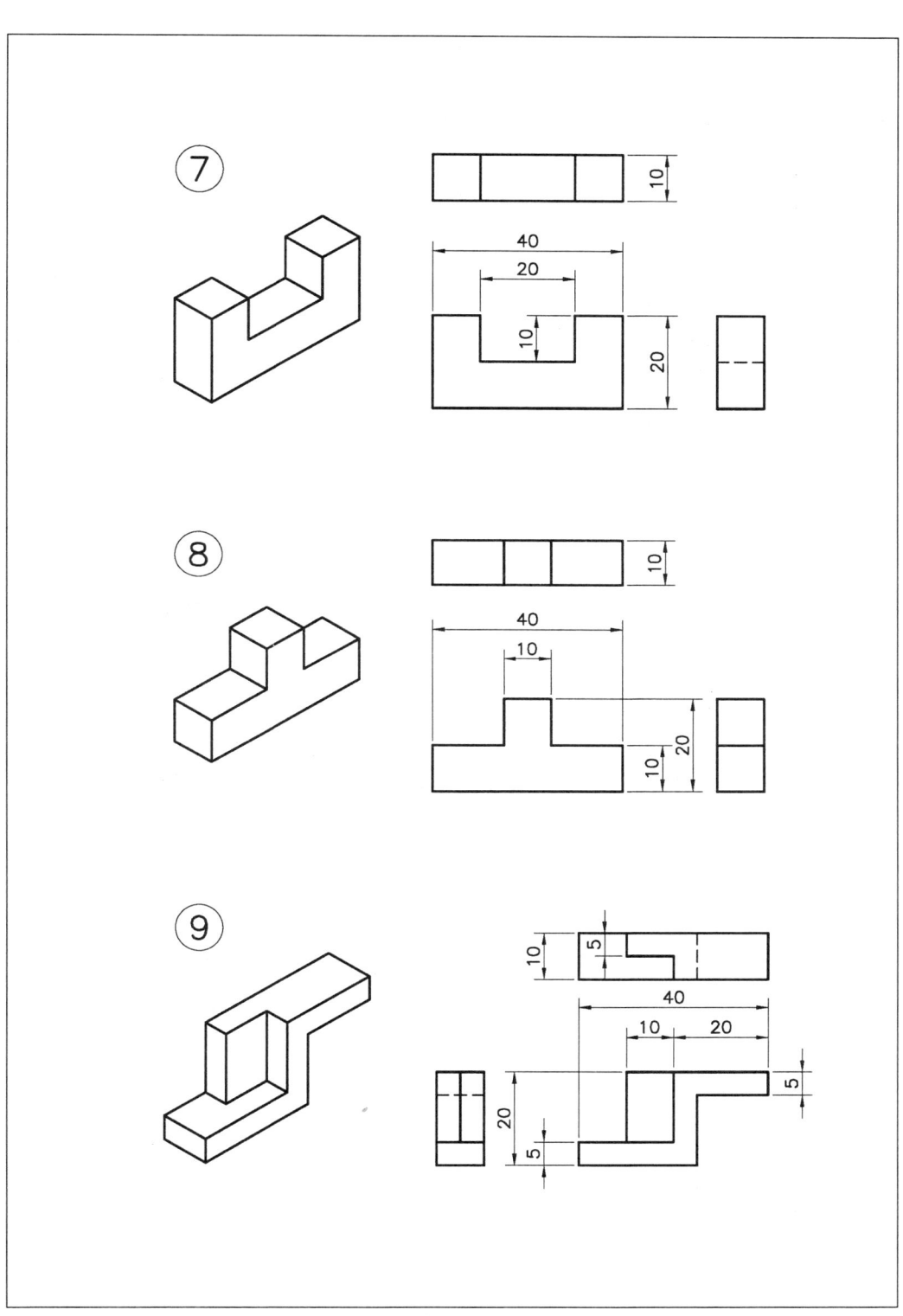

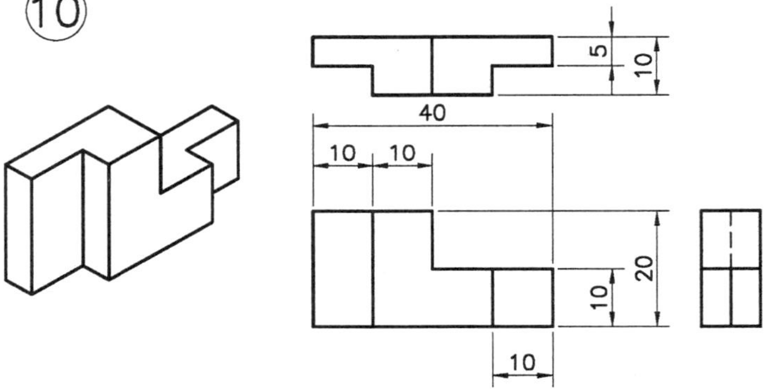

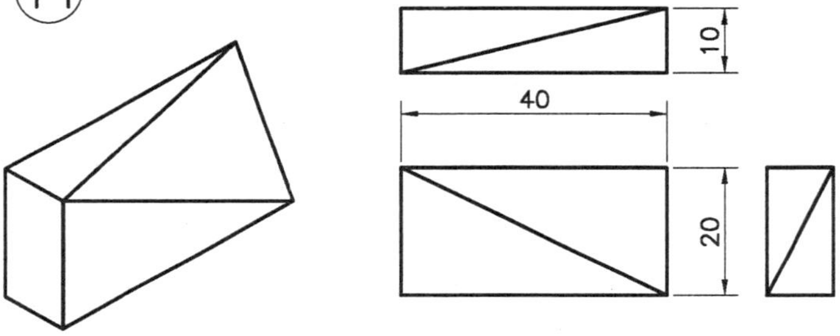

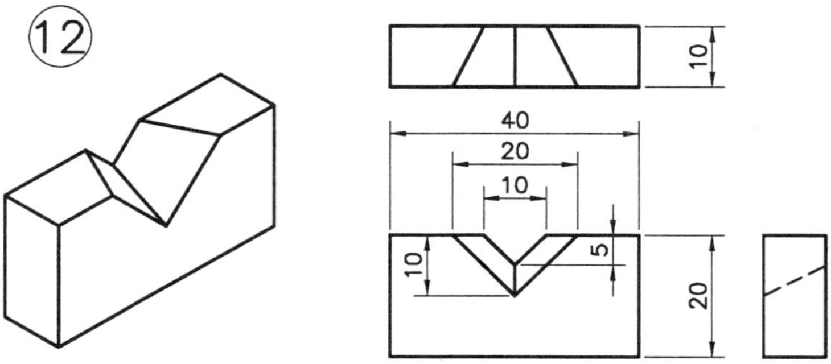

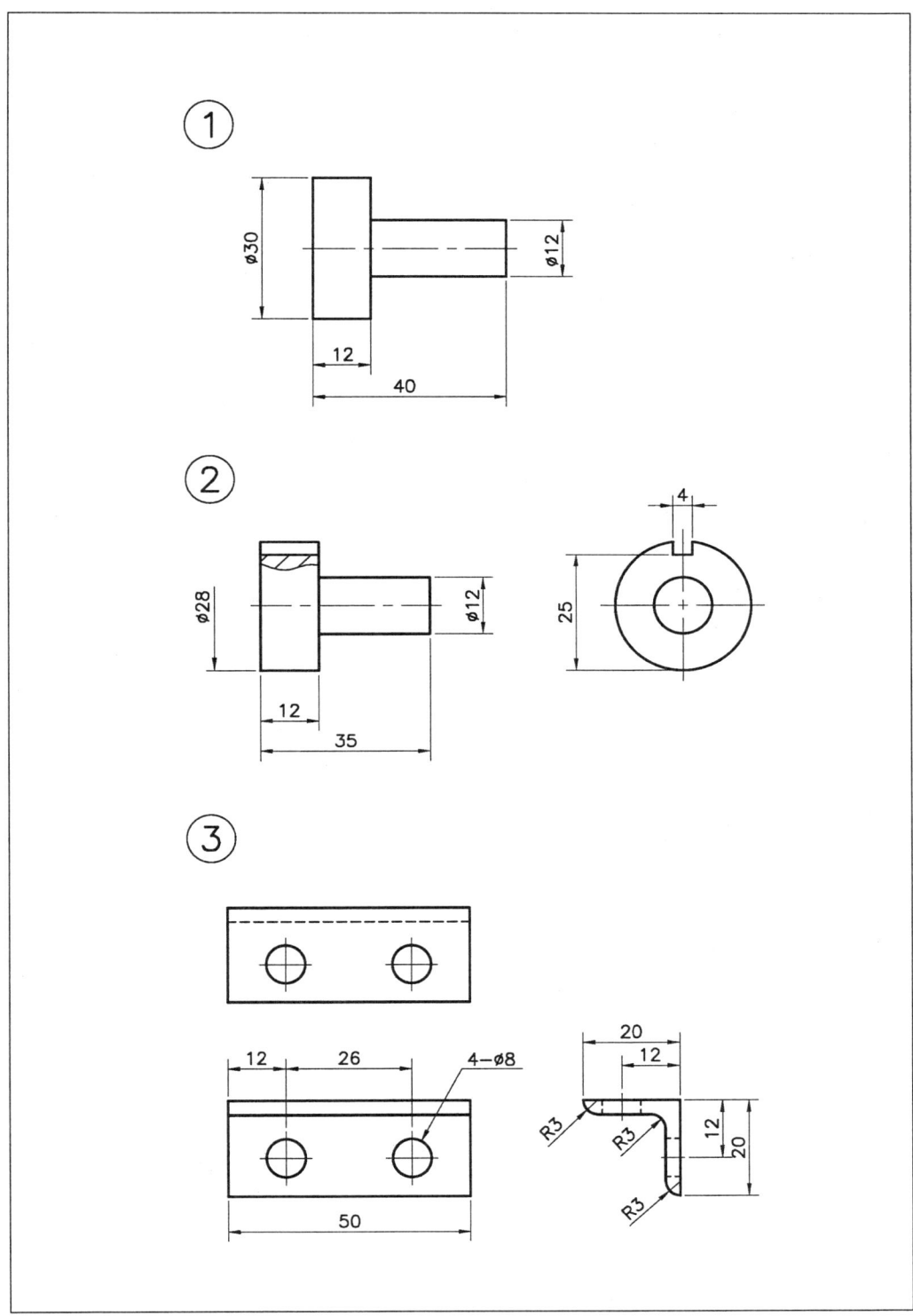

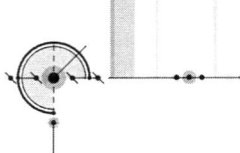

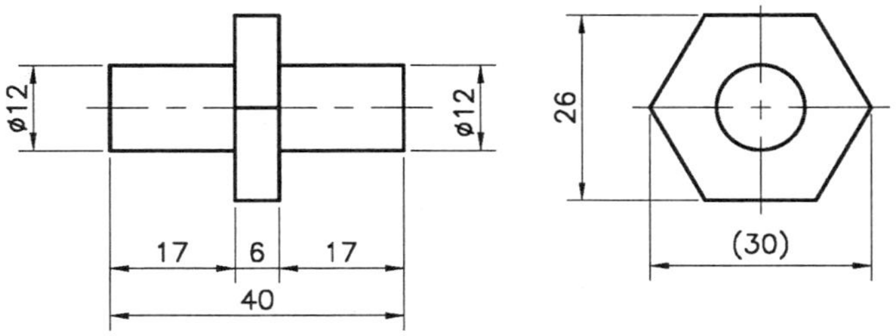

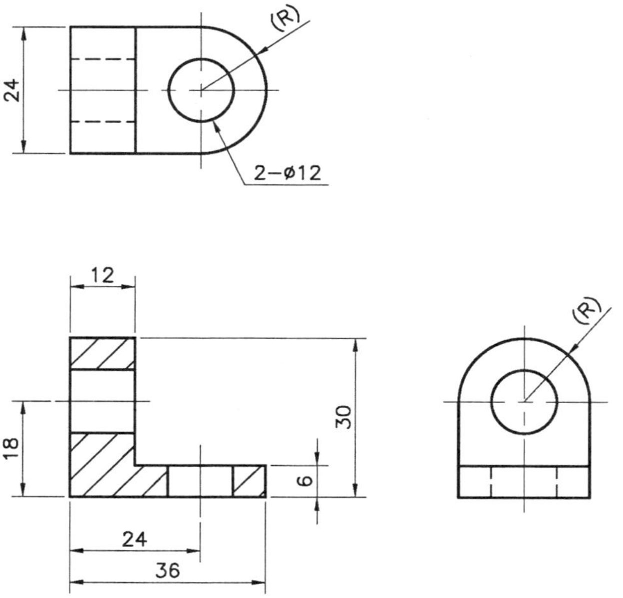

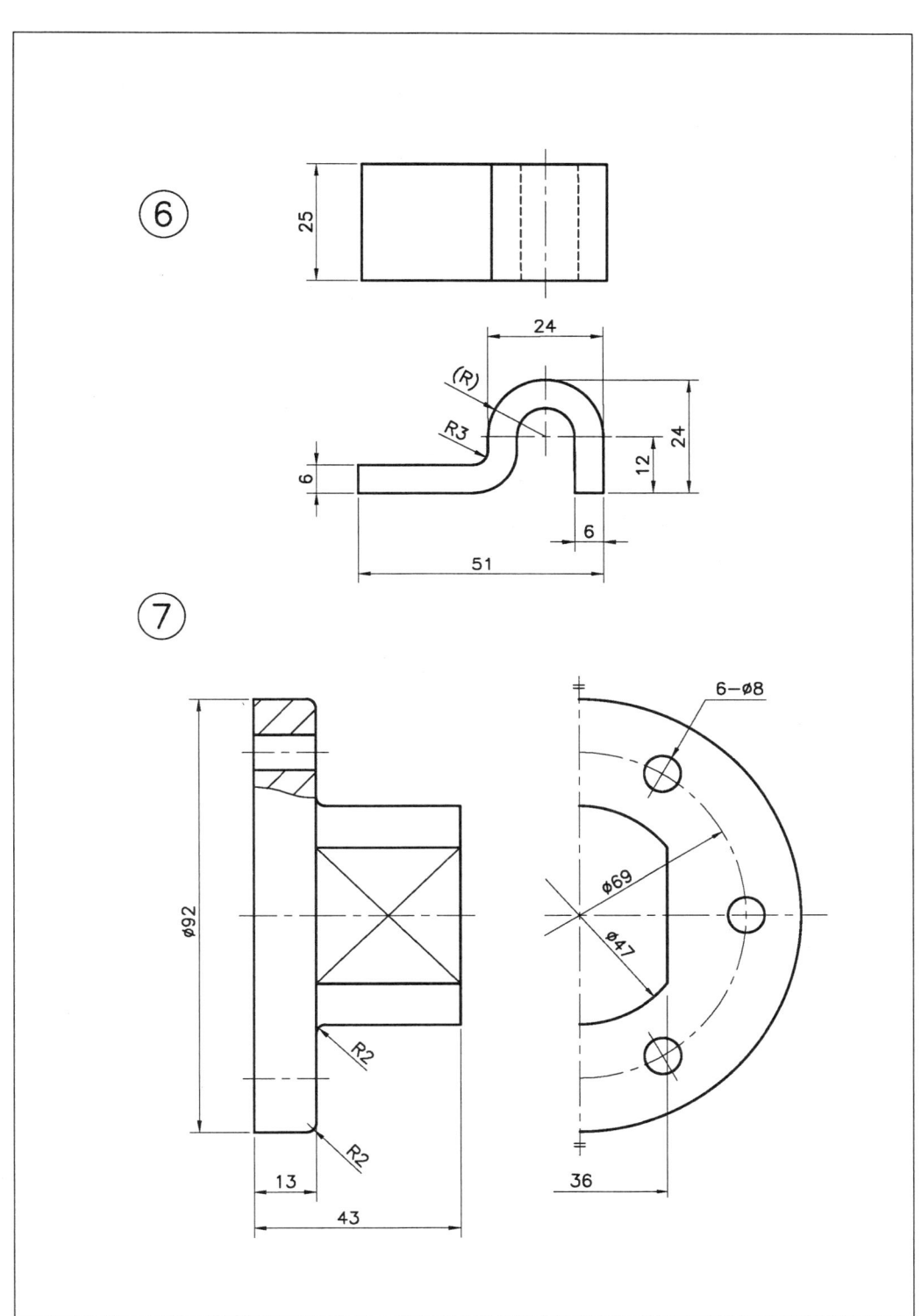

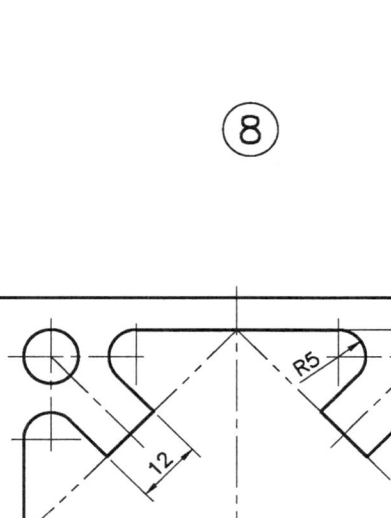

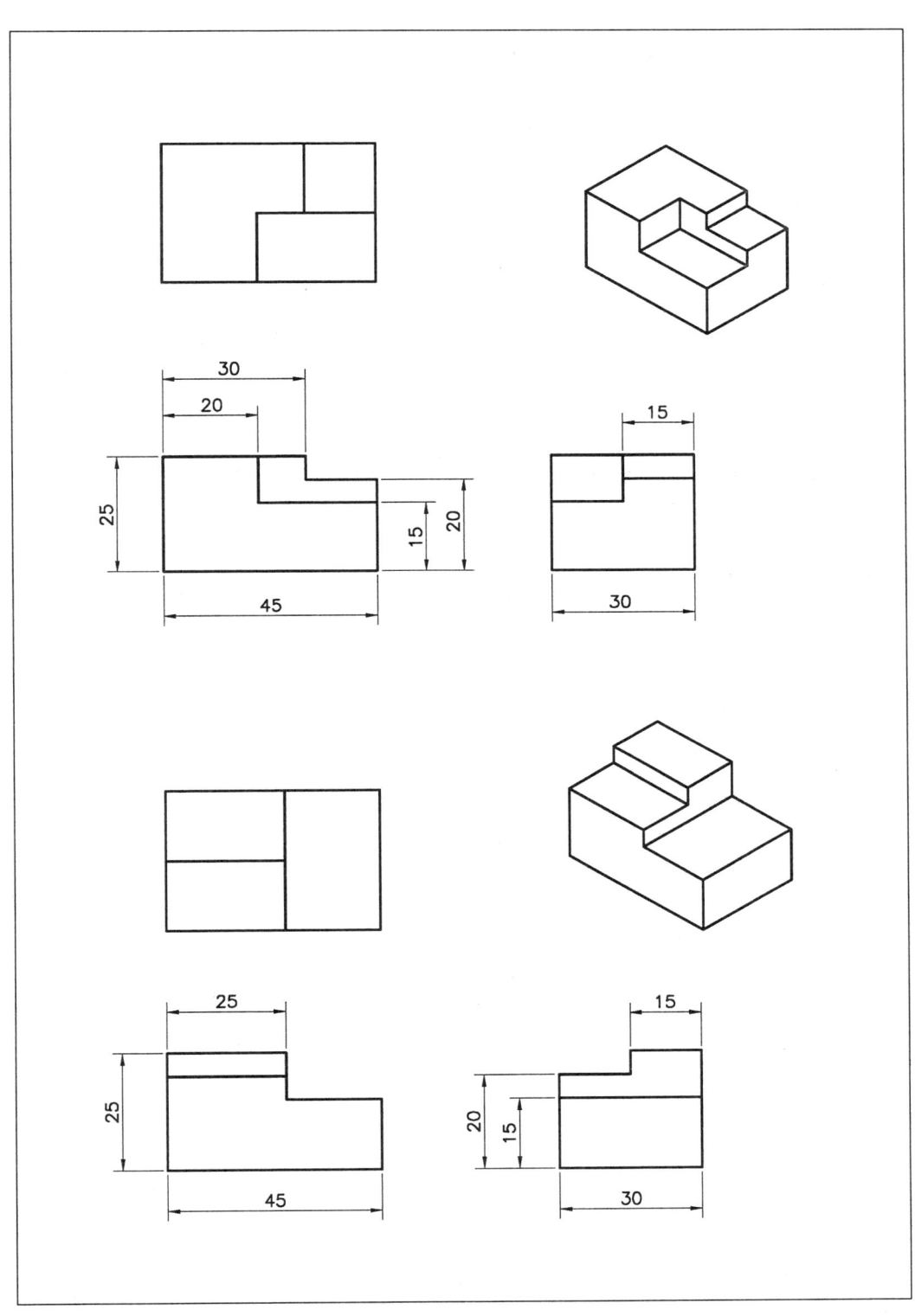

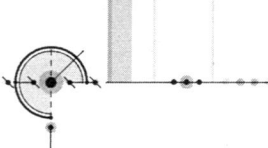

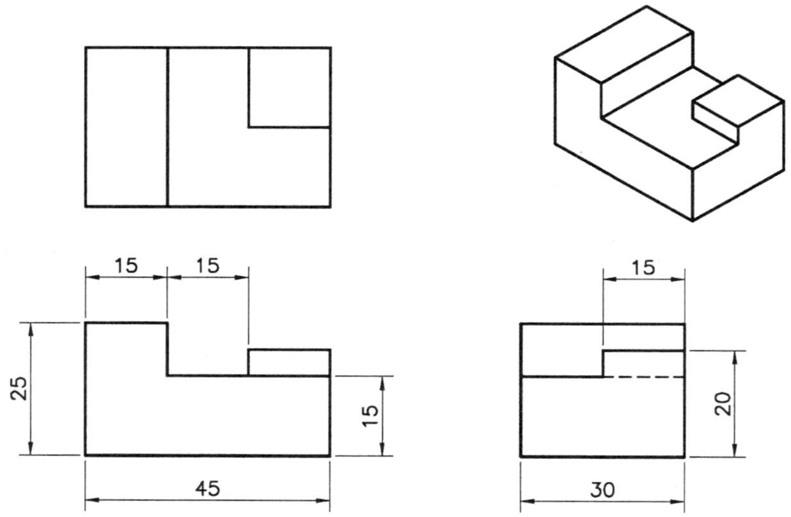
15
15
25
15
45
15
20
30

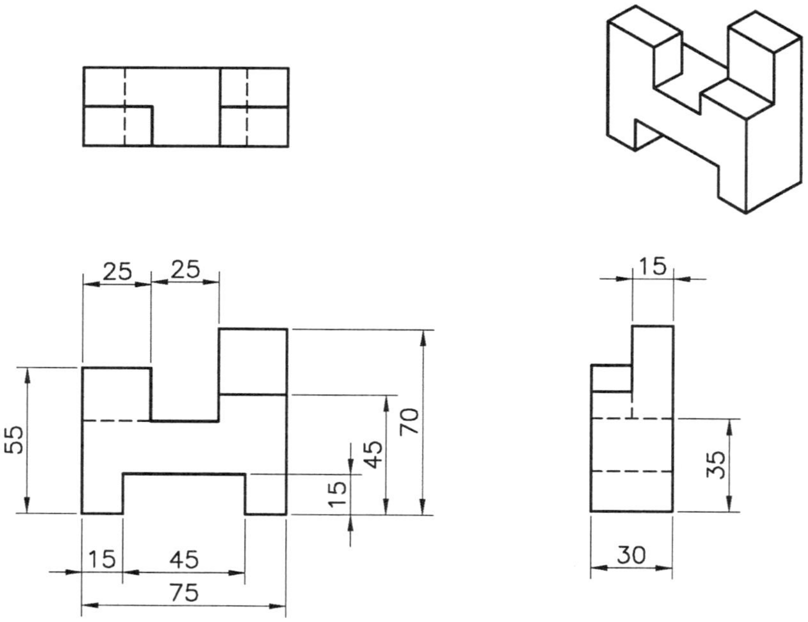
25
25
55
70
45
15
15
45
75
15
35
30

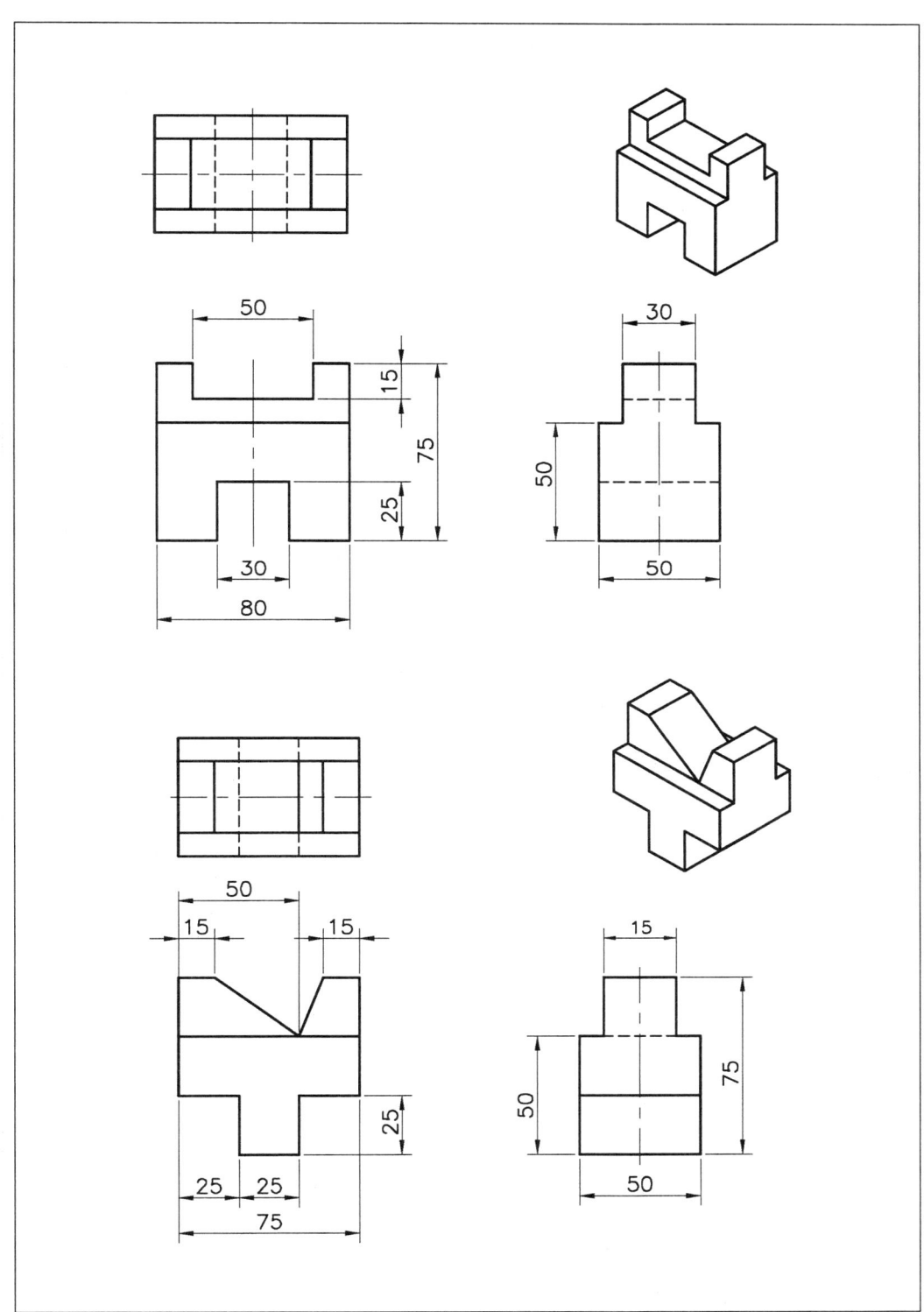

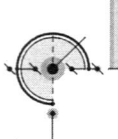

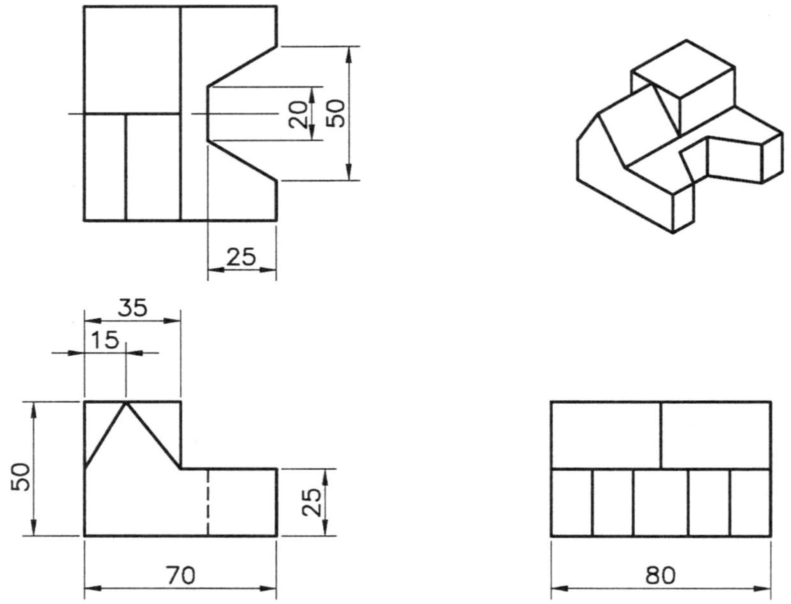
20
50
25
35
15
50
25
70
80

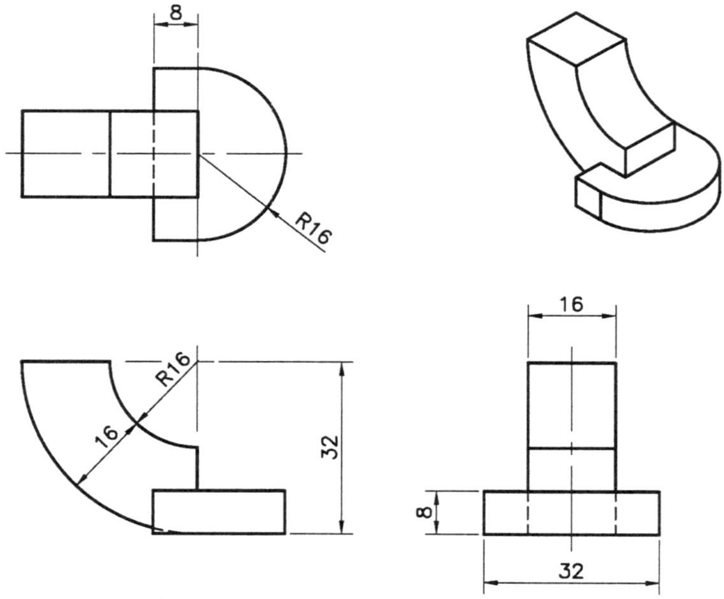
8
R16
R16
16
32
16
8
32

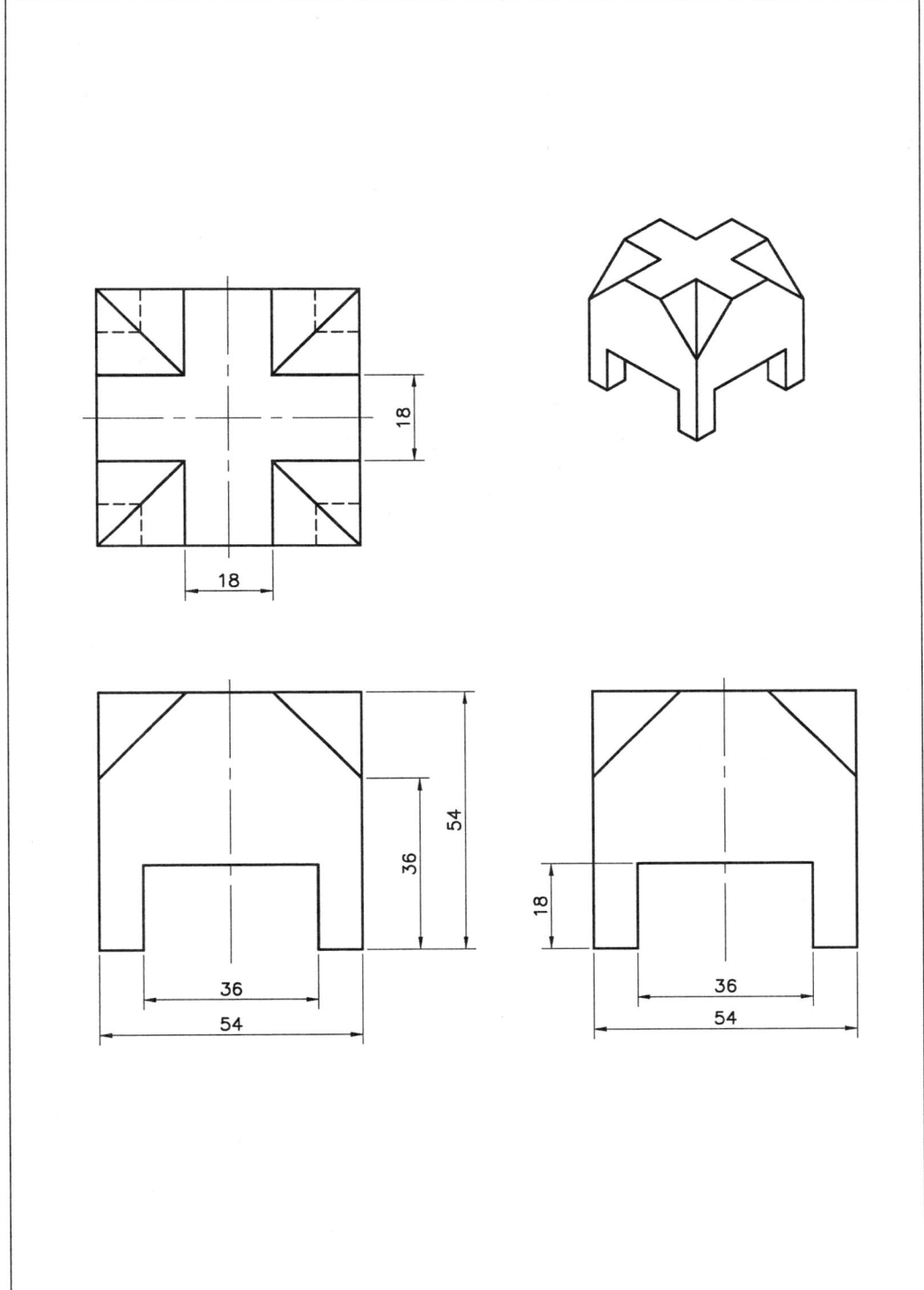

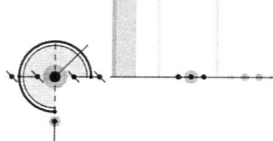

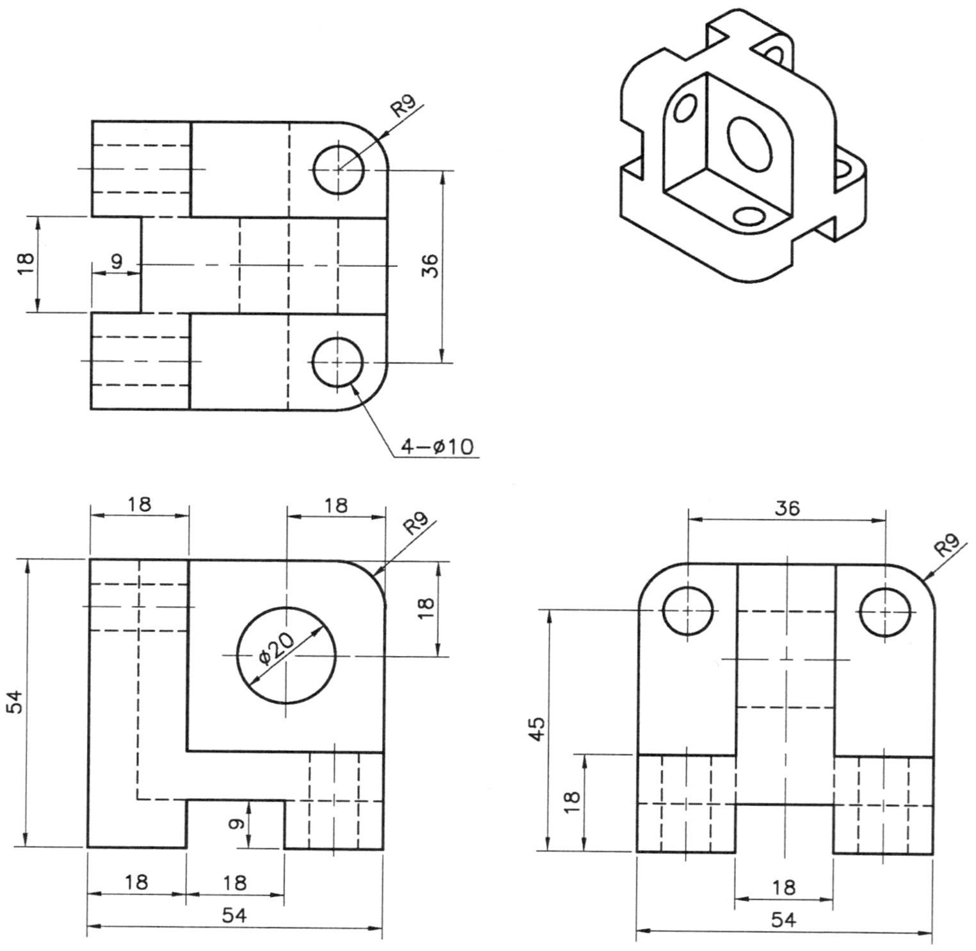
R9
18
9
36
4-ø10
18
18
R9
18
ø20
54
9
18
18
54
36
R9
45
18
18
54

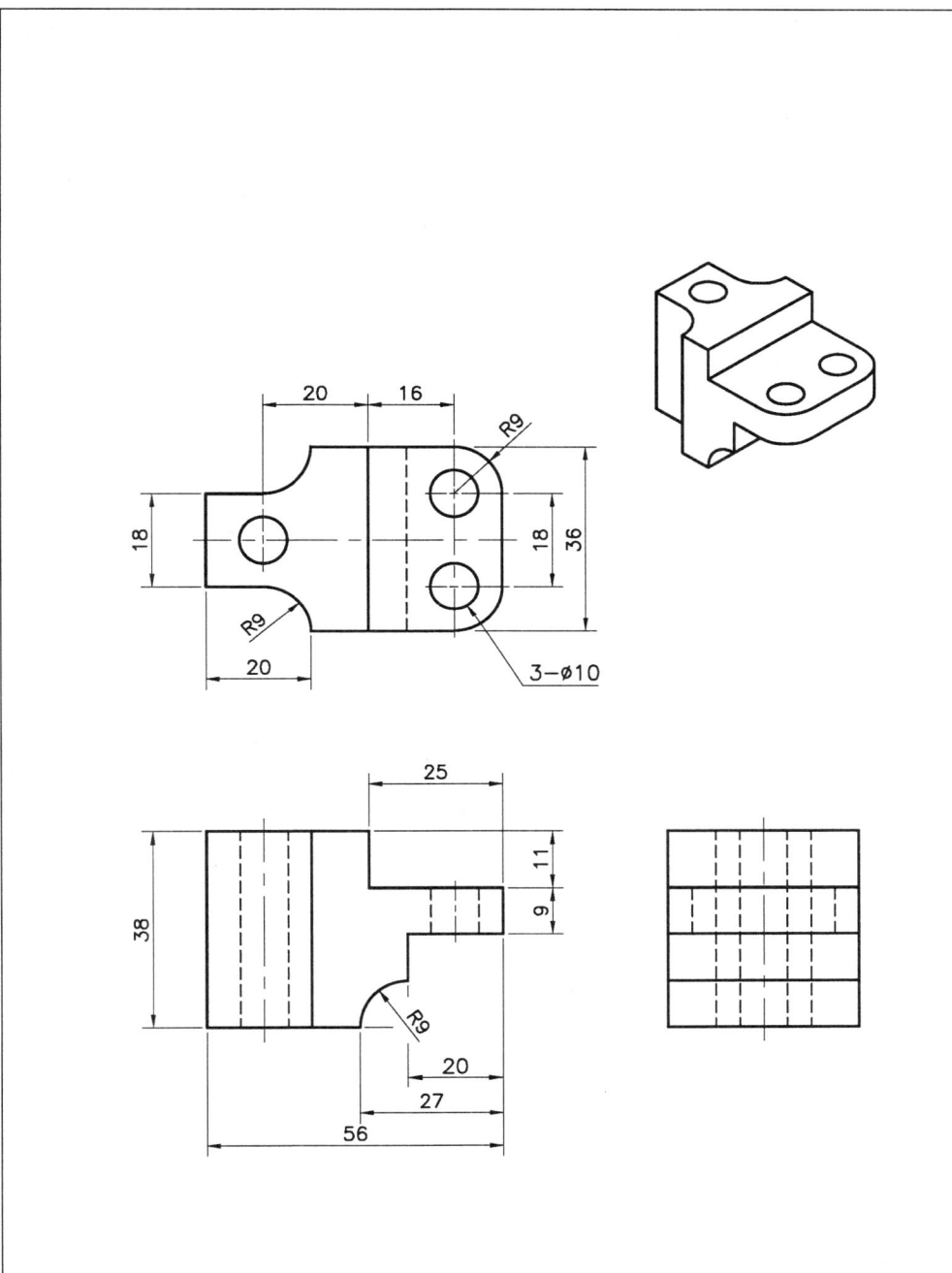

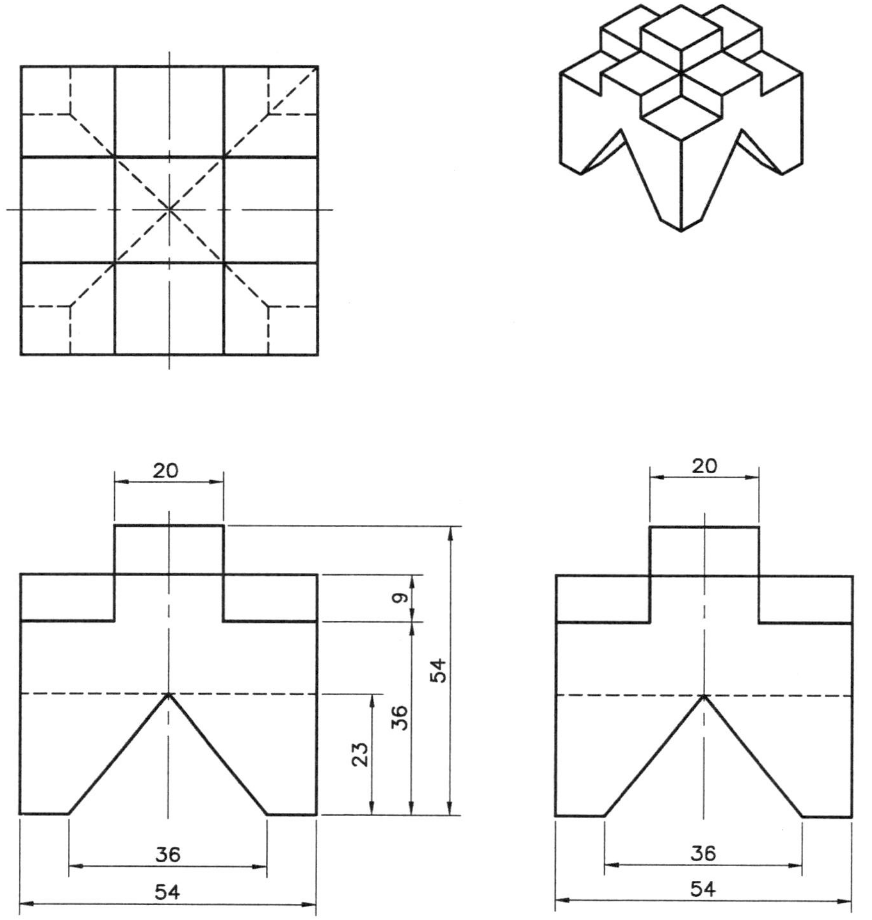

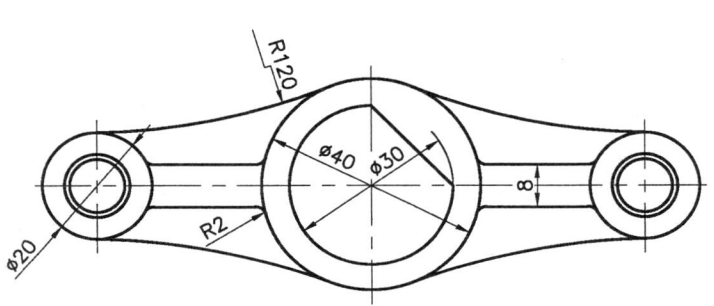

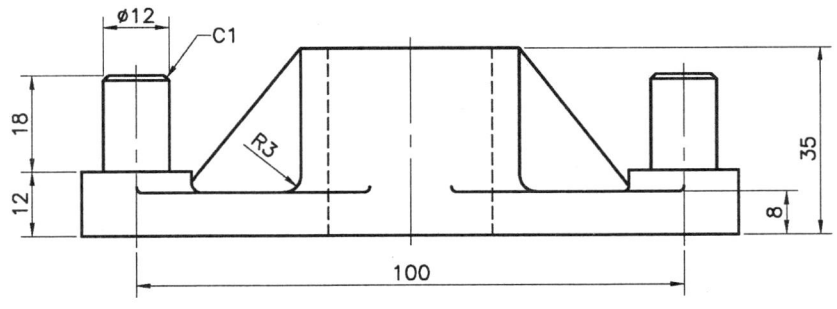

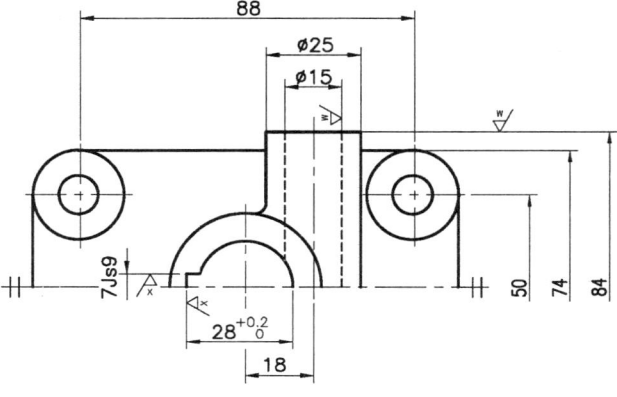

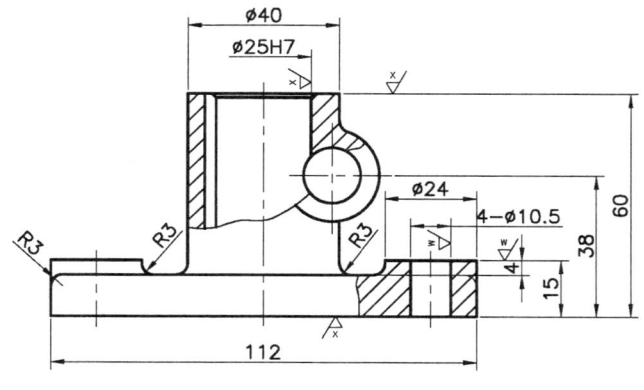

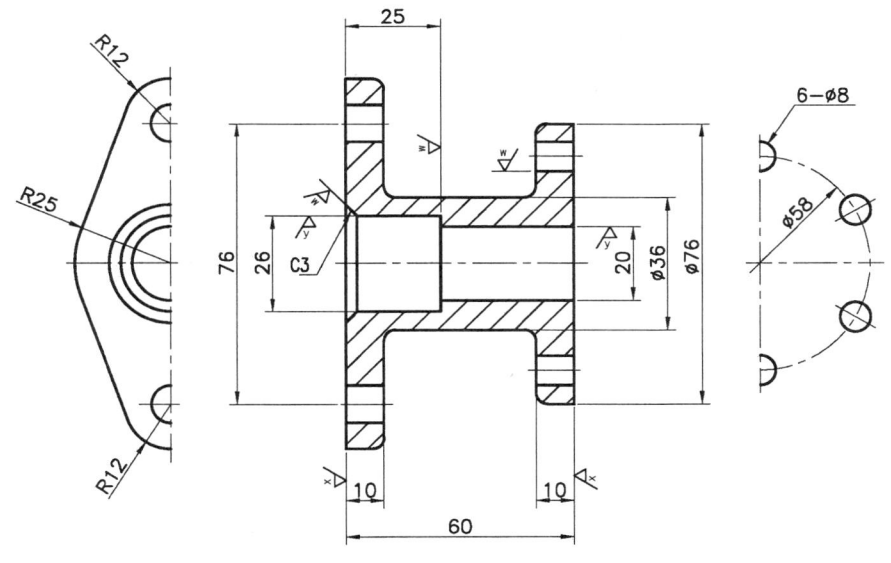

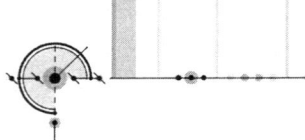

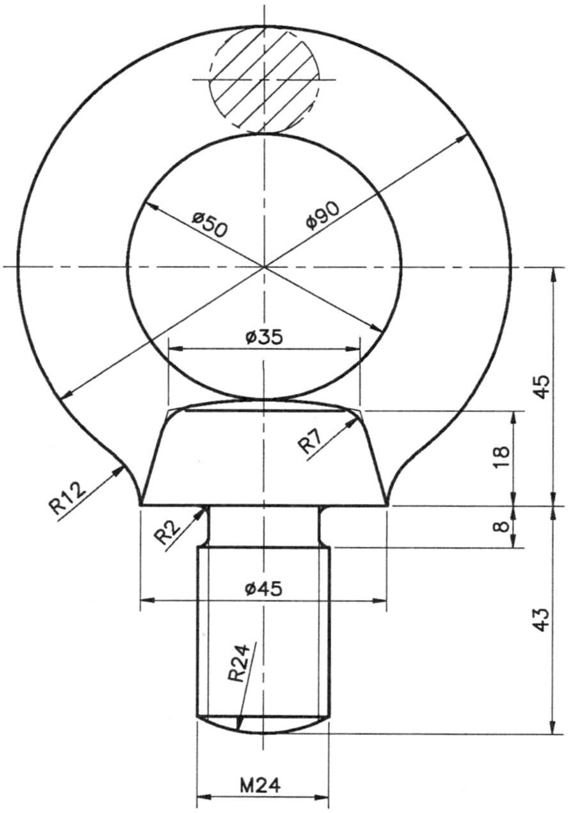
ø50
ø90
ø35
45
R7
18
R12
8
R2
ø45
43
R24
M24

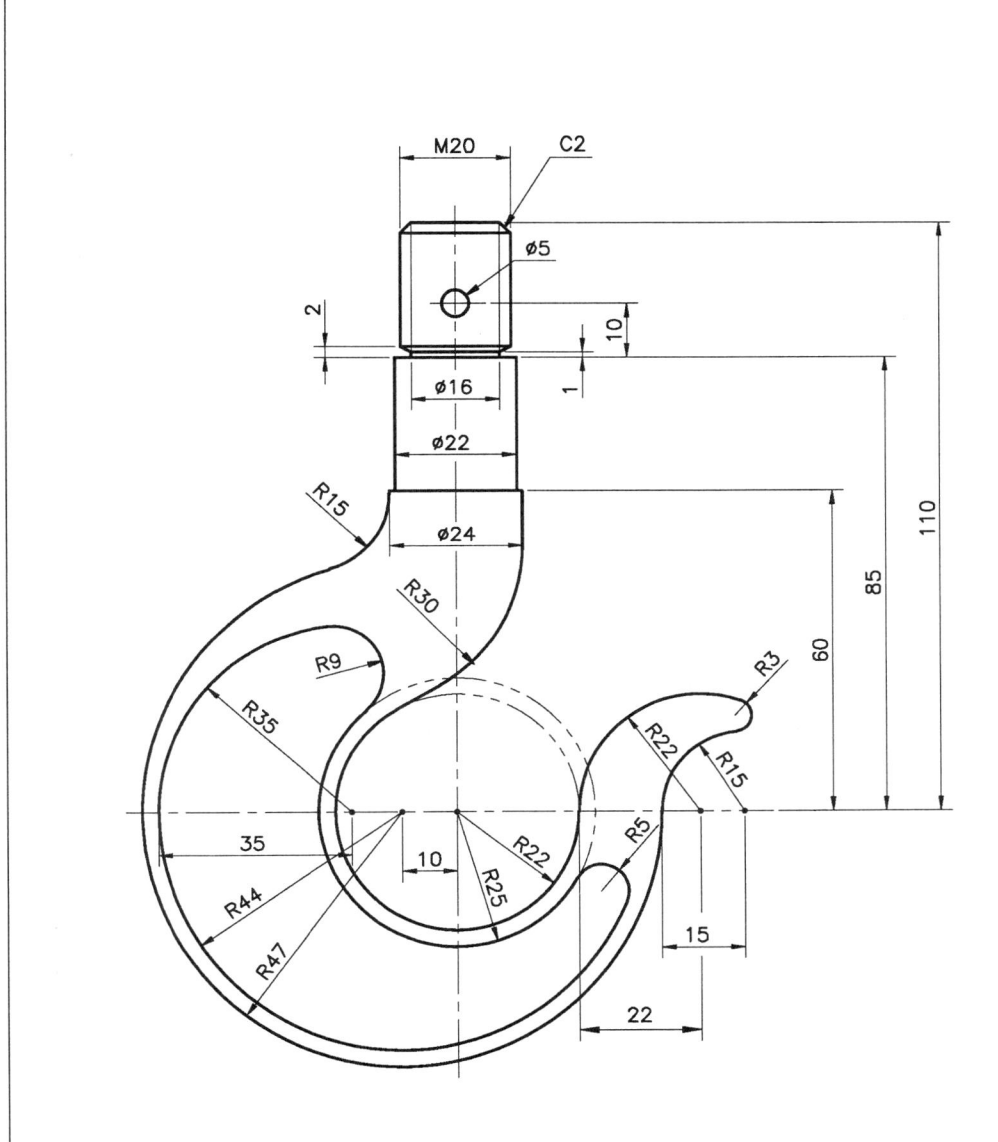

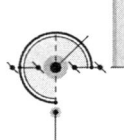

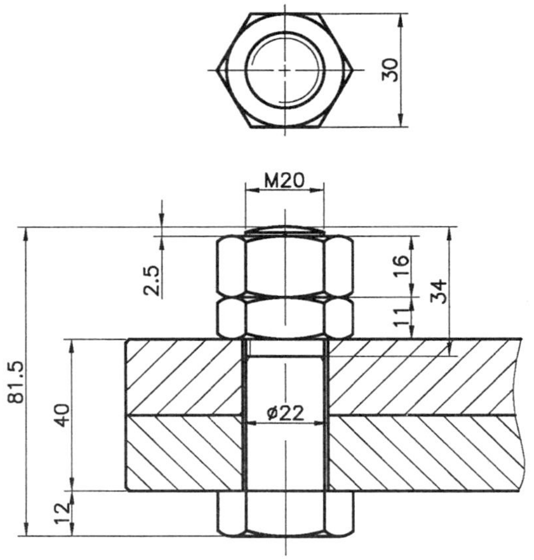

관통볼트

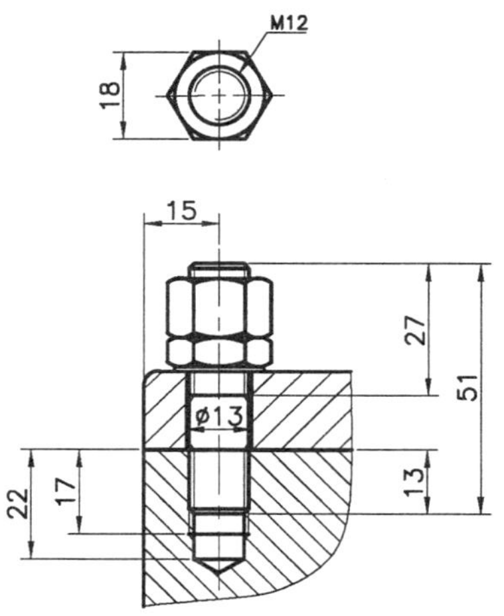

스텃볼트

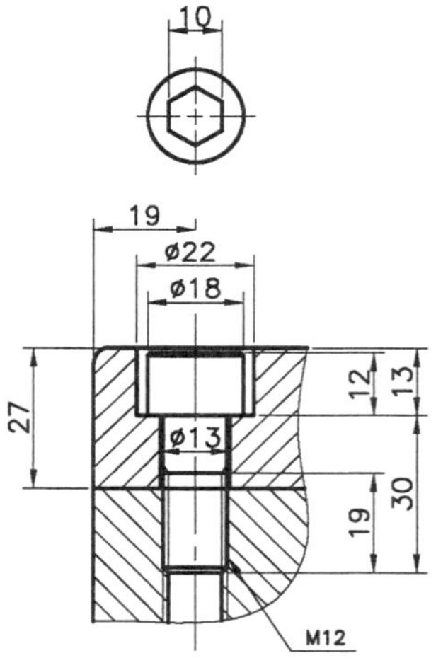

육각구멍붙이볼트

실무 중심으로 배우는 AutoCAD 2019

정가 ‖ 16,000원

지은이 ‖ 장 진 석
　　　　 백 정 숙
펴낸이 ‖ 차 승 녀
펴낸곳 ‖ 도서출판 건기원

2019년 8월 26일 제1판 제1인쇄
2019년 8월 30일 제1판 제1발행

주소 ‖ 경기도 파주시 연다산길 244(연다산동 186-16)
전화 ‖ (02)2662-1874~5
팩스 ‖ (02)2665-8281
등록 ‖ 제11-162호, 1998. 11. 24

● 건기원은 여러분을 책의 주인공으로 만들어 드리며 출판 윤리 강령을 준수합니다.
● 본서에 게재된 내용 일체의 무단복제·복사를 금하며 잘못된 책은 교환해 드립니다.

ISBN 979-11-5767-423-7　13560